열정은
잠들지
않는다

한계를 넘어
더 큰 내일로

나남
nanam

롯데그룹 창업주
신격호 회고록

열정은
잠들지
않는다

한계를 넘어
더 큰 내일로

2021년 11월 3일 발행
2024년 8월 20일 3쇄

지은이   롯데지주
발행자   趙相浩
발행처   (주)나남

주소   10881 경기도 파주시 회동길 193
전화   031-955-4601(代)
팩스   031-955-4555
등록   제1-71호(1979.5.12)
홈페이지 www.nanam.net
전자우편 post@nanam.net

ISBN   978-89-300-4094-5
         978-89-300-8655-4(세트)

롯데그룹 창업주
신격호 회고록

열정은
잠들지
않는다

한계를 넘어
더 큰 내일로

나남
nanam

아버님께서 영면하신 지 어느덧 두 해가 되어 갑니다. 그 시간만큼 아버님에 대한 그리움이 깊어지는 것 같습니다. 저에게 아버님은 더없이 따뜻하고 든든한 언덕이면서 아버님이기 전에 세상에 둘도 없는 스승이기도 하셨습니다. 아버님으로부터 기업인이 가져야 할 사명감과 책임감을 배웠고, 고객에게 감사하는 마음을 배웠으며, 임직원과 공감하는 법을 배웠습니다. 겸손과 나눔의 미덕도 배웠습니다. 그중에서도 가장 큰 가르침은, 기업은 국민에게 짐이 되어서는 안 되며 항상 국가와 사회에 기여하는 존재가 되어야 한다는 것이었습니다.

가까운 곳에서 아버님을 보며 자란 저는 아버님이 얼마나 조국에 대한 사랑이 깊으셨는지 잘 알고 있습니다. 일평생 조국의 번영을 꿈꾸며 경제발전에 보탬이 되고자 고심하셨던 그 간절함을 너무나도 잘 알고 있습니다. 그 간절함은 롯데의 기업정신이 되어 지금도 임직원 모두의 가슴으로 계승되고 있습니다.

아버님의 철학은 이렇게 계승되고 있지만, 시간이 갈수록 두텁게 쌓이는 이 그리움은 어찌해야 좋을지 모르겠습니다. 쩌렁쩌렁하게 호령하시던 모습도, 파안대소하며 박수를 쳐주시던 모습도, 그리고 따뜻하게 어깨를 감싸시며 격려해 주시던 모습도 이제는 다시 볼 수 없는 추억이 되었습니다. 그래서 그 모습이 점점 더 그리워집니다.

추억은 시간이 지나면 그 흔적조차 희미해지기 마련입니다. 하지만 아버님의 발자취 하나하나가 너무나 소중하기에 그 추억들을 시간에만 맡겨 둘 수는 없습니다. 젊은 나이에 수많은 역경을 이겨 내고 사업을 일구신 강한 열정과, 꿈에도 그리던 조국으로 돌아와 기업을 세우고 경제발전에 밑거름이 되고자 하셨던 의지, 그리고 국민의 삶을 바꿔 보겠다며 새로운 산업의 기틀을 닦으신 혜안을 저의 기억 속에만 담아 둘 수는 없습니다. 그래서 아버님께서 걸어오신 삶의 여정과 아버님의 삶을 가득 채웠던 도전의 시간들을 모아 책으로 엮었습니다.

생전에 "기업인이 경영만 잘하면 되지 굳이 말로써 자랑할 게 무어냐"며 남들 앞에 나서기를 꺼려하시던 겸손함을 잘 알기에, 혹시라도 이 책이 아버님의 평소 신념에 누가 되지 않을까 조심스럽습니다.

하지만 아버님의 빛나는 일생을 몇 사람의 기억 속에만 담아 두기에는 아쉬움이 너무 많아, 더 많은 사람들과 함께 아버님을 추억하고자 이 책을 발간합니다. 남아 있는 이들이 이 책을 통해 아버님과 대화하며 아버님께서 보여 주신 열정과 지혜를 배울 수 있기를 기대합니다.

이 책을 사랑하고 존경하는 나의 아버님이자 스승이신 신격호 창업주님 영전에 바칩니다.

롯데그룹 회장
신동빈

차 례

둔터
촌놈의
꿈

1

울주 산골의
둔터마을

10남매의 장남으로 태어나

내 고향은 '둔터마을'이라 불리는 곳이다. 행정지명으로는 울산광역시 울주군 삼동면 둔기리 623번지. '둔屯'은 주로 군사 주둔지에 붙는 지명이었다. 둔터마을도 임진왜란 때 의병들이 집결했던 곳이라 전해진다. 그 '둔터'가 한자표기로 바뀐 행정지명이 '둔기芚基'이다.

나는 1921년 11월 3일(음력 10월 4일) 신진수辛鎭洙(1902~1973) 공과 김순필金順必(1904~1952) 여사 사이에서 장남으로 태어났다. 내 뒤로 10명의 동생이 더 출생했으니, 나는 11남매의 맏이인 셈이다. 다만 동생 하나가 어려서 사망하는 바람에 5남 5녀 10남매만이 동기同氣로 장성했다.

내가 맏이여서인지 나의 할아버지 신석곤辛奭坤(1872~1944) 공은 나에게 많은 애착을 보이셨다. 전해들은 말로는, 내가 태어날 때부터

복원한 신격호 회장 생가. 원래의 둔터마을은 1969년 대암댐 건설로 수몰되었다.

울산 둔기리 숙소 응접실에 걸려 있는 아버지 신진수 공과 어머니 김순필 여사 초상화

그러셨다고 한다.

할아버지는 내 이름은 당신이 손수 지어야 한다며 며칠을 고민한 끝에 이름 가운데 글자로 '격格'을 고르셨다. 《맹자孟子》에 나오는 "격군심지비格君心之非"라는 문구에서 영감을 얻으셨다고 한다. '임금의 그릇된 마음을 바로잡는다'는 뜻이니, 왕조시대였다면 감히 짓지 못할 불경스러운 이름이었을 것이다. 아마도 할아버지는 내가 세상에 나가 큰일을 하는 인물이 되기를 기대하셨던 모양이다.

나는 영산靈山 신씨辛氏 초당공파草堂公派의 27대손이다. 이름 항렬行列은 '호浩'로, 내 남동생들의 이름은 철호轍浩(1923년생), 춘호春浩(1930년생), 선호宣浩(1935년생), 준호俊浩(1941년생)이다. 여동생들은 항렬과는 무관하게 소하小荷(1926년생), 경애敬愛(1928년생), 경숙敬淑(1933년생), 정숙貞淑(1937년생), 정희貞姬(1946년생)라는 이름을 가졌다.

할아버지는 평생을 향리鄕里에 묻혀 살며 사서오경四書五經을 읽고 마음을 수양하는 삶을 사신 분이다. 그나마 몇십 마지기의 논이 있어 식솔들이 굶지는 않았지만, 수입이 뻔한 생활이었기 때문에 그다지 풍족한 살림은 아니었다. 하지만 문장이 출중하여 마을 사람들에게는 존경의 대상이었다. 비문碑文이나 제문祭文 같은 것을 지어 달라는 부탁도 꽤 많이 받으시곤 했다.

할아버지가 향리에 묻혀 사시게 된 데에는 시대적 요인이 크게 작용했을 것이다. 22세 때인 1894년에 단행된 갑오개혁甲午改革으로 과거제도가 폐지되는 바람에 삶의 방향이 달라져 버린 것이다. 입신양명이 선비들의 목표이던 시절에 과거를 통해 큰 뜻을 펼쳐 보려던 꿈이 좌절되었으니 상실감이 크셨던 모양이다. 더구나 사서오경만을 생각하며 살아오신 분이 그야말로 격동의 시기에 삶의 좌표를 다시 세우기란 쉬운 일이 아니었을 것이다.

삶의 좌표를 다시 세우는 일은 나의 아버지 세대에 와서도 쉽지 않았다. 내 아버지 세대로는 큰아버지와 아버지 두 형제분이 계셨는데, 조선의 국력이 급격히 쇠락하던 1892년에 출생한 큰아버지와 1902년에 출생한 아버지는 1905년 을사늑약乙巳勒約으로 일본에 국권을 빼앗기고 급기야 일본의 식민지로 전락하는 혼란기에 어린 시절을 보내며 성장하셨다.

큰아버지 신진걸辛鎭杰 공도 할아버지의 영향을 받아 사서오경에 통달하신 분이다. 하지만 사서오경으로는 세상이 어떻게 변해 가는지 파악할 수 없음을 깨닫고 경남 진주晉州로 가서 신학문을 배웠다. 그 덕분에 오지인 우리 마을에서는 선각자 소리를 듣기도 하셨다.

아버지 역시 어릴 때부터 사서오경을 공부하셨다. 시절이 시절이니 만큼 간간이 새로 나온 서적이나 신문, 잡지 등을 통해 신문물을 공부하기도 하셨다. 그러나 아버지는 연배가 위인 큰아버지보다도 더 한학漢學에 심취하셔서 선비처럼 살기를 고집하셨다. 큰아버지에 비하면 매우 보수적인 분이셨던 것 같다.

집안 어른들의 '격변기를 사는 방법'

구학문에서 신학문으로 넘어가는 격변의 시기였지만 우리 가족은 그런대로 평화로운 나날을 보냈다. 그런데 1919년 3월 1일 시작된 3·1 독립만세운동을 계기로 이전과는 조금은 다른 삶을 살게 되었다. 경성京城 탑골공원에서 시작된 3·1 독립만세운동이 한 달 만인 4월 2일 가까운 언양彦陽 읍내의 대규모 만세시위로 이어지면서 경상도 산골의 둔터마을에도 그 여파가 미친 것이다. 그날 읍내 장터에서는 수천 명이 태극기를 흔들며 "대한독립 만세"를 외쳤다. 일본 경찰이 시위 참가자들에게 무차별 실탄사격을 퍼붓는 바람에 4명이 부상당하고 23명이 체포되는 피해가 발생했다.

망국亡國의 한恨을 절감한 큰아버지는 나라의 힘을 키우려면 미래의 주인공이 될 어린이들을 제대로 가르쳐야 한다며 이듬해 사재를 털어 마을 어귀에 사립학교인 '둔기의숙芚基義塾'을 설립했다. 학교 살림은 양잠과 양봉 사업을 벌여 그 수익금으로 충당했다. 큰아버지는 일꾼들과 함께 누에채반을 청소하고 벌통을 나르는 험한 일까지도 몸을 사리지 않고 손수 했다. 큰아버지의 이런 모습은 나중에 경영자의 삶을 살게 되는 나에게도 좋은 본보기가 되었다.

나라 안팎의 소식을 접하는 데는 신문이 큰 도움을 주었다. 1주일에 한 번씩 우편배달원을 통해 신문이 배달되었는데, 마을에서 신문을 구독하는 사람은 큰아버지 한 분뿐이었다. 그렇다 보니 신문이 오는 날 저녁이면 마을 주민들이 큰아버지 댁으로 모여들었다. 큰아버지는 신문기사를 큰 소리로 낭독하여 글을 읽을 줄 모르는 마을 사람들도 세상 돌아가는 소식을 접할 수 있게 해주었다.

큰아버지를 대신해 종종 아버지가 신문 읽어 주는 '서비스'를 하시곤 했다. 하지만 큰아버지와는 달리 아버지는 전형적인 선비 스타일이어서 세상일에 직접 나서는 일이 많지 않았다. 큰아버지가 운영하는 학교나 사업장에도 거의 가지 않았고, 농사일에도 전혀 관여하지 않았다. 대부분의 시간을 집에서 시문詩文을 짓거나 한문서적 읽기에 몰두하며 보내셨다.

시골생활이 따분할 때면 종종 언양 읍내로 나들이를 가거나 부산, 마산 등 인근 큰 도시에 다녀오시기도 했다. 진주 촉석루나 밀양 영남루에서 열리는 문사文士들의 시회詩會에도 자주 초청되었다. 이 시기에 아버지께서 지은 시詩가 적지 않았을 텐데, 안타깝게도 지금까지 남아 있는 작품은 거의 없다. 나중에라도 문집文集으로 엮어 드리지 못한 것이 못내 아쉽다.

할아버지는 차남이 자꾸 바깥으로 나돌자 둔터마을에 애착을 갖게 한다며 '양갓집 규수'와 짝을 맺어 분가分家시키셨다. 아버지보다 두 살 아래인 어머니는 '진티댁'으로 불린 현모양처형의 규수로, 시집온 뒤에는 아버지를 내조하고 집안 살림을 챙기느라 애를 많이 쓰셨다. 14마지기의 논농사도 관장하셨는데, 머슴 하나가 전담해서 일을 했다지만 농번기엔 어머니가 직접 농사를 돕고 수시로 새참을 만들어 논두렁까지 이고 가는 수고를 마다하지 않으셨다.

그런 중에도 아버지는 여전히 빳빳하게 풀질한 모시 두루마기를 입고 부산, 진주, 마산으로 유람을 다니셨다.

천자문으로 시작한
유년의 날들

'둔기의숙'에서 천자문을 배우며

내가 기억하는 내 삶의 가장 오래된 장면은 둔기의숙에서 공부할 당시의 모습이다. 나는 둔기의숙과 집을 오가며《천자문千字文》을 공부했다. 뜻도 모르면서 훈장의 선창에 따라 "하늘 천天, 땅 지地, 검을 현玄, 누를 황黃"을 앵무새처럼 읊는 방식이었다.

한학漢學에 밝았던 아버지의 교육방식은 둔기의숙과는 좀 달랐다. 아버지는 천지현황天地玄黃, 우주홍황宇宙洪荒, 일월영측日月盈昃, 진수열장辰宿列張, 이렇게 네 글자씩 묶어서 암송하도록 하셨다. 이렇게 수백, 수천 번 되풀이해서 외우다가 입에서 저절로 튀어나올 정도가 되면 그때서야 뜻을 설명해 주셨다.

네 글자씩 250개 묶음으로 구성된 1천 자를 다 외우는 데는 꼬박 1년이 걸렸다.《천자문》을 한 차례 끝까지 암송하고 나면 머리가 어질

하고 입안이 바짝 말라 물을 마셔야 했다.

《천자문》을 떼고 나서 아버지는 나를 데리고 할아버지, 큰아버지에게 인사를 드리러 갔다. 할아버지는 흡족한 표정으로 내 머리를 쓰다듬으며 칭찬해 주셨다. 하지만 그냥 칭찬으로 끝나지 않고 더 많은 숙제를 내주셨다.

"욕봤데이. 이제《소학小學》이랑《명심보감明心寶鑑》도 배워야제!"

할아버지는 '책거리'에 쓰라면서 아버지에게 쌀 한 말을 내주셨다. 어머니는 이 쌀로 떡을 만들어 이웃에 돌리며 아들을 자랑하셨다.

———

신학문을 배우러 삼동공립보통학교로

둔기의숙에서는 한학만 가르친 것이 아니었다. 교실 뒤편의 서가書架에는 신문물에 관한 정보가 담긴 책이 꽤 있었는데, 그중 학생들에게 가장 인기 있었던 책은 〈어린이〉라는 제호의 월간지였다. 이 잡지에는 다른 데서 볼 수 없는 재미있는 이야기가 많이 실려 있어 나를 비롯한 학생들은 모두가 이 책을 읽고 싶어 했다. 책을 읽으면서 자연스럽게 한글을 터득한 것은 덤이었다.

하지만 내 어린 날의 기억이 많이 남아 있는 둔기의숙은 1년도 채 가지 못하고 1927년에 문을 닫았다. 둔터마을 서쪽에 있는 하잠河쪽마을에 삼동공립보통학교가 개교하면서 학생들이 그곳으로 몰려갔기 때문이다. 큰아버지는 둔기의숙에서 쓰던 교육기자재와 도서를 모두 삼동공립보통학교에 기증하셨다고 한다.

삼동공립보통학교는 1927년 9월 개교했다. 나도 그 학교에 다니고 싶었으나 할아버지와 아버지가 반대하셨다. 그 대신 나는 아버지의 지도를 받으며《소학》과《동몽선습童蒙先習》을 공부해야 했다.

정규학교에 다니지 않았으므로 나는 자유시간이 많았다. 그래서 이웃 친구들과 어울려 냇가에 나가 가재를 잡거나 산에 올라가 산딸기, 오디 등을 따먹으며 놀았다. 여름철 농번기에는 어머니가 논에 일하러 나가는 날이 많아 어린 남동생 철호, 여동생 소하를 돌보는 게 내 일이었다.

그렇게 나는 거의 2년여의 시간을 집에서 빈둥거리거나 한문漢文을 익히면서 보냈다. 그 사이에 아버지는 부산 나들이를 다녀오실 때마다 나에게 〈어린이〉 잡지를 사다 주셨는데, 거기에 실린 안데르센 동화는 나로 하여금 막연하게나마 새로운 문물에 대한 관심과 서양에 대한 동경심을 갖게 했다. "공자 왈, 맹자 왈" 하는 한문도 따분하게 느껴지기 시작했다.

나는 아버지에게 삼동학교에 다니고 싶다고 말했다. 평소 어린이 교육에 관심이 많았던 큰아버지가 나를 대신해서 아버지를 설득해 주셨다.

"세상 돌아가는 모양새를 보니께 아이들도 신학문을 배워야겄드라. 격호 학비는 내가 부담할 모양인께 학교 보내거라."

큰아버지의 설득이 효험이 있었는지 이내 아버지는 학교 입학을 허락하셨다.

나는 1929년 4월 신학기에 삼동공립보통학교에 입학했다. 집에서 학교까지는 산 고개를 몇 개나 넘고 시내를 3개나 건너야 하는 거리였지만, 그래도 학교 가는 길은 즐거웠다. 친구 셋이서 함께 다녔는데, 언젠가 산마루에서 늑대를 만나는 바람에 꽁무니가 빠지도록 도망친 적도 있었다. 폭우가 쏟아지면 시냇물이 불어나 아랫도리를 벗고 건너기도 했다. 징검다리 위로 물이 넘치면 추운 겨울철에도 맨발로 시내를 건널 수밖에 없었다.

다달이 내는 수업료인 월사금月謝金은 옥수수 한 자루 값에 해당하는 50전이나 됐다. 고무신 한 켤레 값과 같은 금액이었다. 당시 고무신은 워낙 비싼 물건이어서 가난한 집 아이들은 고무신은 엄두도 내지 못하고 짚신을 신어야 했다. 그나마 나는 고무신을 신을 형편은 되었던 듯싶다.

3학년이던 1931년에는 우리 집안에 너무나 슬픈 일이 생겼다. 큰아버지의 장남인 경호 형님이 폐결핵으로 시름시름 앓다가 숨진 것이다. 명문 동래고보東萊高普(지금의 동래고등학교)에 다니던 형님은 우리 집안의 장손長孫이어서 할아버지, 큰아버지의 각별한 총애를 받고 있었다. 나에게는 방학이 되어 집에 돌아올 때마다 사탕 따위를 건네주며 우애를 표시하던 따뜻한 분이셨다. 부산 생활에 대해 흥미진진하게 얘기해 주거나 "격호도 어른이 되면 촌구석에서 벗어나 큰 꿈을 꾸라"며 격려해 주기도 했었다.

장손을 잃은 큰아버지의 상심傷心은 이루 말할 수 없이 컸다. 한동안 모든 의욕을 잃고 몸져누우실 정도였다. 어린 나 역시도 그런 슬픔을 느껴 본 것은 세상에 태어나 처음이었다.

미래의 꿈을 키운
삼동보통학교 시절

학교 가는 머나먼 길

그 이후의 학교생활은 큰 변고 없이 계속되었다. 다만 모든 수업이 일본어로 진행됐기 때문에 수업 시간에는 일본어로, 쉬는 시간이나 방과 후에는 친구들과 우리말로 대화하는 이중 언어생활을 해야했다.

학교생활에서 큰 비중을 차지한 것 중 하나가 청소였다. 청소는 당연히 학생들의 몫이었는데, 매일 학생 4명이 청소당번이 되어 방과후 마루를 쓸고 물걸레로 닦았다. 청소를 마치고 담임교사에게 검사를 맡은 후에야 하교할 수 있었다.

1년에 두 차례 장학관이 학교에 오는데, 그럴 때면 며칠 전부터 대청소를 하느라 학교 전체가 부산해졌다. 교실과 복도는 마루에 양초를 바르고 헝겊으로 문질러 반질반질 윤이 나게 했다. 운동장에서 잡

신격호 회장의 삼동공립보통학교 졸업사진. 맨 뒷줄 오른쪽에서 4번째가 신격호 회장.

초를 뽑고 일일이 잔돌을 주워 내기도 했다.

1933년 3월 나는 삼동공립보통학교 4년 과정을 마치고 졸업했다. 졸업동기생은 모두 17명이었다.

당시에는 보통학교 4학년 과정만 마쳐도 읽기, 쓰기, 셈법 등이 가능해 일상생활에는 큰 불편이 없었다. 그래서 대부분의 벽촌 아이들은 이 정도 교육만으로도 만족해야 했다. 더구나 6년제 보통학교는 둔터마을에서 멀리 떨어진 언양에 있었기 때문에 통학을 할 엄두조차 내지 못하는 아이들이 많았다.

하지만 나는 공부를 더 하고 싶었으므로 아버지에게 떼를 쓰다시피 하여 1933년 4월, 언양 읍내에 있는 6년제 언양공립보통학교에 5학년으로 편입했다. 언양공립보통학교는 큰 학교답게 학생 수도 한 반에 60명이나 되었다.

공부를 더 할 수 있게 된 것은 좋았지만 어린 내가 통학을 하기에 학교는 정말 멀었다. 전에 다니던 삼동공립보통학교보다 산 고개를 두세 개 더 넘고 시냇물도 서너 개 더 건너야 하는 거리였다. 지각하지 않으려면 새벽에 집을 나서야 했다. 빠른 걸음으로 걸어도 두어 시간이 걸렸는데, 눈이나 비가 오는 날엔 더 일찍 서둘러야 했다. 비가 억수로 쏟아져 개울물이 불어나면 하루 이틀 정도 학교에 가지 못하는 경우도 있었다.

어느 여름날 수업을 마치고 집으로 가던 중에 엄청난 폭우가 쏟아져 개울물이 가슴 높이까지 불어난 적이 있었다. 그야말로 죽을힘을 다해 개울물을 건넜더니 개울 건너에서 어머니가 기다리고 계셨다. 그때 나를 껴안고 울먹이던 어머니의 모습이 아직도 눈에 선하다.

그 무렵 나는 사촌형이 가지고 있던 동화책 가운데 알퐁스 도데 Alphonse Daudet 라는 프랑스 작가가 쓴 단편소설 〈마지막 수업〉을 읽고는 큰 충격을 받았다. 독일-프랑스 국경지방인 알자스의 어느 학교에서 독일의 침공으로 프랑스어 수업이 중단된다는 내용이었는데, 이야기 속 소년이 마치 나 같다는 느낌이 들면서 무척이나 우울했던 기억이 난다.

이 소설을 읽은 후 나는 '내 처지를 이야기로 꾸민다면 어떨까' 하는 생각을 했다. 처음으로 막연하게나마 소설을 써보고 싶다는 생각이 든 것이다. 내가 한때 소설가를 장래희망으로 꿈꾸게 된 것도 이때부터였다. 소설을 꿈꾸게 되자 한동안 머릿속에 온갖 공상이 난무하다시피 했다. 수업을 하는 선생님들의 목소리는 한 귀로 들어와 한 귀로 흘러나갔다. 그러니 학업성적이 좋을 리 없었다. 결석도 잦아져 5학년, 6학년 때는 1년에 30일가량을 등교하지 못하는 일까지 벌어졌다.

_____

경주 수학여행 ⋯ 우리 역사에 관심을 갖다

학교생활은 대체로 무겁고 답답한 날이 많았다. 하지만 그런 와중에도 운동회나 수학여행은 무척이나 기다려졌다. 그날은 모처럼 신바람 나는 날이었는데, 특히 1년에 한 번 열리는 운동회는 나에게 '과자'의 의미를 생각하게 해주었고, 놀러간다고 생각했던 수학여행은 뜻밖에도 우리 역사에 관심을 갖는 계기가 되었다.

운동회는 매년 가을에 열렸다. 이때가 되면 어머니는 용돈을 주셨는데, 나는 그 돈으로 가게에 가서 일본 모리나가森永제과에서 만든 밀크캐러멜을 사먹었다. 향긋한 냄새와 함께 입안 가득 번지는 달콤함은 나를 행복하게 만들었다.

당시 언양 읍내는 삼동면이나 오지奧地와도 같은 둔터마을과는 달리 제법 번화해서 자전거포鋪, 과자점, 여관, 요리점, 이발소, 서점 등이 있었다. 이 때문에 읍내를 지날 때마다 어린 내 눈엔 모든 게 신기했다. 점심을 굶은 날에는 요릿집에서 풍겨 나오는 구수한 음식 냄새 때문에 허기가 더욱 심하게 느껴지곤 했다.

그중에서도 과자점 유리케이스에 진열된 알록달록한 색깔의 화和과자를 보면 저절로 군침이 돌았다. 어린 나이지만 자존심이 있어서 여느 아이들처럼 과자점 앞에 오래 서 있지는 않았지만, 언젠가는 돈을 많이 벌어서 맛난 요리며 달콤한 과자를 실컷 사먹겠다고 다짐을 하곤 했다. 아마도 이런 기억이 내가 제과 사업을 먼저 시작한 이유 가운데 하나가 되었을지도 모르겠다.

6학년이 된 1934년 가을에는 경주慶州로 수학여행을 가는 행사가 있었다. 2박 3일간의 수학여행에는 숙식비와 교통비가 만만치 않게 들기 때문에 살림이 넉넉지 못한 학생들은 참가하지 못하는 경우가 많았다. 선생님이 불참자를 조사할 때 나도 수학여행에 참가하지 못할 거라며 손을 들었다. 내 밑으로 동생들이 줄줄이 태어난 상황에서, 아이들을 건사하느라 살림이 팍팍해진 어머니에게 부담을 드리기 싫었던 것이다. 때마침 벼 수확기라 일손도 부족할 것 같아, 수학여행 기간에 집에서 어머니를 돕는 게 도리라고 생각했다.

나는 수학여행 불참을 혼자 결정하고 집에는 알리지 않았다. 그런데 큰아버지 댁에서 추석 차례를 지내고 일가친척들이 모여 있을 때, 사촌인 병호 형님이 뜬금없이 수학여행 이야기를 꺼내는 바람에 들통이 나고 말았다. 어른들은 "수학여행을 안 간다니 무슨 소리냐"며 추궁했고, 별 수 없이 나는 자초지종을 털어놓았다. 경제력이 별로 없는 아버지는 듣기가 민망했는지 헛기침을 하며 바깥으로 나가셨고, 어머니는 죄지은 사람마냥 고개를 들지 못했다.

그러자 큰아버지가 오랜만에 너털웃음을 터뜨리며 말씀하셨다.

"격호가 나이는 에리도 심지心志가 굳은 기라! 큰애비가 여행갱비 다 대줄 테잉께 댕겨오거라."

그렇게 큰아버지가 후원해 주신 덕분에 나는 10월 중순에 수학여행을 떠날 수 있게 되었다. 늘 도와주시기만 하시던 큰아버지의 고마움을 잊을 수가 없다.

여행을 떠나던 날, 플랫폼에서 처음 본 경주행 열차는 나에게는 감동이고 또한 충격이었다. 시커멓고 거대한 쇠뭉치가 천둥소리와 허연 김을 내뿜으며 달려오는 모습은 그때까지 보지 못했던 새로운 문명이었던 것이다. 적토마赤兔馬보다 빠르다는 기차를 타고 가을 들길을 달리는 것도 감동이었다. 나와 아이들은 더 오래 타고 싶어 기차가 천천히 가기를 바라기도 했다.

기와집 모양을 한 경주역에 내린 우리는 허름한 여관에 들어갔다. 방 하나에 20명이 투숙해 이불 하나를 5명이 덮었는데, 양쪽 끝에 누운 아이는 밤새 이불을 당기느라 잠을 설쳤다.

다음 날, 동해 해돋이 시간에 맞춰 토함산의 석굴암을 보기 위해 새벽 4시 30분에 일어났다. 여관에서 출발할 때는 이른 새벽의 찬 기운에 다들 어깨를 움츠렸지만 산 중턱쯤에 이르자 아이들 대부분이 이마에서 땀을 흘렸다.

석굴암 경내에 들어서니 멀리 동해에서 불덩어리 같은 해가 불쑥 솟아오르는 게 보였다. 그 햇살이 석굴암 본존불本尊佛에 쏟아질 때 부처님 얼굴을 보니 가슴이 뭉클해지면서 말로 표현하기 어려운 감동이 느껴졌다. 어린 나이인데도 눈물이 날 것만 같았다.

경주 여행은 내가 우리나라 역사에 관심을 갖는 계기가 되었다. 그래서 그 후 나는 틈틈이 우리 역사를 배우고자 노력했다. 하지만 한국사 책을 구하기는 너무 어려웠다. 그저 마을 어르신들의 구전口傳을 통해 정조正祖 때 수원화성을 지은 이야기, 대원군이 경복궁을 중건한 이야기 등을 듣는 정도였다. 단편적이긴 하지만 그렇게나마 우리 역사를 알 수 있다는 것은 참 다행스러운 일이었다.

'소설가의 꿈'과
'농업인의 현실' 사이

점점 커지는 소설가의 꿈

1935년 3월 나는 언양공립보통학교를 졸업했다. 졸업을 했지만 식민치하의 한반도에서, 그것도 두메산골에서 고작 초등학교 졸업 학력으로 할 수 있는 일은 사실상 농사밖에 없었다. 그 사이에 내 형제는 3남 3녀로 늘어났고, 어머니는 온종일 농사·가사·육아에 시달려 등허리를 펼 겨를이 없었다. 장남인 내가 집안일을 돕지 않으면 어머니가 쓰러질 지경이었던 것이다. 그래서 나는 집에 머물며 소에게 풀을 먹이고 산에서 땔감나무를 구하는 일을 도맡아 했다.

1935년 6월의 어느 날이었다. 나는 저녁밥을 먹고도 날이 훤해 큰 아버지 댁에 책을 빌리러 갔다. 넓은 세상을 이해하고 싶은 마음에 그 전에도 경호, 병호 형님들이 읽던 소설이나 큰아버지가 구독하시던 〈문예춘추文藝春秋〉 잡지를 종종 빌려 보곤 했으므로 그날도 특별한 발걸음은 아니었다.

그런데 그날 큰아버지는 처음 보는 낯선 책을 펼쳐 놓고 혼자 낭독하고 계셨다. 충무공忠武公 이순신의 치열한 일대기를 그린 춘원春園 이광수李光洙의 장편소설《이순신李舜臣》이었다. 신문에 연재된 소설을 큰아버지가 직접 하나하나 오려 모아서 종이에 붙인 다음 책 모양으로 묶은, 세상에 하나뿐인 책이었다.

큰아버지는 두툼한 종이뭉치 모양의 책을 내게 넘겨주며 읽어 보라고 권하셨다. 나는 그 소설책을 집으로 가져와 읽는 동안 정신없이 소설 속으로 빠져들었다. 이순신 장군이 모함을 받아 옥에 갇힐 때는 나도 모르게 울분을 터뜨렸고, 명량해전에서 크게 이겼을 때는 환호했다. 그러면서 소설이 얼마나 위대한지를 깨달았다. 훗날 우리나라가 독립한 후 전국의 초등학교에 이순신 장군 동상을 건립하는 붐이 불었을 때, 여러 학교에 기꺼이 동상 건립비용을 기부한 것도 이때의 감동 때문이었다.

나는 가슴이 울렁거렸다. 문학이라는 그 단어 하나에 가슴이 뛰었다. 그때부터 나는 이광수, 염상섭廉想涉, 김유정金裕貞 등 한국인 문사들이 지은 소설을 찾아 무턱대고 탐독했다. 나의 일본어 독해력으로는 온전하게 이해하기 힘든 내용이 많았는데도, 나는 일본의 권위 있는 문학상인 아쿠타가와 문학상과 나오키直本 문학상 수상작들을 찾아 읽었다. 아마 내 일생을 통틀어 독서량이 가장 많은 시기가 바로 이때였을 것이다. 어느새 내게는 소설가의 꿈이 자리하기 시작했다. 나는 문인이 되고 싶다는 열망에 사로잡혔다.

큰아버지 후원으로 농업학교 진학

이듬해인 1936년 설날, 차례를 지내고 큰아버지께 세배를 드렸더니 큰아버지가 나를 불러 앉혀 놓고 중학교에 진학하라고 권유하셨다. 시골에서 농사만 짓고 있기에는 아까운 녀석이라는 덕담과 함께, 월사금은 이번에도 큰아버지가 후원하시겠다고 했다.

큰아버지의 후원 덕분에 나는 1936년 4월 울산농업실수實修학교에 진학했다. 개교한 지 10년 정도 된 2년제 학교였다. 실업학교답게 교육과정이 대부분 실습 위주로 짜여 있어 교실 공부보다는 논이나 밭, 목장에서 일하는 시간이 많았다. 그래도 울산지역에서는 알아주는 중등학교여서인지 1936년 3월 22일 자 신문에 합격자 명단이 실렸다. 당시에는 중등학교 합격자 명단도 신문에 실리곤 했다. 신문 지면에서 '辛格浩'란 이름 석 자를 발견했을 때는 가슴이 벅차오를 만큼 뿌듯했던 기억이 난다.

중학생이 된 후 가장 좋은 것은, 교복을 입고 거리에 나서면 많은 사람들이 어른 대접을 해준다는 점이었다. 습관처럼 한국인을 하대하던 일본인들조차도 교복 입은 학생은 함부로 대하지 않았다. 그러다 보니 중학생이라는 사실만으로도 자부심을 가질 만했다. 당시 최고의 명문학교로 꼽힌 경성제일고보 학생이 전차에 타면 노인도 자리를 양보한다는 말이 나돌 만큼 학생들은 존중을 받았다.

하지만 학교 안에서는 꼴이 말이 아니었다. 말이 학생이지 똥지게를 지고 실습밭에 나가 똥을 비료로 뿌리는 일까지 해야 했다. 온몸에 똥냄새가 배면 참담한 기분이 들기도 했다.

　내가 울산농업실수학교 졸업반 때인 1937년에 전쟁을 치르느라 일제는 한반도를 군수물자 조달기지로 삼았고, 학생들에게는 조회라는 형식으로 끊임없이 정신교육을 강요했다. 중일전쟁의 피해가 고스란히 한반도에까지 미친 것이다.

경성을 보며
'큰 세상'을 상상하다

종양장 견습생 합격

1938년 3월, 나는 울산농업실수학교를 졸업했다. 당시만 해도 중학교 졸업 학력이라면 농·축산 관련 분야에 취업할 수 있을 정도가 되었다. 나름 고학력으로 인정해 주었다는 얘기다. 그러나 기능인으로 일할 수 있을 뿐 고위 관리직으로 올라가기는 힘들었다.

이러한 현실적인 문제는 나를 고민하게 만들었다. 넷째 여동생 정숙이 태어나 우리 직계가족만 해도 부모님과 4남 4녀를 합쳐 모두 10명이나 되었기 때문에, 장남으로서 가계에 보탬이 되고 장가갈 밑천이라도 마련하려면 조금이라도 더 유망한 직장에서 일해야 했다. 이 때문에 급여가 많지 않은 하급 기능인으로 일해야 하는 현실이 답답하게 생각되었다.

이런저런 고민을 하고 있는데 마침 울산농회에 근무하는 사촌 병호 형님이 좋은 정보를 알려 주었다. 1935년 백두산 언저리인 함경북도 명천군에 설립된 국립 종양장에서 목양지도기술원을 양성한다는 것이었다. 이곳에서 견습생으로 1년만 일하면 기술원 자격증을 취득할 수 있으니, 조만간 울산지역에 설립 예정인 도립 경남종축장에 취직할 수 있을 것이라는 얘기였다.

좋은 기회라고 생각되었다. 전망이 좋은 만큼 들어가기가 쉽지 않았지만, 병호 형님이 울주군수의 추천서를 받아 준 덕분에 나는 견습생 5명을 뽑는 전형에 합격해 명천으로 갈 수 있게 되었다.

난생 처음 밟아 본 경성 땅

둔터마을에서 함경북도 명천까지 가는 길은 태어나서 처음 가보는 먼 길이었다. 한반도의 남쪽에서 북쪽 끄트머리까지 가야 하는 길이었으니 멀어도 어지간히 먼 길이 아니었다. 나는 기왕 먼 길을 나서는 김에 말로만 듣던 경성을 들러 구경하고 가기로 했다.

경성에 도착한 나는 지금의 광화문 교보빌딩 뒤편의 어느 허름한 여관에 여장을 풀고 시내 구경에 나섰다. 경성은 둔터마을이나 언양 읍내와는 비교조차 할 수 없을 만큼 큰 도시였다. 사람도 많았고 높은 건물도 많았으며 도로도 넓었다. 그중에서도 가장 먼저 내 눈을 사로잡은 것은 화신백화점 6층 건물의 위용이었다. 촌사람이 경성에 가서 화신백화점을 보고 오면 귀향한 뒤에도 몇 달 동안이나 입에서 침을 튀기며 자랑한다던 시절이었다. 건물을 보니 '과연 그럴 만하다'는 생각이 들었다.

　그곳에서 조금 더 걸어가니 반도호텔이라는 으리으리한 건물이 눈에 들어왔다. 화신백화점보다도 더 위압감을 주는 이 건물은 개관한 지 얼마 되지 않아 더욱더 휘황찬란해 보였다. 반도호텔 뒤편에 있는 조선호텔도 마찬가지였다.

　조금 더 걸어가니 지금의 신세계백화점 본관인 미쓰코시백화점이 눈에 들어왔다. 지하 1층, 지상 4층의 백화점 건물은 겉보기부터 무척이나 호화로웠다.

　육중한 문을 열고 백화점 안으로 들어섰다. 1층에서는 화장품·신발 등을, 2층에서는 일본 의상을, 3층에서는 양복을, 그리고 4층에서는 귀금속·가구 등을 팔았다. 모두 시골에서는 보기 어려웠던 고급 제품들이었다. 나는 4층 식당에서 1그릇에 20전 하는 우동을 사먹고 백화점을 나와 종로로 돌아왔다.

　종로거리는 여전히 복잡했고, YMCA 앞을 지날 때는 난생 처음 노랑머리의 서양인 남자도 보았다. 서양인을 직접 보고 나니 우리나라를 휩쓸고 있는 변화의 물결을 실감할 수 있었다.

　종로거리 이곳저곳을 구경하다가 '한경선^{韓敬善} 양화점'을 발견했다. 신문광고에서 자주 보던 유명한 구둣가게여서 반가운 마음으로 다가가 진열된 구두들을 살펴봤다. 단화 한 켤레에 6원. 내가 부담하기엔 비싼 가격이었다. 하지만 새 출발을 하는 기념이라고 스스로를 위안하며 큰마음 먹고 한 켤레를 사서 신었다. 과연 발이 편하고 보기에도 좋아 보였다.

새 구두를 신은 김에 견문을 넓히는 셈 치고 경성 구경을 좀더 하기로 했다. 발길이 닿은 곳은 조선호텔 옆에 있는 고급 커피다방 낙랑파라樂浪 parlour. 이상李箱, 박태원朴泰遠 같은 문인들이 자주 들렀다고 소문이 난 다방이다. 나는 그곳에서 처음으로 커피라는 것을 마셔 보았다. 낯선 쓴맛에 혀가 얼얼했지만 독특한 향기는 무척이나 좋았다. 커피 한 잔 값은 20전으로, 우동 한 그릇 값과 같았다.

　　다방을 나와 전차를 타고 '창경원'에 갔다. 당시에는 창경원 소문이 워낙 무성했던 터라 나도 궁을 본다기보다는 동·식물원을 본다는 생각으로 창경원을 찾았다.

　　창경원에 들어서니 동물원 주변에 행락객들이 몰려 있었다. 나는 그곳에서 사자, 호랑이, 코끼리를 처음 보았다. 무서운 맹수들을 그렇게 볼 수 있다는 것은 신기한 일이었다. 하지만 더 기억에 남은 것은 가족끼리 놀러온 사람들이었다. 시골구석에서는 가족 나들이라는 개념조차 없었으니, 가족 단위의 행락객은 내게 깊은 인상을 남겼다. 지금 생각해 보면, 이때 받은 강렬한 인상이 훗날 강한 의지를 가지고 테마파크 사업에 뛰어든 원동력이 된 듯하다.

　　경성을 구경하고 나니 경성보다 훨씬 크고 화려하다는 도쿄에도 가보고 싶다는 열망이 불쑥 솟았다. 물론 당시에는 가당치도 않은 헛꿈에 불과하다고 생각했다. 이때만 해도 내가 도쿄에 가게 되리라고는 생각도 못 했던 것이다. 화려한 도시를 뒤로한 나는 앞으로 근무하게 될 함경도 명천종양장으로 향했다.

함경도 명천종양장에서의 1년

명천종양장에서의 견습생 생활

함경북도 명천군은 당시 탄광지역으로 유명한 곳이었다. 내가 근무하게 된 종양장 부근에도 명천탄광이 있어 광부들과 그 가족들이 사는 마을이 형성돼 있었는데, 그들 중에는 한우^{韓牛} 가운데 명품으로 꼽히는 '명천 소'를 키우는 농가가 많았다. 주변에 천연 목초지가 넓게 펼쳐져 있어 소를 키우기에 아주 좋은 환경이었던 것이다.

종양장에서는 호주산 코리데일종^種 양을 많이 키우고 있었다. 코리데일종은 양모가 많아 모직^{毛織} 옷감의 원사를 만드는 데 안성맞춤이다. 이 고급 옷감은 주로 일본군 장교의 군복을 만드는 데 쓰였다. 종양장에서는 주변의 민간 농가에 양을 분양하는 역할도 맡고 있었다.

견습생으로서의 첫 작업은 양 암컷의 분만을 담당하는 일이었다. 면양은 출생 시 몸무게가 4kg이나 되는 데다 포유류가 다 그러하듯이 출산은 그야말로 피범벅을 동반하는 일이어서 분만을 처리하기가 결코 쉽지 않았다. 저녁때면 들판에 방목하는 양들을 불러 모아 축사에 넣어야 했다. 알프스 언덕의 목동들처럼 피리를 불어 양을 모으는 풍경은 동화책에서나 존재할 뿐 실제로는 대단한 중노동이었다. 단 한 마리의 양도 잃지 않기 위해 산비탈을 오르내리며 부지런히 뛰어다니다 보면 다리가 후들거리기 예사였다. 축사 청소도 고역이었다. 악취 풍기는 분뇨를 치우고 바닥에 마른 볏짚을 새로 까는 과정은 보통 힘들고 번거로운 일이 아니었다.

종양장의 일이라는 것이 이렇게 힘든 것들이 많지만, 그중에서도 첫손가락에 꼽을 수 있는 가장 힘든 일은 전모剪毛, 즉 양털 깎기이다. 양의 네 다리를 묶어 놓고 칼이나 가위로 털을 잘라내는데, 양이 발버둥치고 소리를 지르는 바람에 양 한 마리의 털을 깎는 데도 주변이 아수라장이 되곤 했다.

그나마 사무실 한구석 서가에 몇 가지 교양도서와 신문들이 비치되어 있어 독서 욕구를 해소하는 데 도움이 되었다. 신문으로는 〈요미우리讀賣신문〉과 〈마이니치每日신문〉 등 일본 신문이 있었는데, 1주일쯤 늦게 배달되었는데도 세상 돌아가는 소식을 읽을 수 있다는 점에서 유용했다.

1938년 연말 무렵 '이와나미岩波 신서新書'라는 이름의 문고판 서적 시리즈가 출판되기 시작했다. 손에 딱 잡히는 사이즈에 얄팍한 부피여서 들고 다니며 읽기에 좋았다. 그때부터 나는 아주 오래도록 '이와나미 신서'의 애독자가 되었다. 신문에 실린 책 광고를 보고 관심이

가는 책들을 사서 숙소나 사무실에서 틈나는 대로 읽었다.

화학공학이 세상을 지배할 것이라고?

명천에는 탄광이 여러 개 있고 물산物産이 비교적 풍부해서 주민들의 살림이 내 고향 울주보다 훨씬 윤택한 편이었다. 그래서인지 자녀 교육에도 관심이 많았고, 명천 출신으로 보성전문학교(지금의 고려대학교)를 설립한 이용익李容翊 대감을 자랑스러워했다. 또 그의 손자 이종호李鍾浩 선생이 명천군 상가면에 세운 보흥普興학교에 너도나도 자녀들을 보내고자 했다.

상급학교에 진학하는 학생들도 꽤 많았는데, 주민들은 조선 최고의 명문학교인 제일고보에 입학한 김기홍金箕洪이라는 청년을 명천군의 자랑으로 생각했다. 나이를 알아보니 나와 동갑이었다. 그가 누구인지도 모르면서 나는 축사에서 똥오줌을 치울 때마다 그를 떠올리며 부러워하곤 했다.

주말 휴일엔 견습생들과 어울려 명천 인근을 둘러보는 게 소박한 즐거움이었다. '제2의 금강산'이라 불리는 이곳의 명산名山 칠보산을 구경하기도 하고, 명승지로 이름 높은 명천읍 부근의 용연龍淵이라는 계곡도 둘러보았다.

틈틈이 아간면의 황곡시장에 들러 여러 가지 물건들을 구경하기도 했다. 시장에는 소 수백 마리가 모이는 대규모 우牛시장이 있었고, 곡물이나 칠보도기七寶陶器 같은 물건들도 활발하게 거래되고 있었다.

상인들은 명천의 삼베 명포明布도 결이 좋아 전국으로 팔려 나간다고
했다.

　종양장을 중심으로 이곳저곳을 탐색하듯 둘러보는 것은 나에게
는 마치 습관 같은 일이 되었다. 오지와도 같은 시골에서 성장한 탓에
많은 것을 보지 못한 부족함이 본능적으로 견문을 넓히려는 욕구로
나타난 것인지도 모르겠다.

　종양장에서 멀지 않은 서면이란 곳에 갔을 때도 마찬가지였다.
서면에는 갈탄을 주로 생산하는 명주탄광을 중심으로 하나의 마을이
형성되어 있었다. 어느 날 명주탄광 부근의 한 농가에서 면양을 배부
配付받는다길래, 내가 운송 책임을 맡아 양 20마리를 트럭에 싣고 가게
되었다. 그런데 탄광 앞에 큼지막한 공장이 보였다. 호기심이 발동한
나는 그 앞을 지나가는 기술자인 듯한 남자에게 무슨 공장인지를 물
었다.

　"석탄액화 공장이오. 갈탄에서 타르, 파라핀, 메탄올, 휘발유를
추출한다오. 그런 기술을 화학공학이라 하는데, 앞으로는 화공化工이
세상을 지배할 것이오."

　그는 친절한 것인지 자랑을 하고 싶은 것인지 묻지도 않은 말까
지 장황하게 설명했다. 자부심이 대단해 보였다.

　그의 설명을 들으니 참으로 놀라웠다. 시커먼 석탄 덩어리에서
휘발유를 추출한다는 화학공학이 무슨 요술처럼 느껴졌다. 나는 이 첨
단 분야에 강한 호기심이 생겼다. 당장은 취직이 급하기에 종양장에
묶여 있지만, 언젠가는 이 화학공학이라는 것에 대해 공부해 보고 싶

은 생각이 들었다. 이날 나는 화학공학이라는 말을 뇌리에 각인해 두
었다.

얼마 지나지 않아 겨울이 되었다. 명천의 겨울은 울주의 겨울과
는 사뭇 달랐다. 그야말로 혹한이었다. 눈도 거의 오지 않는 남쪽 지방
울주에서 자란 나는 폭설과 얼음, 칼바람에 익숙하지 않아 심한 고생
을 해야 했다. 그나마 눈이 내리면 양 떼를 종일 축사에 가둬 놓고 사
무실에서 쉴 수 있어 다행이었다.

그렇게 나는 명천에서의 견습기간 1년을 용케 견뎌 냈다. 그 1년
동안 가파른 산비탈을 오르내리며 양 떼들을 몰고 다녔더니 장딴지가
단단해졌다. 덕분에 나는 평생 동안 빠른 걸음으로 걷는 습관이 생겼
다. 지인으로부터 경보대회에 나가 보라는 농담까지 들을 정도였으니,
명천에서의 1년은 이래저래 내 인생에 큰 전환점이 되었다고 할 수 있
을 것이다.

노盧 부잣집 딸과의 혼인

취업을 하고 혼인도 했지만

당시 조선총독부는 '면양綿羊 대증산 계획'을 수립하고 전국 곳곳에 종양장 설치를 추진했다. 처음에 나는 그 계획이 농촌소득 증대사업인 줄 알았다. 그러나 나중에 알고 보니 일본 정부와 조선총독부가 군복 생산을 위해 추진한 계획이었다. 이 계획에 따라 일전에 병호 형님이 예상한 대로 울주에도 도립 경남종축장이 설립되었다.

명천종양장에서 1년간 견습생 생활을 마친 나는 '양羊 지도기술원' 자격증을 손에 쥐고 1939년 4월 울주로 돌아와 경남종축장에서 근무를 시작했다.

경남종축장은 집에서 15km쯤 떨어진 양산에 위치해 있어 통근하기에는 꽤 먼 거리였다. 어쩔 수 없이 종축장 입구의 한 마을에 하숙집을 구했다. 하숙집 주인은 후쿠오카 출신의 일본인 부부였는데, 그들은 아침저녁으로 정갈한 밥상을 차려 주고 빨래도 깨끗이 해주었다. 또 자신들의 조상은 한반도에서 온 도래인渡來人이라며 내게도 각별한 친근감을 표시했다.

내 월급은 면서기의 월급과 맞먹는 30원이었다. 이런 수입이라면 풍족하지는 않지만 그럭저럭 안정된 삶을 누릴 수 있을 것 같았다. 명천종양장에서 1년 동안 고생한 보람이 있구나 생각하며 조금씩 그 생활에 적응해 갔다.

1939년 가을, 추석을 쇠러 본가에 갔더니 부모님이 나를 앉혀 놓고 혼사 이야기를 꺼내셨다. 아버지는 내 의견은 묻지도 않고 일방적으로 신붓감을 통보하셨다. 상작마을이라 부르는 아랫마을 노희규盧熙圭 어른의 딸 노순화盧舜和 처자를 배필로 정했다는 것이었다. 나로서는 전혀 예기치 못한 일이었지만 내가 맏이라서 더 서두르시나 보다 생각하고, 부모님의 결정에 따라 그해 가을걷이가 끝날 무렵 혼례를 올렸다.

처가에서 초례를 치르고 본가에 신접살림을 차렸다. 하지만, 내가 종축장 근무를 위해 하숙집으로 떠나는 바람에 사실상 아내 혼자서 시집살이를 감당해야 했다. 아내는 시부모 봉양에 일곱이나 되는 시동생, 시누이 뒷바라지를 하느라 모진 시집살이에 시달린 것이다. 고맙고 또 미안한 마음이 늘 내 가슴 한쪽을 무겁게 짓눌렀지만 생계를 책임져야 하는 나로서는 달리 해결할 방법이 없었다.

1940년 3월 들어서자 경남종축장에 목련이 만개했다. 하지만 이런 풍경을 구경하기에는 일이 너무 바빴다. 양들이 대부분 봄철에 새끼를 낳기 때문이었다. 더욱이 이때는 양털을 깎는 시기와 겹쳐 '양치기'들에겐 일 년 중 가장 바쁜 시기이다. 털을 깎고 나면 양도 나도 모두 녹초가 되기 마련이었다.

'목욕탕 신설 계획'이 가져온 절망감

우리 집안도 창씨개명의 고통을 피해 갈 수는 없었다. 결국 문중 어른들은 고심 끝에 시게미츠重光란 성姓을 쓰기로 결정했다. 문중으로서도 막바지에 몰려 어쩔 수 없이 내린 결정이었다. 일제 치하에서도 성씨가 바뀌리라고는 상상도 하지 못했기에 우리 가족이 받은 충격은 이만저만이 아니었다. 할아버지, 큰아버지, 아버지는 거의 열흘 동안이나 곡기를 끊으시고 대성통곡을 하셨다.

일흔이 가까운 할아버지가 몸져누우셨으니 병수발을 해야 하는 할머니의 고생이 매우 심했다. 얼마 후 할아버지는 간신히 병석에서 일어나셨지만, 쇠약할 대로 쇠약해지신 할머니는 그해 추석 명절을 앞두고 끝내 별세하고 말았다. 늘 나에게 든든한 후원자가 돼주셨던 큰아버지도 1941년 할머니 1주기 무렵에 타계하셨다.

1년 사이에 할머니와 큰아버지를 잃은 내 마음은 급격히 공허해졌다. 특히 큰아버지는 둔터마을의 정신적 지주와도 같은 인물이어서 나뿐만 아니라 마을 사람들 모두가 슬퍼하고 허탈해했다. 둔기의숙 졸업생 200여 명도 큰아버지의 빈자리를 안타까워했다.

온 마을에 우울한 기운이 가득한 데 답답함을 느낀 나는 마을 분위기를 바꿔야겠다는 생각을 했다. 마을에서는 나름 '배운 사람'이라는 책임감도 있었고, 항상 마을을 위해 애쓰셨던 큰아버지의 뜻을 조금이라도 이어 보겠다는 충정이었다.

내가 생각한 것은 공중목욕탕을 만드는 일이었다. 이미 부산 동래온천에 공중온천장이 생겼고, 도회지의 웬만한 곳에도 목욕탕이 하나씩은 있어서 위생에 도움을 주고 있었다. 나 역시 함경도 명천에서 공중목욕탕의 편리함을 체험한 터여서 우리 마을에도 공중목욕탕이 꼭 필요하다고 생각했다.

하지만 목욕탕 신설계획은 마을 촌로村老들의 반대로 좌절되었다. 아무리 설득해도 그들은 고집을 꺾지 않았다. 여러 사람이 옷을 벗고 함께 목욕한다는 게 말세末世라는 거였다. 그때 내 나이는 약관 20세. 집성촌인지라 마을 어른들 대부분이 나의 윗 항렬이어서 무작정 밀어붙일 수도 없었다.

이 일을 겪은 후로 나는 고리타분한 마을에서 '탈출'하여 새로운 세상으로 나아가고 싶어졌다. 급변하는 세계의 움직임에는 귀를 닫고 그저 산골에 박혀 공자, 맹자를 논하는 골수 성리학자들이 답답해 보였다. 또 그런 어른들을 모시고 살아가는 내 생활도 숨통이 막힐 지경이었다. 공중목욕탕 하나 설치할 수 없는 꽉 막힌 현실이 무기력하기만 했다.

———

하나뿐인 삶을 진정으로 살려면

1941년 12월 8일, 일본 폭격기가 미국령인 하와이 진주만을 기습

폭격하는 일이 벌어졌다. 태평양전쟁의 시작이었다. 진주만 공습을 계기로 미국이 본격적으로 참전하면서 제2차 세계대전은 세계적 규모로 확대되었다. 전선이 확대되면서 한반도에는 전시 총동원령이 내려졌다. 이에 따라 일본, 한반도, 만주 등 곳곳에서 인적, 물적 자원이 총동원되었다.

총독부의 총동원령에 따라 경남종축장도 양모 증산을 독려하고 나섰다. 하지만 아무리 용을 써도 양털을 억지로 기를 수는 없는 일이었다. 옥수수를 먹이면 털이 빨리 자란다 하여 사람도 먹기 어려운 품질 좋은 옥수수를 구해 사료로 쓰기도 했다.

그러한 틈틈이 나는 양모 생산실적을 보고하러 부산에 있는 경남도청으로 출장을 갔다. 그때마다 나는 내가 가진 채널을 모두 동원해가며 실제의 전황戰況을 파악하고자 골몰했다. 앞날이 불투명하게 생각되면서 가슴이 답답해져 왔다.

심란함을 독서로 달랬다. 그 무렵 나는 백석白石 시인의 시에 심취해 있었는데, 그의 시는 마음의 안정을 찾는 데 큰 도움이 되었다. 그의 시에서는 이광수, 현진건, 염상섭 등 소설가들의 소설작품을 읽을 때와는 또 다른 감흥이 일었다. 특히 시집《사슴》에 수록된〈하답夏畓〉이라는 시는 마치 나의 어린 시절 추억을 그대로 표현해 놓은 것 같아 많은 공감을 불러왔다.

일본의 극작가 겸 소설가 야마모토 유조山本有三의 에세이에서도 큰 감명을 받았다. 그의 글 가운데 다음과 같은 구절이 내 가슴에 강렬하게 와 닿았다.

"하나뿐인 자신을, 한 번뿐인 삶을, 진정으로 살지 않으면 태어난 보람이 없지 않겠는가?"

대한해협을 건너
큰 꿈을 향해

동경에 가서 공부를 더 하고 싶더

1941년 연말을 앞둔 어느 휴일에 둔터마을 본가에 갔더니 어머니가 활짝 웃으시며 아내의 임신 소식을 전해 주셨다. 내가 직장 때문에 집을 떠나 있는 바람에 우리 부부는 결혼한 지 2년이 넘도록 2세를 갖지 못했었는데, 어머니는 이제야 조상 앞에 면목이 서게 됐다며 좋아하셨다.

나도 무척 기뻤다. 당시엔 후사後嗣를 일찍 낳지 못하는 것도 불효였으므로, 비로소 자식으로서의 의무 하나를 완수했다는 안도감이 들었다. 하지만 한편으로는 아버지가 되었다는 데서 오는 무거운 책임감도 느껴졌다.

그러자 오래전부터 가슴 한구석에 자리하고 있던 정체 모를 열망 같은 게 불덩이처럼 타오르기 시작했다. 부양해야 할 가족이 늘어났다는 데서 출발한 그 열망 덩어리는 언제까지 이렇게 살 수만은 없다는 생각으로 이어졌고, 이러한 생각은 야마모토 유조 작가의 말처럼 "태어난 보람을 찾아 큰 세상으로 가고 싶다"는 구체적인 소망으로 자라났다. 우선은 양치기 생활에서 벗어나 글을 쓰고 싶었다. 백석, 이광수, 염상섭 같은 문인들처럼 나도 큰 세상으로 나아가 견문을 넓히고 문인이나 신문기자들처럼 '글쟁이'가 되고 싶었다.

한번 타오르기 시작한 열망은 급기야 열병이 되어 나를 잠 못 들게 했다. 여러 날을 전전반측하며 고민에 고민을 거듭한 나는, 결국 참지 못하고 아버지에게 조심스럽게 내 뜻을 말씀드렸다.

"동경에 가서 공부를 더 하고 싶습더."

아버지의 반응은 예상대로였다. 곧 애비가 될 놈이 무슨 헛소리를 하느냐는 핀잔만 돌아왔다. 할아버지의 반응도 크게 다르지 않았다. 나의 열망은 큰 세상으로 나아가기는커녕 문지방조차 넘지 못한 것이다.

불현듯 작고한 큰아버지의 얼굴이 떠올랐다. 큰아버지께서 살아 계셨다면 어떤 반응을 보이실까 궁금해졌다. 매사에 진취적이셨던 그분이라면 나의 결심에 동의하지 않으실까. 하지만 큰아버지는 이미 나와 같은 세상 사람이 아니셨다.

답답한 마음에 조그만 위안이라도 얻고자 큰아버지의 묘소를 찾아갔다. 술을 한 잔 올려 드리고 경건하게 재배한 다음 마음속으로 하소연을 쏟아 냈다.

"큰아부지! 사내대장부가 울주 깡촌에서 양털만 깎고 살기엔 너무 억울함더. 대처大處에 가서 대망大望을 이루고 싶어예!"

그런데, 내 마음의 소리를 들으셨던 것일까. 바로 그때 무덤 뒤편 산골짜기에서 솔개 한 마리가 창공으로 치솟았고, 어디선가 큰아버지의 음성이 들리는 듯했다.

"니 이름값대로 해보거래이! 임금에게도 직언하는 격군심지비格君心之非, 사물의 이치를 바로 보는 격물치지格物致知. 그러라고 니 이름에 격格을 쓴 거 아이가!"

나는 벼락 맞은 사람처럼 온몸을 떨었다. 그리고 그 순간 결심을 굳혔다. 누가 뭐라 해도 떠나리라. 가서 반드시 큰 꿈을 이루리라.

시모노세키행 부관연락선

결심이 서자 갑자기 마음이 급해졌다. 나는 1941년을 넘기기 전에 기필코 떠나겠다는 목표를 세우고, 그날부터 구체적인 실행계획을 짰다. 하지만 당시는 전시상황이어서 일본으로 건너가기가 쉽지 않았다. 무엇보다도 여행허가를 받기가 하늘의 별 따기였다.

사촌 병호 형님에게 사실을 털어놓고 도움을 요청했다. 형님은 울산경찰서장에게 미리 연락해 둘 터이니 찾아가 사정을 얘기해 보라고 했다. 두근거리는 가슴을 애써 억누르며 경찰서를 방문했다. 그런데 울산에서는 위세가 대단한 일본인 서장은 뜻밖에도 나를 우호적으로 맞아 주더니, 내 각오를 듣고는 흔쾌히 여행허가증을 발급해 주었다. 예상 밖으로 일이 쉽게 풀린 것이다.

이제 집을 나서는 일만 남았다. 어떻게 하직인사를 할까 고민이 되었지만, 집에는 알리지 않고 떠나기로 마음먹었다. 가족들을 만나면 결심이 흔들릴까 우려되었던 것이다. 할아버지, 부모님, 형제, 아내의 얼굴이 차례로 떠올랐지만 마음을 굳건히 하기로 했다.

다만 병호 형님에게는, 내가 떠난 뒤에 가족들이 걱정하지 않도록 소식을 전해 달라고 부탁했다. 구구한 말은 생략하고 다음과 같은 짧은 한시漢詩 한 구절을 적어 주며 할아버지와 아버지께 전달해 달라고 했다.

男兒立志出鄕關(남아입지출향관)
學若不成死不還(학약불성사불환)
사나이가 뜻을 세워 고향을 떠나면
학문을 못 이룰 땐 죽어도 돌아오지 않으리.

수중에 있는 돈을 털어 보니 110원이었다. 내 월급이 30원이었으니 거의 넉 달 치 월급을 손에 쥔 셈이었다. 부산으로 가서 양복 한 벌을 사 입고 일본 시모노세키행 부관釜關연락선 배표를 사고 나니 83원이 남았다.

마침내 부산항을 출발하는 연락선에 올라섰다. 가슴이 벅차올랐다. 갑판에서는 차가운 겨울 바닷바람이 먼저 나를 맞았지만, 추위조차 느껴지지 않았다. 그저 고향을 떠난다는 사실이 실감나면서 만감이 교차했다. 일본에 가서 구체적으로 무엇을 어떻게 할 것인지 정해진 것도 없어 불안하기도 했다. 지금 생각해 보면 아무리 젊은 혈기라고는 해도 너무나 무모한 도전이었다.

수몰된 둔터마을 생가와
고향 사람들

수구초심卌丘初心이라는 말이 있다. 죽어서라도 고향 땅에 묻히고 싶어 하는 마음을 일컫는 말이다. 나 역시 세월이 흐를수록 어린 시절 천둥벌거숭이처럼 뛰어다니던 고향에 대한 그리움이 커졌다. 눈을 감으면 울주군 삼동면 둔터마을이 아른거리기도 했다.

그런데 1967년 무렵, 고향 마을이 수몰된다는 청천벽력 같은 소식을 들었다. 울산공단에 공업용수를 공급할 대암댐을 건설하려다 보니 둔터마을이 물에 잠기게 되었다는 소식이었다. 조상대대로 삶의 터전이었고 내 젊은 날의 추억이 고스란히 남아 있는 땅이 물에 잠긴다는 것은 안타까운 일이었다.

끝내 둔터마을은 1970년 물 아래에 잠기고 말았다. 간신히 생가만을 수몰지역 인근으로 옮겨 복원해 놓은 것이 그나마 다행이었다.

마을 주민들은 보상을 받고 마을을 떠났다. 가까운 곳에 새로 집을 지어 이주한이도 있지만, 대다수는 고향을 떠나 기약 없이 뿔뿔이 흩어졌다. 나는 허탈하기도하고 속도 상해서 끝까지 보상을 받지 않았다. 무슨 자존심이었는지는 모르겠지만,

그 바람에 아직도 행정적으로는 둔기리 623번지의 주소가 그대로 남아 있다.

마을을 떠나는 주민들 중에는 부근에 야산을 가진 이가 여럿 있었다. 수몰지역과 인접한 깊은 산골짜기의 야산이어서 사실상 아무 쓸모가 없는 땅이었다. 이 때문에 처분할 길이 막막해진 주민들이 내게 매입을 요청해 왔다. 나 역시 별달리 쓸 데가 없는 땅이었지만 그들 대부분이 친인척이어서 딱한 처지를 외면할 수가 없었다. 나는 그 땅을 시세보다 후하게 계산해서 매입했다.

그런데 그 땅이 나중에 잠시나마 문제가 된 적이 있다. 정부가 기업들을 대상으로 비업무용 부동산에 대한 규제에 나서면서, 이 땅도 비업무용 부동산으로 분류해 매각을 종용하고 나선 것이다. 국세청에 이 땅의 매입 경위를 밝히고 "팔려고 내놓아도 아무도 사지 않을 땅"이라 설명했지만 국세청은 이런 해명을 믿지 않았다. 결국 출장조사를 나와 눈으로 확인한 후에야 매각 대상에서 제외해 주었다.

일본에서도 생각지 않게 매입한 부동산이 적지 않았다. 거래하던 대리점이 부도가 나면 부득이하게 담보로 잡은 부동산을 떠안는 경우가 왕왕 있었던 탓이다. 그들은 딱한 사정을 하소연하며 자신들의 자택이나 땅을 사달라고 간청해 왔다. 나는 나와 거래하던 분들이 사업에 실패했어도 최소한 패가망신하는 것만은 막아 주어야 한다는 생각에 그 부동산을 매입했다. 그 가운데 일부는 나중에 도시개발이 이루어지는 바람에 값이 뛰기도 했지만, 그것은 처음부터 내가 기대하거나 의도한 게 아니었다.

그 때문인지 일각에서는 '롯데는 알토란 같은 토지를 잘 산다'는 얘기를 하는 이가 있었다. 심지어 나를 가리켜 '부동산 투자 귀재'라고 말하는 이도 있었다. 단언하건대, 결단코 그 말은 틀렸다. 평생 동안 나는 투기 목적으로 땅이나 건물을 산 경우가 단 한 건도 없었기 때문이다. 오로지 백화점이나 마트, 공장 등 사업장을 지을 업무용 부동산을 사들였을 뿐이다.

기업을 경영하는 내내 나의 주된 관심은 '기업은 기업활동을 통해 수익을 내야 한다'는 것이었다. 그래서 나는 외환위기 직후 어느 계열사 사장이 큰 환차익을 냈다고 싱글벙글하며 보고했을 때도 그를 칭찬하지 않았다. 오히려 그에게 "본업도 아닌 돈놀이로 돈 번 게 뭐 그리 자랑거리오?"라고 말했던 기억이 난다.

어쨌든, 정들었던 생가가 수몰되자 그곳에서 평생을 살아온 아버지에게 불효막심한 자식이 된 기분이 들었다. 내 잘못이 아니었지만 집을 지키지 못했다는 죄책감이 너무나 컸다. 생가를 옮겨 복원했다지만 워낙 오래돼 남루한 농가여서 실제로 사람이 살기에는 부적합했다. 그래서 아버지를 위해 생가 맞은편에 양옥으로 된 별장을 따로 지었다.

수몰 이듬해인 1971년에는 둔터마을 주민들을 회원으로 하는 '둔기회'를 결성했다. 뿔뿔이 흩어지면 얼굴도 보기 어려울 것 같아 친목도모를 위해 모임을 만든 것이다.

둔기회는 매년 5월 첫 주말에 정기총회를 겸한 잔치를 열었다. 처음엔 70여 명이 모여 소박하게 시작했는데, 세월이 흘러 자손들이 늘어나면서 나중에는 1,500여 명이 모이는 지역축제로 커졌다.

일요일에 열리는 잔치는 아무런 형식 없이 회원들 모두가 먹고, 마시고, 노래 부르고, 춤을 추며 즐거운 시간을 보내는 것이 전부였다. 내가 마이크를 잡고 연설하는 일도 없었다. 원래부터 '무대'에 서는 것을 좋아하지 않은 성격 탓도 있거니와, 참석한 회원들이 그저 편하게 즐기도록 지원하고 배려하는 게 나의 역할이라고 생각했다. 평소에 사진 찍히는 것도 좋아하지 않았지만, 둔터마을 사람들의 잔칫날만큼은 회원들이 원하면 기꺼이 포즈를 취해 주었다.

2010년 5월 열린 둔기회 행사

이 잔치는 2013년을 끝으로 더 이상 열리지 않았다. 내가 그해 12월 고관절을 다쳐 수술을 받은 데다 2014년 4월 세월호 침몰 참사가 발생하는 바람에 2014년 잔치를 취소한 것이다. 그 이후엔 내 건강이 좋지 않아 자연스럽게 행사가 중단되었다.

고향에 대한 나의 깊은 애정은 둔기회 잔치 외에 다른 방식으로도 표출되었다. 2009년에 사재 570억 원을 출연해 '롯데삼동복지재단'을 설립한 것이다. 울산·울주 지역의 소외계층을 돕고 인재육성을 지원하고자 설립한 이 재단은 여러 가지 지역사회 공헌사업을 펼치고 있다. 매년 상·하반기 가정형편이 어려운 학생과 성적이 우수한 학생을 선발해 장학금을 지급하고, 울산지역 예체능 우수학생에게도 장학금을 전달하고 있다. 또, 내가 1934년 5회로 졸업한 인연으로 울산 삼동초등학교에 매년 어린이날을 전후해 장학금과 수학여행 경비를 지원하고 있다.

울산지역 청소년들의 과학교육을 위해 '울산과학관'을 지어 울산시에 기증한 것도 마찬가지이다. 울산과학관은 사재 240억 원을 들여 울산시 옥동연구단지에 지하 2층, 지상 6층 건물과 야외전시장을 합쳐 1만 7천m² 규모로 지은 공익시설이다. 2011년 3월 개관했는데, 매년 50여만 명이 찾아오는 과학교육의 요람이 되었다는 게 여간 기쁘지 않다.

일본
고학시절의
값진 경험

2

꿈을 안고 마침내 일본 땅에

시모노세키에서의 호된 신고식

1941년 내가 탄 부관연락선은 승객을 2천 명이나 태울 수 있는 거대한 7천 톤급 선박으로, 울산 앞바다에서 보던 작은 목선들과는 비교할 수 없을 만큼 덩치가 컸다. 원래 부관연락선은 일제가 전쟁물자와 병력을 수송하는 데 주로 이용하는 노선이었지만, 민간인들에게는 양국을 오갈 수 있는 유일한 교통수단이었다.

배에 탑승하여 3등실 안으로 들어가니 고약한 냄새가 진동했다. 시모노세키까지 가는 7시간 동안 멀미에 시달리던 승객들이 줄줄이 토악질을 해놓는 바람에 악취가 심했던 것이다. 다행히 나는 배 멀미가 심하지 않았지만, 다른 승객들의 그런 모습을 보기가 괴로워 대부분의 시간을 갑판에서 보냈다.

일본 혼슈本州 남서부의 시모노세키. 배가 도착하자 하선下船 절차

부산과 시모노세키를 오고간 7천 톤급 부관연락선

를 마치고 대합실을 빠져나오는데 누군가 나를 불렀다. 처음 보는 사내였다. 사각 모양의 턱이 유난히 도드라져 보이는 그는 나를 보더니 무턱대고 경찰서로 가자고 했다. 낯선 땅에서 낯선 사내에게 느닷없이 불려가는 것이어서 두려운 생각이 먼저 들었지만 여행허가증이 있으니 별일 없으리라 믿고 사내를 따라갔다.

그와 함께 간 곳은 여객터미널 부근의 허름한 사무실이었다. 여기가 어디냐고 묻자, 그는 특고, 즉 특별고등계 취조실이라고 했다. 특별고등계는 주로 사상범을 다루는 악명 높은 경찰조직이어서 나도 익히 알고 있었다. 순간 등골이 서늘해졌다.

잠시 후 사각턱의 사내보다 상관으로 보이는 뻐드렁니의 형사가 들어왔다. 그는 내게 백지 10여 장을 내밀며 나의 출생관계, 학교, 직장, 부모형제, 여행목적 등 모든 사항을 빠짐없이 쓰라고 했다. 나는 쪼그리고 앉아 그가 요구하는 내용을 차분히 써내려갔다. 10여 장을 채우느라 나는 책상에 엎드려 밤을 새워야 했다.

이튿날 아침 뻐드렁니 형사는 내가 쓴 진술서를 읽어 보더니 눈알을 부라리며 질문을 쏟아냈다. 질문이라기보다는 심문에 가까운 얘기였는데, 듣다 보니 얘기가 이상한 방향으로 흘러갔다.

"야마모토 유조山本有三 책을 감명 깊게 읽었다고? 그 작가는 신성한 전쟁에 반대하는 분열주의자 아닌가?"

"예? 저는 그런 것까지는 모릅니다."

"그자는 〈아사히신문〉에 소설을 연재하다 중도하차당할 만큼 문제가 있는 인물이야. 사상이 불온하단 말이야!"

"그분의 문체가 좋아서 읽었을 뿐입니다."

순간 그가 주먹으로 번개같이 내 얼굴을 후려쳤다.

"너, 공산주의자지? 공산당에 가입하려고 일본에 온 빨갱이지?"

"공부하려고 왔습니다. 학교에 다니려고요!"

또다시 눈앞에 불벼락이 튀었다. 주먹질이 이어졌다. 금세 코피가 터져 입술 주변으로 줄줄 흘러내렸다.

조금 후 사각턱의 사내가 다시 들어와 백지 10여 장을 또 던져 주며 어제와 똑같은 주문을 했다. 온몸의 통증을 느끼면서도 그동안 살아온 나의 이력을 세세하게 새로 써야 했다. 진술서를 쓰는 동안 옆방에서는 고함소리와 채찍소리, 그리고 찢어지는 듯한 비명소리가 뒤섞여 들려왔다. 아마 누군가가 고문을 당하는 모양이었다. 온몸에 소름이 돋았다.

뻐드렁니 형사가 내 진술서를 읽어 보더니 다시 질문했다. 그는 끈질기게 일본에 왜 왔느냐고 반복해서 물었다. 나 역시 소설가 지망생으로서 문학을 공부하러 왔다고 반복해서 대답했다. 가와바타 야스나리川端康成를 비롯해 이전에 읽었던 일본 유명 작가들의 이름을 들먹이며 문학을 향한 나의 의지를 설명하기도 했다.

그러자 어느 정도 의심이 풀렸는지 뻐드렁니 형사는 울산경찰서장의 여행허가증을 받게 된 경위를 다시 한 번 꼬치꼬치 캐물은 후에야 나를 내보내 주었다. 취조실을 나오니 하늘이 노랗게 보이며 어지러웠다. 시모노세키의 도시풍경은 눈에 들어오지도 않았다.

큰 인물이 되면 아무도 괄시 않을 거야

취조실에서 풀려난 후 가장 먼저 시모노세키에서 가까운 후쿠오카로 갔다. 경남종축장에 근무할 때 묵었던 하숙집 주인 내외가 그 사이에 고향인 그곳으로 돌아갔기에 인사도 할 겸해서 그들을 찾아간 것이다. 하숙집 주인은 나의 일본행을 부추긴 당사자이기도 했다. 그는 "양치기만 하지 말라"며 "일본에 가서 큰사람이 되라"고 진심 어린 조언을 해주었다. 그리고 입버릇처럼 "일본에 오면 우리 집에 꼭 들르라"고 당부하곤 했다.

주소를 물어물어 그분의 집을 찾아갔다. 부인은 취조실에서 얻어맞아 퉁퉁 부은 내 얼굴을 보더니 대번에 울먹였다. 그러면서 내 손을 잡고는 "나중에 큰 인물이 되면 아무도 괄시하지 않을 것"이라며 나를 위로했다. 그들의 따뜻한 환대가 너무도 고마웠다.

자녀들을 모두 출가시키고 둘만 살던 이들 부부는 나를 친자식처럼 살갑게 보살펴 주면서 언제까지라도 좋으니 편안하게 쉬라고 말했다. 나는 나흘 동안 그곳에 머물며 하카다 항구, 오호리 공원, 그리고 다자이후 텐만구太宰府 天滿宮 등을 둘러보았다.

그러던 어느 날, 웬 사내가 후쿠오카경찰서 형사라면서 경찰서로 가자고 했다. 순간 시모노세키에서의 악몽이 되살아나 또다시 섬뜩한 느낌이 들었다. 경찰서에 가서야 고향에 계신 아버지가 일본에 간 아들을 찾아 달라며 경찰에 신고했다는 얘길 들었다. 형사는 날더러 무단가출한 것 아니냐며 귀찮다는 듯이 고향으로 돌아가라고 윽박질렀다.

나는 그날로 하숙집 주인 내외에게 작별을 고하고 후쿠오카를 떠났다. 어차피 도쿄가 나의 목적지였으므로 후쿠오카에는 더 머물 이유도 없었다. 도쿄행 열차를 타고 가는 동안 차창 너머로 보이는 일본의 농촌은 둔터마을보다도 훨씬 깨끗하게 정비되어 있었다.

도쿄역에 도착해 시내로 들어서니 대도시다운 위용이 대단했다. 높은 빌딩과 널찍한 도로, 잘 가꾸어진 가로수, 번쩍이는 불빛 등 경성(서울)보다도 훨씬 휘황찬란한 경관이 펼쳐졌다. 전시 상황이어서 전등을 거의 켜지 않았다는데도 그랬다.

우유배달원에서 '소小사장'으로

고단한 고학생 생활의 시작

도쿄에는 언양보통학교를 함께 다녔던 고향친구가 살고 있었다. 나보다 먼저 일본으로 떠났던 그 친구는 내가 도쿄에 오면 자기 집에 기거할 수 있을 것이라며 꼭 찾아오라고 했다. 이 넓은 도쿄에서 그래도 아는 사람이 있다는 건 참 다행스런 일이라 생각되었다. 나는 고엔 지역 근처에 있다는 그의 집을 찾아갔다.

친구는 조그마한 단칸방에서 동생과 함께 자취하고 있었다. 워낙 작은 방이어서 나까지 더해 커다란 장정 셋이 지내기에는 너무 비좁았다. 하지만 다른 도리가 없어 당분간 얹혀살기로 했다.

급한 대로 거처가 마련되고 나니 그 다음엔 일자리를 찾는 게 고민이었다. 친구가 마침 같은 동네 우유대리점 사장이 우유배달원을 모집하고 있다며 나를 소개해 주었다. 우유대리점 사장은 면접삼아 몇 마디 얘기를 나누고는 이튿날 새벽 4시에 출근하라고 했다. 이렇게 금방 일자리를 구하다니, 생각지도 못한 행운이었다.

다음 날, 기쁜 마음으로 새벽 일찍 출근했다. 그날은 첫날이라 총무라는 40대 남자가 배달할 구역을 함께 순회하며 안내해 주었다. 나는 주소와 문패 이름이 적힌 고객명단 수첩을 건네받아 살펴보면서 처음으로 배달 일을 시작했다.

손수레에 500㎖짜리 우유병 100여 개를 싣고 출발해서 주택가를 한 바퀴 돌아 배달을 마칠 때쯤에야 날이 밝았다. 돌아오는 길의 수레는 우유를 배달하면서 수거한 빈 우유병들이 가득했는데, 병들끼리 부딪혀 덜거덕거리는 소리가 요란했다. 하지만 나는 그 소리가 그렇게 즐거울 수가 없었다.

———

《젊은 베르테르의 슬픔》을 읽고

새벽 일찍 일어나 움직였기 때문에 피곤할 만도 했지만, 낮 시간에 나는 도쿄 시내의 지리를 익히기 위해 전차를 타고 닥치는 대로 돌아다녔다. 가끔은 틈을 내서 내가 공부할 '예비학교'도 찾아보았다. 일본으로 건너오기 전에 이미 나는 예비학교 하나를 점찍어 두었는데, 한참 만에 스이도바시역 부근에 위치한 그곳에 찾아갔다. 학교라고는 하지만 정규학교가 아니라 일종의 사설학원이었다. 나는 이곳에서 수학 과목을 신청해 수강했다.

서점에도 자주 들렀다. 시내 곳곳에 서점이 꽤 많았는데, 고학을 하는 나로서는 책값을 감당하기가 벅찼기 때문에 한두 시간씩, 어떤 때는 서너 시간이 넘도록 서서 책을 보곤 했다.

그렇게 몇 달이 지났을 무렵, 나는 큰맘 먹고 신조사新潮社에서 나온 《세계문학전집》을 샀다. 이 전집에는 독일의 문호文豪 괴테가 쓴 소설 《젊은 베르테르의 슬픔》이 포함돼 있었다. 나는 이 작품을 눈 한 번 떼지 않고 단숨에 독파했다. 하지만 당시만 해도 나는 이 소설이 내 인생에 다시없을 커다란 인연이 될 줄은 짐작조차 하지 못했다. 이 소설의 여주인공 '샤롯데'의 이름을 따서 '롯데제과'를 세울 줄 어찌 알았겠는가.

훗날 나는 독일 프랑크푸르트를 방문했을 때 괴테 생가를 직접 찾아가 본 적이 있다. 소설의 무대가 된 베츨라어에도 찾아가서 롯데하우스Lottehaus를 둘러보기도 했다. 그만큼 20대 청년시절뿐 아니라 장년이 된 이후에도 나는 괴테의 소설에 심취해 있었다.

'작은 대리점 사장'의 초보 경영실습

나름대로 바쁘게 시작한 도쿄 생활에 적응되었다 싶을 무렵, 나는 우유대리점 사장으로부터 뜻밖의 제안을 받았다. 배달구역 두 군데를 떼어 줄 터이니 독자적으로 운영해 보라는 것이다.

우유배달은 꼭두새벽에 해야 하는 일인 데다 급료가 적어 오래 일하지 못하고 금세 그만두는 배달원이 적지 않았다. 그러다 보니 결원이 생기는 경우가 많았는데, 그럴 때면 내가 두세 명 몫을 해내곤 했다. 많을 때는 350병이 넘는 우유를 손수레에 싣고 배달하는 날도 있었다. 힘들긴 했지만 나는 수입이 늘어나는 게 좋았다.

그렇게 고되게 배달을 하고서도 배달을 마친 후에는 빗자루를 들고 집하장 바닥을 쓸고 물걸레로 닦는 수고를 마다하지 않았다. 내가 일하는 곳이 청결해야 직성이 풀렸기 때문이다. 한편으로는 새로운 고객을 찾는 일에도 열을 올렸다. 새벽 산책을 나온 주민들에게 먼저 인사를 건네고는 "산책 마치고 우유를 마시면 건강에 더욱 좋습니다"라며 넉살 좋게 영업을 했다. 그런 방법이 통했는지 우유배달을 신청하는 주민이 하나둘 늘어났다.

대리점 사장이 내게 '독자적인 운영'을 제안한 것은 이처럼 결근이나 지각 한 번 없이 책임감 있게 배달하고, 일하는 공간을 청결히 하면서 틈틈이 고객을 늘려 대리점 수익도 늘려 주는 내 모습에 믿음이 갔기 때문이라고 했다. 덕분에 나는 단순한 종업원에서 배달원을 고용하는 입장이 되었다. 도쿄에 온 지 불과 넉 달 만에 대리점 밑의 대리점, 말하자면 소小대리점 사장이 된 셈이다.

그런데 우유대리점 사장은 배달구역만 내게 떼어 준 것이 아니라, "대리점을 운영하는 것도 경영의 하나"라며 경영자가 가져야 할 덕목도 친절하게 전수해 주었다. 덕분에 나는 처음으로 기업인으로서 눈을 뜨게 되었다. 훗날 도쿄에서 롯데제과를 경영할 때 우라와浦和 공장의 고문으로 우유대리점 사장이던 그분을 모셨다. 그분은 그럴 만한 자격이 있었다.

소대리점 사장이 된 나는 배달원 두 명을 고용해 그들과 함께 새벽마다 우유를 배달했다. 비가 오나 눈이 오나 하루도 빠지지 않았다. 산책객들에게 우유를 권유하는 일도 계속했다.

하루는 어느 노인이 "우유는 소화가 되지 않아 마시고 싶어도 그러지 못한다"며 안타까워했다. 그때 불쑥 양유가 떠올랐다. 명천종양장에서 견습생 수련을 할 때 들은 "양유는 우유보다 단백질 함량이 높고 소화도 잘된다"는 말이 생각난 것이다.

나는 여기저기 수소문하여 양유를 공급받는 루트를 알아낸 후 우유와 함께 양유 배달도 시작했다. 결과는 기대 이상이었다. 특히 어르신 고객들에게 양유가 큰 인기를 끌었다. 나름대로 아이디어를 내서 새로운 상품으로 선택한 것이 성공을 거둔 것이다. 그것은 아이디어만 있다면 성공할 수 있다는 자신감을 갖게 했다.

수입이 늘어 경제적 여유가 생긴 나는 다다미 4개짜리 방을 얻어 친구 집에서 나왔다. 나만의 보금자리가 생기니 공부하기에도 좋았다. 방에 앉아 독서삼매경에 빠지면 행복한 생각이 들기도 했다.

그러던 어느 날 새벽, 우유배달 길에 낯이 익은 신문보급소 총무를 만났다. 그는 울상이 되어 내게 말했다.

"배달원 소년이 다쳐서 일을 못하게 됐는데 당장 오늘내일 일손이 없소. 혹시 우유배달 가구에 신문도 갖다 줄 수 있겠소?"

우유와 신문을 동시에 배달받는 집이 수두룩했기 때문에 나로서는 별로 어렵지 않은 일이었다. 나는 흔쾌히 수락했다. 그리고 이때부터 일부 구역에서 우유와 신문을 함께 배달하기 시작했다. 크게 힘 들이지 않고도 수입을 더 늘릴 수 있게 되었다. 뿐만 아니라 여분의 신문도 공짜로 볼 수 있게 되면서, 일본 사정에 대해 웬만한 일본인보다 더 잘 알게 되었다.

한국인 문학청년들과의 교류

와세다실업학교 진학

어느 날 예비학교 상담실장이 나를 부르더니 상급학교의 편입 정보를 알려 주었다. 와세다실업학교 야간부에서 편입생을 모집한다는 것이다. 도쿄에 온 가장 큰 이유는 공부를 더 하자는 것이었으므로 나는 편입시험을 보기로 결심했다. 울산농업실수학교 2년제를 졸업했기 때문에 5년제 와세다실업학교에는 3학년으로 들어가야 하지만, 내 나이를 감안해 4학년으로 편입하기로 했다.

학교 담당관을 찾아가 내 입장을 설명했다. 그러자 그는 수학修學 능력을 테스트해 보자면서 시험 문제지를 내밀었다. 일본어와 수학 2과목이었다. 나는 우유배달을 하면서도 틈틈이 공부해 둔 게 있어 무사히 시험을 통과하고 4학년으로 편입했다. 와세다실업학교는 상공업 기술인력을 양성하는 실업학교 과정이어서 이론보다는 실습 위주로 교육 과정이 짜여 있었다.

도쿄에 갈 때만 해도 앞날을 예측할 수 없어 막연했지만, 우려했던 것과는 달리 모든 게 순조로웠다. 일자리도 안정되었고, 거처도 마련했으며, 이제는 공부를 계속할 수 있는 학교도 정해졌다. 그제서야 나는 고향 울주에 계시는 아버지께 문안편지를 보내 드렸다. 얼마 후 답신이 왔다. 아내가 딸을 낳았다고 한다. 나의 첫 아이가 태어났다니 가슴이 뛰었다. 하지만 출산 때 아내 옆에 있어 주지도 못했고 아이를 품에 안아 볼 수도 없어 안타깝고 또 미안했다. 딸아이 이름은 영자英子라고 했다.

이제 한 아이의 아버지가 되었으니 더 열심히 일해서 반드시 성공해야겠다고 다짐했다. 당장 급한 것은 수입을 늘리는 일이었다. 숙식비와 같은 기본적인 생활비 외에도 학교 등록금과 책값까지 마련하려면 우유배달만으로는 빠듯했다.

나는 기회가 닿는 대로 이런저런 일을 가리지 않았다. 트럭기사 조수로 일하기도 했고, 건설 잡역부나 전당포 점원으로도 일했다. 돈을 벌어야 한다는 일념으로 한 일들이지만, 이런 잡다한 일을 한 경험은 나중에 나에게는 두고두고 보약이 되었다.

트럭기사 조수 일만 해도 그렇다. 나는 고장 난 트럭을 고치느라 기름 범벅이 된 채 엔진을 뜯어보곤 했다. 이때의 경험은 기계작동의 기본을 익히는 데 큰 도움이 되었고 운전에도 금세 적응할 수 있게 해 주었다. 공장건설 잡역부 경험 역시 훗날 일본과 한국에서 수많은 공장을 지을 때 큰 도움이 되었다.

도쿄에서 만난 한국인 문학청년들

와세다실업학교를 다니면서 나는 근처에 있는 와세다대학 앞의 중고서점을 자주 찾았다. 대학생들이 읽다가 중고로 내놓은 책을 사기 위해서였다. 자주 가다 보니 어느새 단골이 된 서점도 생겼다.

어느 날엔가 단골서점에 갔더니 나 말고도 자주 오는 청년이 한 명 눈에 띄었다. 어쩐지 한국인이라는 느낌이 들었다. 며칠 뒤 다시 마주쳤을 때 슬며시 물어보았다. 짐작한 대로 한국인이 맞았다. 그는 와세다대학 문과에 다니는 유주현柳周鉉이라며, 경기도 여주 출신의 작가 지망생이라고 자신을 소개했다. 훗날《조선총독부》,《대원군》같은 걸작을 남긴 그 인물이다.

그가 나와 동갑이어서 더욱 반가웠다. 그도 몹시 반가워하며 "장차 함께 문명文名을 떨쳐 보자"고 들뜬 목소리로 말했다. 그날 유주현은 내게 한국인 천재작가 김사량金史良에 대해 이야기해 주었다. 1940년에 발표한 그의 단편소설 〈빛 속으로光の中に〉가 아쿠타가와상 후보에 올랐는데, 사실상 수상작으로 내정되었음에도 조선인이라는 이유로 탈락되었다며 분통을 터뜨렸다.

유주현과 친분을 갖게 된 나는 그날 이후 그의 소개로 와세다대학에 다니는 한국인 문사들을 여럿 만날 수 있었다. 그중 불문학을 전공한다는 황용주黃龍珠란 인물이 유독 돋보였다. 남달리 박학다식한 그는 프랑스의 철학자이자 소설가인 사르트르J. P. Sartre에 특별한 관심을 갖고 있었다.

황용주 형의 소개로 나와 동갑인 작가지망생 이병주李炳注도 만났다. 훗날 우리나라를 대표하는 작가가 되어 《관부연락선》, 《지리산》 등의 대작을 남긴 사람이다. 경남 하동 태생으로 진주농림학교를 나왔다는 그는 한국인과도 의사소통이 원활하지 않을 만큼 경상도 사투리가 심했다. 하지만 같은 경상도 출신인 나와는 워낙 잘 통해 자주 어울렸다. 그는 술을 몹시 즐기는 대주가大酒家여서 나와도 종종 술자리를 함께했다. 그와 만나 술잔을 기울이다 보면 그의 해박한 지식에 감탄하지 않을 수 없었다.

이병주의 얘기를 듣다 보면 작가의 길이 결코 쉽지 않다는 생각이 들곤 했다. 얼마나 많은 책을 읽고 공부해야 저만큼 박식할까 하는 생각에 두려울 정도였다. 결국 나는 고민 끝에 작가의 길을 포기하기로 했다. 내가 가야 할 길은 작가가 아니라는 사실을 비로소 깨우친 기분이었다.

작가의 길을 포기한 나는 와세다실업학교에서 부기簿記나 주산, 제도製圖 등을 배우는 데 더 관심을 두었다. 야간부에 등록했지만 주간부 몇 과목도 동시에 수강해 4~5학년 과정을 한꺼번에 마쳤다. 내 또래 대학생들을 보니 나도 중등과정을 얼른 마치고 고등교육을 받고 싶은 마음이 굴뚝같았다.

전시상황에서
응용화학의 길을 택하다

와세다고등공학교 화학과 입학

1943년 2월, 와세다실업학교를 졸업했다. 그 무렵 일본은 전쟁에서 패색이 짙어지고 있었다. 전쟁 초기에는 승승장구하는 것처럼 보였지만, 미군이 본격적인 반격을 시작하면서 속수무책으로 밀리기 시작한 것이다. 1942년 6월에는 미드웨이해전에서 미군에 참패해 항공모함 4척을 잃기도 했고, 얼마 후에는 태평양 과달카날Guadalcanal섬에서도 패퇴했다.

그로부터 얼마 후 도쿄에서도 물자배급제가 실시되었다. 대다수 주민들의 살림이 궁핍해졌고, 자연히 우유배달도 시원찮아졌다. 모든 상황이 불투명해졌다. 도쿄에서는 사고무친四顧無親인 나의 앞길도 더욱 불안정해졌다.

때마침 와세다실업학교의 교무주임이 와세다고등공학교에 진학하라고 권유를 해왔다. 실습 위주여서 취업에 유리하다는 이유였다. 원래 2년제였으나 3년제로 승격되었고 교수진도 훌륭하며, 무엇보다 학비가 싸다고 했다. 성적이 좋으면 산학협동 장학금을 받을 수 있다는 설명도 해주었다.

좋은 조건이라 생각돼 와세다고등공학교에 진학하기로 마음먹었다. 전공분야로는 기계·전기·건축·토목·응용화학 등이 있었는데, 나는 1940년에 신설되었다는 응용화학과를 선택했다. 과거 명천종양장에 근무하면서 명주탄광에 출장 갔을 때 본 석탄액화 공장의 풍경이 떠올랐다. 앞으로 화학이 매우 중요해질 것이라고 웅변하던 그곳 직원의 목소리도 생각났다.

1943년 4월, 나는 와세다고등공학교 응용화학과에 입학했다. 교과서에는 원소기호와 숫자가 가득했다. 원소주기율표를 늘 주머니 속에 넣고 다니며 전차를 탈 때마다 꺼내서 외웠다. 수업을 받으면서 알코올 가운데 에탄올은 술 성분이지만 메탄올은 맹독성 물질임을 배웠고, 니트로글리세린으로 다이너마이트를 만드는 제조법도 실험했다. 플라스틱도 만들어 보았다.

처음 투자 받은 사업이
잿더미로

전 재산 6만 엔을 투자하겠네

2학년으로 진급한 1944년, 나는 커팅오일cutting oil을 개발하는 연구소에 배치되었다. 절삭유切削油라고 불리는 커팅오일은 금속재료를 깎을 때 공구와 금속 사이에 생기는 마찰열을 줄여 주는 기름을 말한다.

커팅오일 개발연구실은 내 숙소와 가까운 고엔지高円寺 부근에 있었으므로 나는 걸어서 출퇴근했다. 어느 날 퇴근길에 당시 64세이던 하나미츠花光라는 어른을 우연히 만났다. 전당포와 고물상을 경영하는 그는 반색하며 내 손을 잡았다. 한때 그의 가게에서 임시 아르바이트를 한 적이 있었는데, 그때 회계장부를 말끔히 정리해 준 것 때문에 나를 호의적으로 대해 주던 분이었다.

그는 내 근황을 이것저것 물은 후 돌아가더니, 며칠 후 내 자취방까지 직접 찾아왔다. 그의 손에는 물자가 부족한 전시에는 구경조차

하기 힘든 만쥬饅頭 한 봉지가 들려 있었다. 좁은 자취방을 잠시 살펴보던 그가 말문을 열었다.

"단도직입적으로 말하겠네. 커팅오일 제조업을 할까 하네. 공장 짓고 원료 사들일 자금으로 6만 엔을 투자할 작정이야. 내 전 재산이지. 자네가 이 모든 일을 맡아 주시게."

파격적인 제안에 놀란 나는 나를 어떻게 믿고 그런 거금을 투자하느냐고 물었다. 그는 단호한 어조로 말했다.

"자네가 우리 점포에서 일할 때 내가 유심히 살펴봤지. 단 한 번도 지각하지 않았고 1전 한 푼의 금전사고도 없었어. 성실할 뿐 아니라 시키지도 않았는데 회계장부를 일목요연하게 정리하는 창의성을 보였지. 부탁하네. 수익금은 2 대 1로 나누기로 함세."

그는 내게 전폭적인 신뢰를 내보이며 사업을 부탁했다. 나로서는 생각지도 못한 행운이었다. 우유배달 아르바이트로 시작한 내가 사업 일선에 나설 수 있는 절호의 기회를 잡은 것이다.

나는 이튿날부터 공장부지 물색에 나서 하네다羽田공항 근처 오모리大森 지역에서 허름한 공장을 찾아냈다. 그리고 인부 대여섯 명을 고용해 허물어진 건물 한쪽을 함석판으로 씌워 수리하고, 여기저기 물어서 오일 제조설비를 구해 설치했다. 원료인 광유와 유지도 조달했다. 준비작업을 진행하는 동안 와세다고등공학교 동급생들과 커팅오일 개발연구소 근무자들이 여러모로 도움을 주었다.

마침내 시제품이 나왔다. 이때부터는 시제품 품질검사를 받기 위해 공업청을 들락거렸다. 품질검사 결과가 나오면 본격적인 판매에 들어갈 것이므로 공업청을 오갈 때마다 마음이 설레었다.

그런데 바로 그 무렵, 일본 본토에 대한 미국의 폭격이 시작되었다. 미국은 최신예 폭격기 B-29를 앞세워 높은 고도에서 연일 폭탄을 퍼부었다. B-29가 떨어뜨린 폭탄은 주로 높은 열을 내며 타는 약제를 장치한 소이탄燒夷彈이어서, 목조건물이 대부분인 일본의 주요 도시가 불바다가 되었다.

폭격은 나날이 거세져 나중에는 야간에 저고도 폭격까지 이루어졌다. 특히 1945년 3월 9일과 10일은 도쿄 시민들에게 악몽과도 같은 날이 되었다. 수많은 B-29가 떼를 이뤄 도쿄 하늘을 새까맣게 뒤덮더니 엄청난 양의 폭탄을 쏟아부은 것이다. 유례없는 대규모 공습으로 도쿄는 사실상 초토화되었다. 8만 명의 사상자와 100만 명의 이재민도 생겼다.

연합군의 폭격으로 잿더미가 된 도쿄 시가지

폭격이 없는 틈을 타서 공장에 가보니 남아 있는 설비가 하나도 없었다. 폭격을 맞아 흔적도 없이 사라져 버린 것이다. 너무 허탈해서 그저 헛웃음만 나왔다. 이제 막 판매를 시작하려는 때에 벌어진 이 상황이 허망하기만 했다.

———

모든 투자금이 폭격에 사라지다

모든 설비가 사라졌어도 언제까지 좌절하고 있을 수는 없었다. 나는 투자금의 절반가량이 아직 남아 있다는 것을 위안삼아 다시 시작하기로 했다. 그것이 나를 믿고 거금을 투자한 하나미츠 어른의 믿음에 보답하는 길이라고 생각했다.

새로운 공장부지를 찾아 나선 나는 도쿄 서쪽 하치오지八王子 지역에서 비어 있는 공장을 발견했다. 원래는 섬유를 생산하던 공장이라고 했다. 이곳에 곧바로 오일 제조설비를 설치하고 생산을 시작했다. 생산된 제품은 품질이 매우 좋은 편이어서 높은 가격을 받을 수 있을 것으로 보였다. 납품처도 이미 확보한 상태였으므로 나는 생산품을 쌓아놓고 납품기일이 되기만을 기다렸다.

하지만 또다시 재앙이 닥쳐왔다. 납품기일을 불과 며칠 앞둔 1945년 8월 1일, 하치오지 상공에 B-29 전폭기들이 떼를 지어 나타나 대대적인 폭격을 시작한 것이다. 하치오지는 이전의 도쿄처럼 삽시에 초토화되었다. 출하를 앞두고 있던 내 공장도 잿더미가 되었다.

피눈물이 났다. 하나미츠 어른은 넋이 나간 표정으로 헛웃음을 짓더니 체념한 듯 고향으로 돌아가 농사나 지어야겠다고 했다. 그의 부인은 하염없이 눈물만 쏟았다. 나는 너무나 송구해서 엎드려 사죄했다. 투자분 6만 엔은 반드시 재기하여 갚겠다고 했다. 하지만 그는 빌려 준 돈이 아니고 투자한 것이므로 아무 잘못도 없는 내가 갚을 필요는 없다면서 나의 어깨를 다독여 주었다. 아무리 생각해도 그는 가슴이 넓은 사람이었다.

모든 것을 잃어버린 나는 참담한 심정으로 며칠을 보냈다. 그리고 1945년 8월 15일이 되었다. 일본의 패배로 마침내 제2차 세계대전이 끝난 것이다. 이는 더 이상의 폭격은 없다는 것을 의미했다.

일본에 거주하던 한국인들은 저마다 귀국을 서둘렀다. 시모노세키항에서 부산으로 떠나는 부관연락선은 연일 초만원이었다. 나도 귀국하고 싶은 마음이 굴뚝같았다. 하지만 고향을 떠나올 때의 다짐을 돌이켜 보니 그동안 이뤄 놓은 게 별로 없었다. 학업을 마치지도 않았고 수중에 돈도 몇 푼 없었다. 이대로 돌아가기에는 낯이 서지 않았다. 더구나 하나미츠 어른과의 약속도 지키지 못했다.

나는 당분간 일본에 남아서 학업과 사업을 계속하기로 마음먹고, 귀국하는 지인 편으로 부모님께 전해 달라며 약간의 금붙이를 건네주었다. 난리 중에 그 금붙이가 온전히 전달될까 걱정이 되었지만 다른 방도가 없었다.

화장품 사업 성공과
'롯데' 브랜드의 탄생

히카리특수화학연구소 설립

전쟁이 끝나자 세상이 달라졌다. 1945년 8월 28일부터 미국의 더글러스 맥아더Douglas MacArthur 장군을 총사령관으로 하는 연합군이 일본에 진주進駐해 일본 정부를 지휘했다. 일본 국민들은 공습으로 파괴된 도시를 복구하느라 안간힘을 썼다. 하지만 자재가 턱없이 부족해 애를 먹었다. 생필품도 태부족이었다.

그때 나는 새로운 사업 아이템으로 비누를 주목했다. 유지油脂, 글리세린 등의 원료는 군수용으로 쓰던 게 많이 있어 비누를 만들기는 어렵지 않아 보였다. 응용화학의 유용함을 실감할 수 있었다.

나는 하치오지의 남루한 창고에 가마솥을 걸어 놓고 원료를 끓여 비누를 만들었다. 생산된 비누는 불티나게 팔려 나갔다. 좋은 향을 첨가했더니 값을 갑절로 올려 팔 수 있었다. 멋진 그림이 들어간 종이갑에 포장했더니 서너 곱절 가격으로도 잘 팔렸다. 시작도 못 해보고 사업을 접어야 했던 좌절을 딛고 처음으로 성공 경험을 쌓게 된 것이다.

비누 사업이 상승세를 타던 1946년 3월, 나는 3년 과정을 마치고 와세다고등공학교를 졸업했다. 몇 년 후 이 학교가 와세다대학 이공학부에 흡수통합되는 바람에 나도 뜻하지 않게 와세다대학 동문이 되었다. 와세다대학에서 공부한 삼성그룹의 이병철 창업자, 이건희 회장 부자父子와 사적으로 만날 때면 종종 대학 선후배로 부른 이유도 여기에서 연유한다.

학업을 마친 나는 편안한 마음으로 오로지 사업에만 전념했다. 먼저 도쿄 서부의 오기쿠보에 있는, 공습으로 절반이 파괴된 공장을 사들여 내부를 대충 수리한 다음 하치오지의 비누 공장을 옮겨 왔다. 정문에는 길쭉한 나무판에 직접 '히카리※ 특수화학연구소'라고 써서 간판을 붙였다. 이름은 거창했지만 실상은 비누, 크림, 포마드 등 유지 제품을 만드는 조그마한 공장에 불과했다.

기존에 생산하던 비누 제품에 크림과 포마드를 추가한 것은 나름대로 소비시장의 트렌드 변화를 반영한 결정이었다. 일본 남성들 사이에서 머리카락을 기르는 헤어스타일이 유행하자 머리카락에 바르는 포마드가 덩달아 인기를 끈 것이다. 피부미용에 대한 여성들의 관심도 높아져 크림이나 화장수 따위의 수요도 크게 늘어났다. 덕분에 나는 사실상 화장품 사업을 시작한 셈이 되었다.

신제품을 개발할 때는 와세다대학 공학도서관을 찾아가 유지제품 생산 매뉴얼을 읽고 제조공법을 파악했다. 그러나 양질의 제품을 만들려면 책 속의 지식에만 만족할 수는 없었다. 나는 와세다고등공학교 응용화학과 선배들을 찾아다니며 기술을 전수받았다. 감사의 뜻으로 신제품을 선물했더니 그분들은 신제품을 써보고 개선점을 알려 주는 필드테스터field tester 역할까지 해주었다.

생산 초기에는 아무런 브랜드도 없었다. 화장품을 크고 작은 깡통에 퍼 담아 공장을 방문한 유통상인에게 팔면, 상인들은 이를 작은 용기에 나누어 소매로 파는 형식이었다. 주요 거래처에는 화장품 깡통을 자전거에 싣고 배달도 해주었다. 대부분의 화장품 공장들이 그렇게 판매했다.

처음으로 '롯데' 브랜드를 화장품에

하루는 신주쿠에 있는 화장품가게 앞을 지나가다 여성 손님들이 붐비는 광경을 보고 안으로 들어갔다. 화사하게 화장을 한 여성 점주가 활짝 웃으며 나를 맞았다. 가장 품질이 좋은 크림을 하나 달라고 했더니 부인에게 선물할 거냐고 물었다. 순간 고향에 두고 온 아내의 얼굴이 떠올랐다. 명색이 화장품회사 사장이라면서 아내에게 크림 한 통 보내지 못한 무심함에 자책감이 들었다.

딸아이는 잘 자라고 있을까. 내가 보낸 금붙이는 잘 전해졌을까. 궁금한 게 많았지만, 이제는 한국에서 일본으로 오는 지인도 거의 사라져 인편으로 고향 사정을 알기도 어려웠다. 전후의 혼란기여서 편지나 소포가 도중에 사라지는 일이 빈번했으므로 우편으로 소식을 주고

받기도 어려웠다. 몹시 안타까웠다.

　잠시의 상념을 접고, 가게에서 산 크림을 가지고 공장으로 돌아
왔다. 냄새를 맡아 보니 내가 만든 제품과 비슷했다. 성분분석 결과도
마찬가지였다. 그런데 가격은 작은 유리병에 담긴 크림 하나가 5엔이
었다. 내가 도매로 판 것보다 무려 10배 가까운 가격이었다. 그렇다면
나도 출고 단계부터 소매용으로 작게 포장하여 브랜드를 붙이면 훨씬
높은 수익을 올릴 수 있겠다는 생각이 들었다.

　마음을 굳힌 나는 몇 년 전 우유배달을 할 때 가본 적이 있는 우
유병 공장을 찾아가 크림과 포마드, 화장수 등을 담을 소형 유리병을
주문했다. 공장 사장은 함박웃음을 짓더니 라벨label만 잘 만들어도 값
을 두 배로 받을 수 있다고 조언해 주었다.

　"이왕이면 시세이도도 뺨치는 멋진 라벨을 만들어 보시오."

　그 당시에도 시세이도는 일본 최고最古이자 최고最高의 화장품 메
이커로 명성을 얻고 있었다. 시세이도는 동백꽃 무늬인 '하나츠바키
花椿' 로고를 공통으로 사용하면서 제품 이름을 다양하게 붙여 큰 인기
를 끌었다.

　그날 밤 나는 공장 야전침대에 누워 우리 화장품의 브랜드를 구
상하느라 골몰했다. 신선하고 우아하고 고급스러운 브랜드를 찾기 위
해 클레오파트라, 비너스, 양귀비楊貴妃, 왕소군王昭君 등 아름다운 여성
들의 이미지를 그리기도 했다.

　그러다 깜빡 잠이 들었다. 꿈속에서는 하얀 피부에 금발을 한 여
성이 내가 만든 크림을 바르고 있었다. 꿈이지만 너무 생생했다. 잠에

서 깨어나 한참이 지난 후에도 지워지지 않을 만큼 생생했다. 하지만 어디서 본 여성인지가 떠오르지 않았다. 기억을 더듬느라 서성거리는데 문득 책꽂이에 꽂혀 있는《젊은 베르테르의 슬픔》이 눈에 들어왔다. 책을 빼들자 표지에 그려진 샤롯데의 얼굴이 다가왔다. 그 얼굴이었다. 꿈속의 여성은 샤롯데였던 것이다.

'롯데!'

샤롯데에서 '샤'를 빼고 '롯데'라고 불러 봤더니 입에 착 달라붙었다. 날이 새자마자 곧바로 인쇄소로 달려가 '롯데' 라벨을 주문했다.

'롯데' 상표를 붙인 화장품은 불티나게 팔렸다. 대성공이었다. 자전거로는 주문 물량을 모두 배달하기가 어려울 정도로 주문이 밀려

사업 초창기의 신격호 회장

들었다. 큰맘 먹고 소형 트럭을 샀다. 예전에 트럭 조수로 일한 경험이 있어 운전면허증을 따기는 어렵지 않았다.

하루하루가 그야말로 눈코 뜰 새 없이 바쁘게 돌아갔다. 10여 명의 종업원들이 원료 구입, 생산, 포장, 배송, 수금 등의 일을 나누어 했지만, 모든 업무과정에 내가 관여하여 의사결정을 해야 했다. 원료를 구매할 때는 현장에서 현금으로 결제했다. 그러면 양질의 원료를 10％쯤 싼값에 살 수 있었다. 그렇게 일일이 챙기다 보니 너무도 바빠 수면시간을 줄이고 걸을 때도 뛰다시피 했다.

하루 일과를 마치고 수금해 온 돈을 정리하는 시간은 바쁘게 일한 성과를 확인하는 감격의 시간이었다. 수입이 너무 많아 밤을 새워가며 돈을 정리하기도 했고, 지폐 뭉치가 밀가루 부대 하나를 가득 채우는 날도 있었다.

달라진 나의 위상

거래은행에 갔다. 지점장이 직접 나를 응대했다. 말쑥한 신사복 차림의 지점장은 나에게 고급 말차**를 대접하며 지점의 예금 수탁고를 높여 주어 감사하다고 인사했다. 과거에는 상상도 못 한 일이었다. 당시 번듯한 기업의 직장인 월급은 200엔 정도였다. 내가 화장품 사업으로 올린 월 수익은 어림잡아 4만 엔쯤 되었다. 직장인 200명이 번 돈을 내가 벌어들인 셈이다. 5만 엔을 벌 때도 있었다. 그러니 지점장에게 나는 귀한 고객이었을 것이다.

예금액이 20만 엔을 넘어섰을 때 6만 엔을 찾아 하나미츠 어른을 찾아갔다. 긴자銀座의 과자점에서 산 만쥬 1박스를 들고⋯.

"어르신! 6만 엔을 돌려 드리러 왔습니다. 저를 믿고 투자하신 은혜, 평생 잊지 못합니다."

하나미츠 부부는 생각지도 못한 일이라며 감격의 눈물을 흘렸다. 나도 눈시울이 뜨거워졌다. 그렇게 한동안 서로 부둥켜안고 울었다. 울음이 그치기를 기다렸다가 내가 말문을 열었다.

"6만 엔 받으셨으니 본전 장사만 하신 셈입니다. 이자는 못 받으셨잖아요. 제가 이자 드리는 셈 치고 도쿄에 자그마한 집 한 채를 사드리겠습니다. 거기에 사시면서 롯데 공장에도 놀러오고 하십시오."

노부부는 또 눈물을 흘리며 울었다.

내가 이렇게 기를 쓰고 하나미츠 어른의 돈을 갚은 이유는 이것이 단순한 돈거래가 아니라 신의信義의 문제라고 생각했기 때문이다. 나에게 전폭적인 신뢰를 보여 준 사람에게 그 신뢰에 보답하는 것이야말로 신의를 지키는 것이라 생각했다. 그 신의를 실천했다고 생각하니 내 자신이 대견하고 뿌듯했다.

또 하나의 이유는 한국인의 긍지를 지키고 싶었기 때문이다. 오랫동안 한국인은 일본인들로부터 '조센징' 또는 '바카야로'라는 멸시에 가까운 말을 들으며 살았다. 나는 근거 없이 한국인을 모함하고 천대하는 현실에 분노했다. 그리고 반드시 성공해서 한국인에 대한 부정적 이미지를 불식하는 데 앞장서겠다고 다짐했다. 한국인은 믿을 만한 사람들이라는 것을 보여 주고 싶었다.

하나미츠 어른은 내가 도쿄에 마련해 드린 자택에서 여든 넘게 사시다가 별세했다. 그분의 아들·딸도 롯데에 입사해 정년퇴직할 때까지 근무했다. 대代를 이은 인연인 셈이다. 내 인생에 전환점을 제공한 인물 가운데 하나미츠 어른을 가장 먼저 꼽는 것도 이러한 이유에서이다.

내가 좋아하는
영화배우들

도일渡日 초기인 1940년대만 해도 나는 전차나 버스를 탈 때마다 공연히 신경이 많이 쓰였다. 유난히 키가 커서 서 있는 승객 사이에서도 내 머리만 우뚝 솟아 보였기 때문이다.

내가 남의 눈에 잘 띈 또 하나의 이유는 당시 일본의 유명한 영화배우이자 수필가인 '이케베 료'를 닮았다는 데 있었다. 나는 길거리에서, 식당에서, 전차 안에서 수시로 "이케베 료 사마樣 아니냐"는 질문을 받았다. 그때까지만 해도 나는 그가 누구인지, 내가 누구와 닮았는지에 대해 별 관심이 없었다.

그런데 어느 날 긴자 거리의 영화관 앞을 지나다 영화간판을 보고 깜짝 놀랐다. 주연 남자배우가 내가 봐도 나와 꽤 닮은 얼굴이었다. 그가 바로 이케베 료池部良였다. 영화 〈설국雪國〉의 주연을 맡은 그는 얼굴뿐 아니라 키도 나와 비슷했다. 나는 174cm인데, 나중에 알아보니 그는 175cm였다.

영화간판을 보자마자 나는 입장권을 사서 영화관 안으로 들어갔다. 영화 첫 장면에 '일본문학 불멸의 명작'이란 자막이 나왔다. 영화를 보는 내내 나는 주인

젊은 시절의 신격호 회장

공 시마무라로 빙의憑依되는 느낌을 받았다. 도요타 시로豊田四郞 감독의 연출 솜씨도 탁월했다.

　　그날 이후 나는 그의 팬이 되어 그가 출연한 영화들을 두루 관람했다. 그가 수필가로도 꽤 유명하다는 사실을 뒤늦게 알고는 그의 수필집《바람이 불면》을 구입해 읽기도 했다.

　　내가 좋아하는 외국 여자배우는 에바 가드너Ava Gardner와 잉그리드 버그만Ingrid Bergman이다. 에바 가드너는 어니스트 헤밍웨이의 소설《킬리만자로의 눈》,

《태양은 다시 떠오른다》를 영화로 만들 때 주연으로 발탁된 배우이다. 또 스웨덴 태생인 잉그리드 버그만은 어려서 부모를 잃고 숙부 슬하에서 자란 배우로, 아카데미 여우주연상을 두 번이나 받을 만큼 뛰어난 연기력이 매력적이다.

좋아하는 남자배우는 프랑스의 알랭 들롱Alain Delon과 미국의 찰스 브론슨 Charles Bronson을 들 수 있다. 알랭 들롱은 불세출의 미남배우로 알려져 있지만, 나는 그의 외모보다도 날카로운 눈빛 연기에 더 매료되었다. 1964년 6월 알랭 들롱이 〈태양은 가득히〉 개봉을 기념하여 일본을 찾는다는 소식을 듣고, 그에게 '롯데' 방문을 요청한 적이 있다. 그는 흔쾌히 우라와 공장을 방문해 주었는데, 실제로 만나 보니 세계적인 스타인데도 겸손했다. 롯데 가나초콜릿을 먹어 보고는 "프랑스에도 이렇게 맛있는 초콜릿은 드물다"며 극찬을 해주었다. 방송 프로그램 〈롯데 음악 앨범〉 무대에 출연해 롯데 홍보에 도움을 주기도 했다.

그 후 나는 그가 출연한 영화를 꾸준히 챙겨 보았는데, 그중 찰스 브론슨과 함께 출연한 〈아듀 라미Adieu! L'ami!〉라는 작품이 특히 기억에 남는다. 찰스 브론슨의 치열한 내면연기가 압권인 작품이었다. 언젠가 어느 영화잡지에서 찰스 브론슨 특집기사를 읽고 깜짝 놀란 적이 있다. 1921년 11월 3일생, 신장 174cm. 생년월일과 신장이 나와 똑같았다. 폴란드 이민가정 출신인 그는 한국과 일본에서 남성화장품 광고모델로 활약하기도 했다.

일본에서 '욘사마'라 불리며 팬들의 마음을 사로잡은 우리나라의 미남 배우 배용준도 좋아한다. 언젠가 롯데호텔의 내 집무실에서 그와 만나 환담을 나누고 사진도 찍었다.

영화배우는 아니지만 재일교포 가수 미소라 히바리도 내가 좋아하는 연예인이다. 지금은 고인이 된 그녀는 일본의 국민가수로 불리며 최고 인기를 누렸다. 동포의 정이 있어 그녀를 후원할 일이 있으면 나도 앞장서곤 했다. 그녀의 평생소원은 고국 무대에서 노래를 부르는 것이라고 했는데, 당시는 한국에서 일본 노래가 공연 금지되던 시절이어서 그녀는 끝내 그 꿈을 이루지 못했다.

되돌아보면, 나는 영화를 꽤 좋아했던 것 같다. 청소년 시절에는 영화를 자주 볼 수 없는 환경이었지만, 가끔이라도 영화를 보게 되면 영화 속 세상에 빠져들곤 했다. 특히 미국 영화를 보면서 광활한 미국대륙을 동경하기도 했다. 영화에 대한 나의 관심은 '롯데시네마' 사업에도 영향을 미쳤다.

배우 배용준을 맞이한
신격호 회장

일본에서
이룬 롯데의
'껌 신화'

3

롯데의 사업기반
이룬 '껌 신화'

롯데 브랜드로 껌을 만들면?

사실 사업가로서의 내 삶에 결정적 영향을 미친 첫 제품은 껌이다. 나는 처음 껌을 씹어 보고 큰 충격을 받아 제과업을 시작했고, 제과업에서의 성공이 오늘의 롯데를 일구는 토대가 되었다. 껌이 내 사업의 마중물 역할을 한 셈이다.

1947년 초 화장품 사업에 한창 몰두해 있을 때였다. 거래처에 배달을 마치고 돌아온 직원이 내게 미국산 껌을 하나 건네주었다. 나도 껌의 존재에 대해서는 이미 들어 알고 있었다. 일본에 진주한 미군 병사들이 지프 뒤를 졸졸 따라다니는 아이들에게 나눠 주는 과자도 대부분 껌이나 초콜릿이었다. 그때만 해도 나는 미군 병사들이 나눠 주는 과자 따위에는 관심도 두지 않고, 단지 그것을 얻어먹으려고 지프 뒤를 졸졸 따라다니는 아이들에게 눈살을 찌푸렸었다.

그런데 막상 껌을 씹어 본 나는 그 달콤하면서도 코끝을 톡 쏘는 향기에 홀딱 반하고 말았다. 그때서야 관심을 가지고 알아보니 일본 제품도 이미 여러 종류가 시중에 나와 있었다. 그러나 맛과 향기, 질감 등에서는 미국 껌과 비교할 수 없을 만큼 조악했다.

'롯데 브랜드로 고급 껌을 만들어 보면 어떨까?'

문득 그런 생각이 들었다. 그 무렵은 한창 잘나가던 화장품 사업이 정체 기미를 보여 돌파구가 필요할 때였다. 시세이도 같은 대기업이 '규모의 경제'를 앞세워 질 좋은 화장품을 값싸게 팔면서 가내수공업 수준의 업체들은 견디기가 어렵게 된 것이다.

주변의 지인들에게 껌 사업 진출에 대한 의견을 물어보았다. 반응은 신통치 않았다. 이 배고픈 시대에 먹어도 배가 부르지 않은 껌을 누가 사겠냐는 것이었다. 하지만 껌이 대중적인 기호품으로 자리 잡을 것이라는 생각이 지워지지 않았다. 당장 배가 부르지는 않지만 계속 씹을 수 있는 것만으로도 허기를 달래 주지 않겠냐는 생각이었다. 또 껌의 향기에서 청량감을 느낀다면 그것만으로도 소비자에게 행복감을 줄 수 있을 것이라는 생각도 들었다.

당시 가장 유명한 껌은 '리글리 껌'이라는 미국 제품이었는데, 이 껌을 만드는 리글리 사社도 비누 제품을 주력으로 만들다 껌으로 전환했다는 풍문을 듣고는 더욱 고무되었다. 기왕 껌 사업을 시작한다면 세계 최고라는 회사와 경쟁해야 하지 않겠냐는 생각이 들어 이 회사에 대해 좀더 알아보기로 했다.

마침 도쿄대학 영문과를 졸업하고 주일駐日 연합군사령부에서 통역으로 일하는 어느 문필가와 선이 닿았다. 그에게 리글리 사의 역사와 사업현황에 대해 상세한 조사를 부탁했다. 얼마 후 그는 자신이 알고 있는 미국인 신문기자를 통해 조사·취재한 내용을 보고서로 정리하여 내게 보내 주었다. 주요 내용은 다음과 같다.

비누 공장 사장인 아버지 밑에서 자란 필라델피아의 말썽꾸러기 소년 윌리엄 리글리 주니어William Wrigley Junior는 학교 공부에 흥미를 느끼지 못해 지각·결석과 가출을 일삼다가 여러 번 퇴학을 당했다. 화가 난 그의 아버지는 11살의 아들에게 차라리 학교를 그만두고 비누 공장에서 막노동이나 하라고 불호령을 내렸다.

의외로 소년은 하루 10시간의 중노동도 마다 않고 일했다. 행상行商을 시켜도 거부하지 않았다. 심지어 13살 때에는 전국 대도시의 백화점에 입점을 시켜 보겠다며 뉴욕의 유명 백화점 구매담당자와 만나 직접 협상을 벌이기도 했다.

30세 되던 1891년에 그는 시카고 지역 비누판매 대리점장으로 부임했다. 하지만 주변에 비누가게가 잇달아 생기자 경쟁이 치열해졌다. 그는 박리다매薄利多賣가 최선이라고 보고 사은품을 얹어 주는 판매 전략을 구사했다. 처음에는 비누 고객에게 우산을 사은품으로 주었다. 얼마 후에는 베이킹파우더 한 봉지와 요리책으로 품목을 바꾸었다. 그러자 엉뚱하게 비누보다 베이킹파우더가 더 인기를 끌었다.

1892년 그는 리글리 컴퍼니를 설립해 직접 베이킹파우더를 생산하기 시작했다. 베이킹파우더를 사는 고객에게는 사은품으로 껌을 주었다. 그랬더니 이번에는 껌을 받으러 오는 손님들이 줄을 이었다.

리글리는 껌이 대세가 될 것으로 예감하고 껌 위주로 사업방향을 전환했다. 일정 금액 이상을 주문하는 소매상에게는 소형 저울, 커피 원두 그라인더 등 다양한 사은품을 제공했다. 시장점유율이 급증하면서 리글리는 미국 내 껌 시장 1위 기업이 되었다. 특히 1893년에 신제품 '스피어민트'를 출시하면서 급성장했다. 1908년 스피어민트 단일 품목의 연간 매출은 무려 100만 달러에 달했다.

1911년 그는 껌 제조회사 제노Zeno를 인수해 '윌리엄 리글리 주니어'를 설립했다. 이 회사는 당시 미국 최대 광고주로서, 대륙횡단철도 거의 모든 역에 대형 입간판을 세워 판매를 확대해 나갔다.

가장 청결하고 위생적인 공장으로

보고서를 읽는 동안 껌 사업에 대한 확신이 더 커졌다. 마음을 굳힌 나는 1947년 4월부터 추잉껌 개발을 시작했다. 일본에 추잉껌이 보급된 것은 제2차 세계대전이 끝나고 미군이 주둔하면서부터였는데 그 시점에 내가 껌과 조우한 셈이다. 하지만 제조공법이 의외로 간단하다 보니 가내수공업 수준의 공장을 포함해서 이미 400여 개의 껌 공장이 난립한 상태였다.

나는 기존 업체들처럼 주먹구구식으로 껌을 만들고 싶지 않았다. 경쟁에서 이기려면 차별화가 필요하다고 본 것이다. 골똘히 궁리하던 중에 '위생'이라는 개념이 떠올랐다. '먹는 장사'는 맛도 중요하지만 위생이 더 중요한 덕목이라는 생각이 들었다. 당시만 해도 위생관념이 매우 취약해 어지간한 공장에서는 허름한 작업복 차림의 일꾼들이 마치 공업용 제품을 다루듯 아무렇게나 껌을 만들고 있었다.

껌 생산을 시작하면서 나를 비롯한 모든 직원들의 옷차림을 깨끗이 했다. 하얀 가운을 입고 마스크를 썼으며 손 씻기, 손톱 깎기, 이발 등으로 청결을 꾀했다. 껌을 절단하고 포장하는 여성 직원들은 머리카락이 떨어지지 않도록 모자를 썼다. 한술 더 떠 약제사 1명을 고용해 생산공정에서부터 위생상태를 철저히 점검하도록 했다. 공장 바닥은 티끌 하나 없도록 깨끗이 청소했으며 수시로 물걸레질을 하여 먼지가 나지 않게 했다.

그러자 공장을 방문한 과자대리점 점주들은 청결하고 위생적인 공정에 감탄을 쏟아냈다. 어떤 점주는 이렇게 말하기도 했다.

"우리 아이에게 줄 껌이라면 롯데껌을 사야겠네!"

훗날 한국에서 롯데껌을 광고할 때 CM송으로 널리 불린 "껌이라면 역시, 롯데껌!"이란 가사는 바로 이 감탄사에서 비롯되었다.

롯데껌은 불티나게 팔려 나갔다. 밤잠을 설쳐 가며 공장을 가동해도 주문 물량을 소화하기 어려울 정도였다. 생산직 직원을 늘리고 포장작업을 하는 파트타임 주부사원도 추가로 뽑았다. 대리점주들은 현금을 내고 물건을 받아 갔으며, 일부 점주들은 선금을 내고 기다리기도 했다.

하지만 원료가 모자라 애를 먹었다. 특히 주원료인 초산비닐수지를 구하기가 너무 어려웠다. 초산비닐수지는 무색, 무미, 무취, 무해한

합성수지이다. 당시 일본은 천연치클을 수입하기 어려워 그 대용물로 초산비닐수지를 원료로 쓰고 있었다.

나는 의욕적으로 시작한 껌 사업에서 최고를 추구했다. 최고가 되기 위해 매일 밤 늦게까지 껌 연구에 몰두했다. 다양한 종류의 책과 자료를 구해 탐독하면서 껌의 물성뿐만 아니라 기원과 역사 등 껌에 관한 모든 내용을 꼼꼼하게 노트에 정리했다.

시장상황도 면밀하게 검토했다. 이 과정에서 제2차 세계대전 때 미군의 전투식량인 레이션 박스에 추잉껌이 들어 있었다는 사실을 알게 되었다. 전쟁으로 인한 병사들의 스트레스를 해소하는 데 껌이 유용하다는 이유에서였다.

미국 리글리 사가 1916년에 이미 도쿄 긴자거리에 판매회사를 설립하고 껌을 수출하기 시작했다는 사실도 알게 되었다. 하지만 리글리의 추잉껌은 일본 진출에 실패했다. 일본인들에게 껌이라는 상품이 낯설었던 데다, 먹고살기도 힘든 시기에 껌을 살 만한 여유가 없었던 것이다. 또 껌을 질겅질겅 씹는 모습이 불량스럽게 보인다는 인식도 하나의 요인이었다.

1920년대 중반 무렵부터 일본 내에서도 몇몇 회사가 소량의 추잉껌을 만들기 시작했다. 은단銀丹 메이커인 모리시타 진탄 혼포가 시험생산을 시작했고, 1927년 이후에는 로쿠다케六竹제과, 니타카新高제과 등 일부 제과회사들이 껌 생산에 발을 들여놓았다. 하지만 모두가 시험생산 수준을 벗어나지 못했고 시장도 작아 그저 명맥만 유지하는 수준이었다. 그런 상태가 1947년 무렵까지 계속되었던 것이다.

최초의 법인 '주식회사 롯데' 출범

껌 분야에서 최고가 되기 위해서는 무엇보다도 가내수공업 수준에서 벗어나 기업 형태로 탈바꿈해야 한다는 생각이 들었다. 구매나 생산, 판매 등 모든 면에서 기업으로서의 면모를 갖춰야 소비자의 신뢰를 얻을 수 있고 경쟁력도 높아질 것이라는 판단이었다.

1948년 6월 28일, 나는 도쿄 스기나미구 오기쿠보 4-82번지에 있던 히카리특수화학연구소를 해체하고, 그 자리에 〈주식회사 롯데〉를 창립했다. 초기 자본금은 100만 엔으로, 히카리특수화학연구소의 개인자산 일체를 승계해 충당했다. 회사의 사업목적은 식품을 주종으로 하는 다음과 같은 9개 항목으로 정리하여 등록했다.

1) 과자류의 제조·가공·판매
2) 청량음료, 시럽류 및 과즙의 제조·가공·판매

3) 냉과, 냉동식량품의 제조·판매

4) 낙농, 농산식량품의 제조·가공·판매

5) 화장품 및 치약, 구강청결제류의 제조·가공·판매

6) 화학약품류의 제조·가공·판매

7) 의약품류의 제조·가공·판매

8) 합성수지의 제조·가공·판매

9) 위 각항에 부대, 관련된 일체의 업무

지금 들여다봐도 생활에 도움이 될 만한 분야를 꽤 많이 포함하고 있는데, 당시 내가 가슴에 품었던 꿈이 그만큼 컸다는 것을 보여 주는 것인지도 모르겠다. 훗날 한국으로 귀향해 '롯데그룹'을 창립할 때도 나는 이 사업목적을 지침으로 삼아 사업을 시작했다.

회사를 세우면서 나는 망설임 없이 '롯데'를 법인명으로 선택했다. 그런데 이 이름이 다른 사람들에게는 다소 파격적으로 받아들여졌던 모양이다. 법인설립 신청서를 접수한 담당 공무원조차 몇 번이나 서류를 훑어보면서 고개를 갸우뚱했던 기억이 난다.

회사 이름도 마찬가지였다. '○○제과'와 같이 평범한 사명社名으로는 1등이 되기 어렵다고 보고 과감하게 〈주식회사 롯데〉라는 이름을 지었다. 나는 지금도 그러한 차별화 전략이 사업기반을 닦는 데 의미 있는 밑거름이 되었다고 생각한다.

그 무렵 일본은 패전에 따른 혼란을 극복하지 못하고 사회 전체가 어수선했다. 극심한 인플레이션과 물자 부족으로 암거래가 성행하는 등 경제적 혼란도 극에 달한 분위기였다. 제과산업도 온갖 업체들이 난립해 난장판이나 다름없었다. 별다른 기술이 없어도 누구든지 집에서 가마솥을 걸어 놓고 과자를 만들어 파는 상황이어서 '우마牛馬까지도 사업을 한다'는 말이 회자될 정도였다.

원료시장도 마찬가지였다. 때마침 초산비닐수지가 합성섬유의 원료로 주목받기 시작했는데, 수많은 추잉껌 업자들이 앞다퉈 사들이는 바람에 품귀현상이 벌어져 가격이 두 배나 뛰었다. 초산비닐을 생산하는 데는 전력이 많이 소비되기 때문에 전력사정이 최악이었던 당시로서는 증산을 할 수도 없었다. 특히 설탕은 정부가 각 업체별로 할당량을 정해 주었기 때문에 아주 귀한 물자가 되었다.

그럼에도 불구하고 나와 우리 직원들은 회사 창립을 계기로 더 많은 매출을 올리고자 땀을 흘렸다. 당시의 판매방식은 일부 대형 도매점을 제외하고는 대부분 소매점 직판 체제였다. 이 때문에 영업직원들이 보따리나 보스턴백에 추잉껌을 담아 소매점까지 걸어가 배달해야 했다. 이동하는 데 시간이 걸리다 보니 그날의 정해진 목표를 달성하지 못해 밤 9시나 10시가 넘어 회사로 돌아오는 영업직원들이 적지 않았다. 또 신제품을 잔뜩 넣은 배낭을 메고 지방으로 출장을 가는 직원들도 수두룩했다. 보따리 장사나 다름없는 이때의 경험은 두고두고 유통의 중요성을 절감하는 계기가 되었다.

얼마 후에는 자전거를 사용하는 직원들이 하나둘 늘어났다. 그들은 하루 50~60여 곳의 점포를 돌 수 있어 걸어서 배달할 때보다 훨씬 높은 실적을 냈다. 또 리어카, 삼륜차, 소형 트럭, 대형 트럭 등으로 운

삼륜차, 소형 트럭 등 다양한 방식을 활용한 롯데껌 홍보활동

송수단이 바뀌면서 시간이 지날수록 영업환경은 개선되었다.

영업담당자들은 배달을 하면서 한편으로는 새로운 시장을 개척하고자 전국을 돌아다니는 수고를 아끼지 않았다. 그러다가 도쿄에서 멀리 떨어진 홋카이도에서도 드디어 첫 주문을 받는 성과를 이루어 냈다. 직원들은 박수를 치고 환호하며 홋카이도로 첫 번째 물품을 보냈다.

그런데 보름쯤 후 그곳 도매상 대표에게서 대부분의 껌 제품이

가루가 되어 있다며 항의전화가 왔다. 급히 영업담당자를 보내 진상을 조사했더니 운송기간이 너무 길어 로진이 변질된 모양이었다. 당시에는 운송과정에서 발생한 하자에 대해서는 생산자와 도매상이 반반씩 부담하는 게 관행이었지만, 나는 도매상 대표에게 전화를 걸어 우리가 전부 책임지겠다고 말했다. 반품 받은 불량품은 몽땅 소각하고, 똑같은 하자가 발생하지 않도록 생산공정도 보완했다.

이 일로 우리 회사는 적지 않은 손해를 보았다. 그러나 도매상 대표가 롯데는 믿을 만한 회사라며 그 이후 주문량을 대폭 늘리는 바람에 결과적으로는 홋카이도 시장을 개척하는 발판이 되었다. 고객의 신뢰가 사업의 근본임을 깨달은 경험이었다.

유통망을 확대하고
과자류에 도전하고

공장 신축 이전 및 오사카 대리점 인수

해가 바뀌어 1950년이 되었다. 이해도 심각한 불황과 함께 시작되었다. 과도한 인플레이션을 잡기 위해 정부가 통화량을 줄이는 등 안정화 정책을 추진한 것이 산업계에는 불황으로 이어진 것이다.

경영여건이 좋지는 않았지만, 그런 상황에서도 나는 회사의 미래를 위해 중요한 결정을 내렸다. 그해 3월, 신주쿠 하쿠닌쵸 3-270번지에 공장을 신축하여 오기쿠보에 있던 공장을 이전한 것이다. 새 건물로 공장을 이전하니 직원들의 근무환경도 좋아지고 생산성도 크게 향상되는 효과가 있었다.

또한 파산하는 대리점을 인수해 유통망을 확장했다. 당시 롯데는 일본 전역에 직거래 대리점을 설치할 형편이 안 돼 모리나가제과, 메이지明治제과 등 대형 제과회사의 일부 대리점에 판매를 맡기고 있었

1950년 신주쿠에 신축한 롯데제과 공장

다. 그 대리점들은 매출을 끌어올리기 위해 여러 회사의 제품을 동시에 위탁 판매하고 있었다. 그러나 그 무렵부터 두 회사 모두가 캐러멜, 비스킷 등의 과자제품을 대량생산하기 시작하면서 대리점들도 타사 제품을 위탁 판매할 여유가 없어졌다. 롯데로서는 독자적인 판매망을 구축해야 하는 상황이 된 것이다.

바로 그러한 때에 오사카^{大阪}의 대형 과자도매상인 오사카야^{大阪屋}가 파산한다는 정보를 입수했다. 오사카야는 꽤 탄탄한 유통조직을 갖추고 있어 파산하기에는 아까운 대리점이었다. 나는 곧바로 오사카로 달려가 오사카야의 대표를 만났다. 그리고 대리점을 롯데가 인수하겠다는 의향을 전달했다. 어차피 파산할 상황이었으므로 오사카야의 대표는 흔쾌히 수락했다.

나는 오사카야를 인수해 〈롯데 오사카 지사〉로 삼았다. 기존 직원들의 고용도 모두 승계했다. 내친김에 오사카에서 좀더 떨어진 후쿠오카에도 출장소를 신설했다. 이에 따라 롯데는 그동안 유통 취약지역이었던 일본 남서부 지역에 탄탄한 유통망을 확보하게 되었다.

오사카에 갈 때면 나는 그곳 재계의 거물인 서갑호徐甲虎(1915~1976) 회장을 찾아뵈었다. 서 회장은 언양공립보통학교를 졸업한 동문으로 나보다 몇 년 위 선배였다. 서 회장은 보통학교를 졸업하자마자 일본으로 건너가 방직 공장에서 기술을 배워 '사카모토阪本방적'이라는 대기업을 설립했다. 재일교포 기업인 가운데 가장 성공한 분으로, 나에게는 롤 모델과도 같은 기업인이었다.

나는 서 회장께 오사카야를 인수했다는 말씀을 드렸다. 그는 잘했다며, 더 성장해서 반드시 성공하라고 격려해 주셨다. 그러더니 불쑥, "자네, 공장서 밥 끼리(끓여) 묵고 쪽잠 잔다 카데? 사업을 제대로 할라카모 가정을 가져야제!" 하면서 안정된 가정을 가지라고 조언해 주셨다. 그의 진심어린 관심과 격려가 큰 힘이 되었다.

온통 사업에만 몰두하던 그 무렵, 뜻밖의 방문객이 찾아왔다. 친한 고향친구가 내 행적을 따라 여기저기를 수소문하여 찾아온 것이다.

"격호야! 니, 살아 있었구마! 고향에서는 니가 폭격에 죽은 줄 알고 제사까지 지냈다 아이가. 너거 부친께서 니 유골이라도 챙겨 오라

꼬 해서 내가 밀항선 타고 일본에 왔제."

멀리까지 찾아온 경위를 설명하던 친구는 내 아내가 재작년에 세상을 떠났다는 소식을 전해 주었다. 몸이 아픈데도 의약품이 부족해 치료를 제대로 받지 못하고 사망했다는 것이다. 온갖 회한이 엄습했다. 너무나 짧은 인연이 안타까웠고, 곁에서 간병해 주지 못한 것도 죄스러웠다. 부모 없이 자랄 어린 딸 영자도 걱정되었다.

나는 그 친구에게 부모님께 보내는 편지와 얼마의 돈을 넣은 봉투, 그리고 영자가 가지고 놀 장난감 몇 개를 챙겨 주었다. 편지에는 죄송하다는 말과 더불어 기필코 성공해서 금의환향하겠다는 각오를 담았다. 그렇게 나는 친구로부터 고향 소식을 전해 들은 후, 반드시 성공하겠다는 의지를 더욱더 단단히 했다.

———

껌 단일품목에서 벗어나기 위해

사업의 규모가 커지면서 새로운 고민도 하나둘 늘어났다. 대표적인 것은, 추잉껌이 아무리 인기가 있다 해도 다른 과자류에 비해서는 판매량이 형편없이 적다는 점이었다. 게다가 계절에 따라 수요가 달라서 봄·가을에는 일손이 달릴 정도로 분주하고 여름·겨울에는 재고가 쌓이는 것도 문제였다. 매출을 늘리고 연중 고른 영업을 하려면 품목을 다양화할 필요가 있어 보였다.

이 문제를 해소하기 위해 나는 과자류로 생산품목을 확대하기로 했다. 그리고 그 첫 번째로 일본의 전통과자인 '카린토花林糖'를 만들기로 했다. 이를 위해 니혼바시 부근에 있는 과자점 거리에서 20여 종의 제품을 사와서 직접 먹어 보기도 했다.

그런데 시중에 나와 있는 대부분의 제품이 누에 모양을 하고 있어서, 나는 이와는 다른 모양으로 만들기로 했다. 이번에도 역시 차별화가 관건이라고 본 것이다. 더구나 원료 부족으로 흑설탕을 구하기가 어려워 기존 제품들과 똑같이 만들 수도 없었다.

나는 반죽할 때 해조류 또는 채소를 갈아 넣고 길쭉한 막대기 모양으로 제품을 만들었다. 표면에 흑설탕을 입히지도 않았다. 훗날 한국시장에서 큰 인기를 모은 '빼빼로'와 비슷한 모양이라고 보면 될 것이다. 이와 함께 쌀 또는 잡곡으로 만든 '오코시おこし'라는 과자도 만들어 함께 시장에 내놓았다.

이 제품들은 기대 이상의 인기를 모았다. 매출 신장에 도움이 되었을 뿐 아니라 계절을 타지 않는 제품을 구비하게 되었다는 점도 만족스러웠다. 자연스럽게 과자 분야에서도 성공할 수 있겠다는 자신감이 생겼다.

과자류의 매출 호조로 고무되어 있던 그때, 추잉껌 사업에서 뜻밖의 악재를 만났다. 일부 무허가 업자들이 비위생적인 환경에서 대충 만든 추잉껌이 식중독 사건을 일으킨 것이다. 그 바람에 껌에 대한 여론은 급속도로 악화되었고, 롯데도 큰 타격을 입었다.

나는 껌 생산 초기부터 청결에 신경을 많이 썼다. 생산설비를 늘릴 때는 일본 식품업계 최고의 위생공정을 만들겠다는 목표로 위생시스템을 체계적으로 구축했다. 특히 포장공정실에서는 60여 명의 작업자들 모두가 하얀 가운을 입고 하얀 위생모를 쓰고 일하도록 했다. 나도 근무할 때는 하얀 가운을 입었다.

식중독 사건은 매출에 부정적인 영향을 끼쳤지만, 식품사업에서 위생을 최우선 가치로 삼아야 한다는 나의 신념을 재확인시켜 주는 계기가 되었다. 그리고 이러한 위생 제일주의 신념은 고객의 신뢰를 얻는 중요한 기반이 돼주었다.

한국전쟁 시기의 일본경제

유창순 외환과장과의 첫 만남

1950년 6월 25일, 조국 대한민국에서 전쟁이 발발했다. 북한이 선전포고도 없이 38선을 넘어 대한민국을 침공한 것이다. 6·25 한국전쟁. 전혀 예상치 못한 사변이었다. 나라도 걱정이지만 고향의 가족들 안부가 너무도 걱정되었다.

일본의 신문과 방송에서는 시시각각으로 전황을 보도했다. 북한군이 남쪽으로 거침없이 진격한다는 소식이 자세히 전해졌다. 그나마 속수무책으로 밀리던 국군이 대구 이북에 방어선을 구축하고 대치한다는 소식에 조금은 안도가 되었다. 산골짜기인 울주군은 아직은 전쟁의 직접적인 영향권에 들지 않았다는 얘기였다.

머나먼 일본 땅에 떨어져 있는 나로서는 고향 가족의 안녕을 마음으로 기원할 수밖에 없었다. 한편으로는 '과연 고향에 돌아갈 수 있을까?' 하는 막연한 불안감이 머리에서 떠나지 않았다.

　얼마 후 미군을 주축으로 한 유엔군이 한국전쟁에 참전했다는 소식이 전해졌다. 전쟁의 규모가 커졌고, 따라서 막대한 전쟁물자가 필요해졌다. 그러자 지리적으로 한국과 가까운 일본이 전쟁물자 조달기지가 되었다. 한동안 패전국의 무기력증에 빠져 있던 일본경제는 뜻밖의 '전쟁특수戰爭特需'를 누리며 활기를 띠기 시작했다.

　전쟁 초기에 토요타자동차는 군용트럭 1천 대를 주문받고 되살아났다. 이후에도 트럭 주문은 계속 이어져, 훗날 세계적인 자동차회사로 발돋움하는 계기를 마련했다. 봉제 공장들도 군복을 만드느라 풀가동되었다. 한국전쟁에 참전한 미군들은 휴가를 일본에서 보내며 달러를 뿌렸다. 이처럼 여러 산업이 살아나면서 한국전쟁 기간에 일본의 경제성장률은 10％대를 유지했다. 한국전쟁이 일본경제에 구세주 역할을 한 셈이다.

　제조업 전반에 훈풍이 불었지만 유독 제과업계에는 한기가 감돌았다. 설탕 원료의 배급량이 줄고 가격이 폭등하는 바람에 채산을 맞추기도 어려웠다. 롯데도 마찬가지였다. 그렇다고 껌 가격을 올리기도 어려웠다. 결국 군소업체들은 버티지 못하고 줄줄이 문을 닫았다. 나는 후대에까지 물려줄 수 있는 뿌리 깊은 기업을 만들려면 이렇게 힘든 상황도 이겨내야 한다는 말로 직원들을 위로했다.

　하루하루 힘겹게 버티던 중에도 한국전쟁 상황이 궁금하여 유라쿠에 있는 한국은행 도쿄지점을 찾아갔다. 일본 언론에 보도되는 소식 말고 보다 정확한 전황을 한국인에게서 직접 듣고 싶었다. 그곳 로

비에서 만난 분에게 명함을 건네며 인사했더니 친절하게 응대해 주었다. 그에게서 받은 명함에는 한국은행 유창순劉彰順(1918~2010) 외환과장이라고 적혀 있었다.

그에게서 연합군의 인천상륙작전이 성공했다는 얘길 들었다. 또 한국은행 본점이 부산으로 이전했다는 얘기와 함께 국민들의 피란살이에 대해서도 설명해 주었다. 생생한 이야기를 들으니 궁금증이 많이 풀렸다. 그분도 내가 운영하는 제과회사에 관심을 나타내기에, 며칠 후 롯데 공장으로 초대하여 제조 공정을 구경시켜 드렸다.

사람의 인연이란 게 참 묘하다. 이듬해인 1951년에 유창순 과장은 한국은행 도쿄지점장으로 부임했다. 그게 인연이 되어 도쿄지점에 근무하는 몇 년 동안 가끔 만났는데, 참으로 올곧고 믿음직스런 분이라는 느낌을 받았다. 일본경제뿐 아니라 세계경제의 흐름을 꿰뚫어 보는 혜안도 갖고 있어, 사업방향을 가늠하는 데 도움이 되는 조언도 들을 수 있었다.

_____

비로소 안정된 가정을 꾸리다

그 무렵 내 삶에서 큰 의미가 있는 또 한 명의 인물을 알게 되었다. 다케모리 하츠코竹森初子(1927~)라는 여성으로, 간다神田에 있는 유지 원료 도매상에서 점원으로 일하는 20대 초반의 처녀였다. 오쓰마大妻여자대학을 다니며 아르바이트로 일하고 있다고 했다. 거래차 오고 가다가 친분이 쌓였는데, 차분한 성격에 잔잔한 미소가 호감을 갖게 했다.

고이와小岩라는 마을에 사는 그녀는 10km쯤 떨어진 직장에 출근하려고 매일 새벽에 집을 나선다고 했다. 원래는 조상 대대로 아오모리현青森縣에서 사과농사를 지으며 살았는데, 할아버지 대代에 자녀교육을 위해 도쿄로 이주했다고 한다. 부친은 중일전쟁 때 만주에서 군무원으로 근무하셨는데, 그곳에서 암에 걸려 태평양전쟁 말기에 귀국했고, 몇 년 동안 병상에 누워 계시다 별세했다고 한다. 그 바람에 모친이 공장에 다니면서 어렵게 1남 6녀를 키웠다 하니 생활력이 존경스러웠다. 다케모리 양은 그 집의 장녀로, 어려운 집안 환경에도 불구하고 눈매가 맑고 표정이 밝았다.

다케모리 양은 나를 볼 때마다 반갑게 맞아 주었다. 판촉물로 갖고 다니던 껌을 주었더니 맛과 향기가 아주 좋다고 평가해 주었다.

그녀의 정감 어린 목소리를 들을 때마다 내 자신이 무척이나 처량하다는 생각이 들곤 했다. 사업을 한답시고 바쁘게 살다 보니, 서른 나이에도 공장 한구석에서 숙식을 해결하는 꼴이 홀아비 신세와 다름이 없었다. 가족과 떨어져 오랜 독신생활을 하느라 지쳐 가면서 가슴 한구석이 허전할 때도 많았다. 문득문득 가정이 안정돼야 사업도 잘된다는 서갑호 회장의 당부 말씀이 귀에 맴돌았다.

그런 상황에서 다케모리 양과 정식으로 교제를 하게 되었고 얼마 후 자연스럽게 혼사 이야기가 나왔다. 나는 그녀에게 내가 한국인이라는 사실을 이야기했다. 그녀는 마음 맞고 사람만 좋으면 그런 것은 아무 상관없다고 했다.

혼사 이야기가 나오면서부터 모든 게 급진전돼 1950년 9월 30일

신격호 회장과 다케모리 하츠코 여사의 젊은 시절

그녀와 결혼했다. 혼인식은 고이와에 있는 처가 동네에서 간소하게 올렸다. 어차피 신랑 측 가족과 친지는 아무도 참석할 수 없기에 화려한 예식을 올릴 여건도 아니었다. 혼인식을 올린 후에는 내가 승용차를 운전하여 도쿄 인근의 온천도시 하코네에서 신혼여행을 보냈다.

신혼생활을 하는 동안 틈틈이, 언젠가는 내 집을 짓겠다는 꿈을 가지고 도쿄 시내 곳곳의 집터를 둘러보았다. 헐값에 나온 부동산 매물이 꽤 많았다. 그중 집 지을 만한 땅 1천여 평과 공장 확장을 위한 부지 몇 군데를 매입했다.

사업을 확장하며
신뢰를 쌓다

연구실 설치 및 자동포장기 개발

공장에서 쪽잠을 자던 생활을 접고 안정된 가정을 갖게 되니 서갑호 회장의 말씀대로 사업에 더 큰 의욕이 생겼다. 나는 1951년에 접어들면서 '판로 개척과 신상품 개발이 살 길'이라는 기치를 내걸고 사업 확장에 나섰다.

먼저, 자전거 직판부를 조직해 소매점 개척에 팔을 걷어붙였다. 영업직원들은 자전거를 타고 당일치기가 가능한 곳이라면 조그만 구멍가게까지 일일이 방문해 가며 판로를 넓혔다. 간토, 간사이, 규슈 등의 지역에 판매조직을 신설해 가동했고, 유명 도매점은 그곳이 어디든 내가 직접 찾아갔다. 대리점 점주들을 만나서는 상생하자고 설득하여 협력관계를 구축했다.

신제품 개발을 위해서 공장 한편에 연구실도 만들었다. 연구원들은 리글리 등 선진기업의 고급 제품들을 입수해 성분을 분석하고 배울 점을 찾고자 노력했다. 원료와 제조법을 확실히 알기 어려울 때는 수없이 씹어 보고, 두들겨 보고, 비벼 보고, 녹여 보는 방식으로 제품 연구에 몰두했다. 하루에 껌을 20~30개씩 씹느라 턱이 아파 밤에 잠을 설치는 경우도 있었다.

이 같은 노력으로 그해 5월, 감미원료를 모두 설탕으로 넣은 '맛 풍선껌'과 홈런 당첨 복권을 결합한 '베이스볼 껌'을 출시했다. 또 삼각 포장의 '코와 껌'과 짧은 만화가 든 '만화 껌'을 비롯해 '크리스마스 껌', '마블 케이스'(병 포장) 등 다양한 신제품을 잇달아 내놓았다. 업계에서는 이를 '신제품 융단폭격'이라 불렀다. 제품이 다양해지고 생산 물량이 늘어나면서 일부 제품은 수작업 대신에 캐러멜 자동포장기를 응용한 포장기를 도입해 자동포장 방식을 적용했다.

공격적으로 신제품을 출시한 결과 소비자들이 기호에 따라 선택할 수 있을 만큼 껌의 종류가 다양해졌다. 종류만 많아진 것이 아니라 이 제품들 대부분이 저마다 새로운 아이디어를 적용한 차별화 제품이어서 시장에서 큰 화제가 되었다. 껌 1통의 가격은 다른 제품들보다 싼 2엔으로 책정했다. 일종의 박리다매 전략으로, 자동포장기를 사용해 인건비를 줄였기에 가능한 전략이었다.

사업 확장 과정에서 자동포장기는 중요한 의미를 지닌다. 추잉껌 제조공정에서 자동포장기는 위생관리 측면뿐 아니라 양산화에 필수 설비이기 때문이다. 하지만 그때까지도 자동포장기가 개발되지 않았기 때문에, 나는 여러 기계 메이커와 접촉해 가며 숱한 시행착오 끝에 자체적으로 자동포장기를 개발해 냈다.

제품 라인업을 다양화하고 자동포장기를 개발한 것은 결과적으로 일본 추잉껌 시장 판도에 큰 변화를 몰고 왔다. 경쟁에서 우위를 차지함에 따라 군소업체들이 하나둘씩 떨어져 나갔고, 마지막에는 롯데와 하리스를 양대 산맥으로 하는 시장구도가 형성된 것이다. 껌 시장에서 1등이 되겠다는 나의 꿈은 점차 현실이 돼가고 있었다.

한국은행에 6천만 엔 예치

1952년 4월, 롯데는 1갑에 5엔짜리 풍선껌 '카우보이'를 발매했다. 기존 제품들보다 값이 비싼 편이었는데도 폭발적인 인기를 얻었다. 이에 힘입어 나는 클로로필(엽록소)을 넣은 새로운 개념의 껌도 만들었다. 클로로필은 미국에서는 제2차 세계대전 이전부터 화장품이나 주스, 과자류의 착색제로 널리 사용된 첨가물이다. 화장품을 제조할 때부터 클로로필이 구강 청결에 도움이 된다는 사실을 알고 있던 나는 클로로필 성분을 넣은 '그린 껌'을 개발해 시판했다.

'카우보이'와 '그린 껌'을 출시하면서 나는 이 두 제품을 널리 알리기 위해 광고차를 만들어 활용했다. 광고차라고는 하지만 실상은 내가 타고 다니는 뷰익 승용차의 천장 부분에 금색 왕관을 붙여 동화 분위기를 풍기는 조악한 수준이었다.

하지만 이 이상한 모양의 광고차는 기대 이상으로 소비자들의 이목을 집중시켰다. 도쿄와 인근 도시를 누비고 다니면 길을 가던 행인들도 눈을 번쩍 뜨고 쳐다보았다. 각 지역의 도매점이나 특별판매점에도 광고차를 보냈는데, 사람들의 관심이 높아지면서 차를 보내 달라는 요청이 곳곳에서 쇄도했다. 요코하마에서 전국과자박람회가 열릴 때는 요코하마 시내에도 광고차가 돌아다녀 다른 제과업자들을 놀라게 만들었다. 광고차는 '풍선껌은 롯데'라는 평판을 얻는 데 결정적인 역할을 했다.

사업을 확장하느라 분주한 와중에도 나는 유창순 지점장도 만나보고 한국전쟁 상황도 알아볼 겸 시간을 내어 가끔 한국은행 도쿄지점을 찾아갔다. 유 지점장은 휴전협정이 체결돼 전쟁이 끝났으며, 정부도 부산에서 서울로 환도했다고 알려 주었다. 하지만 전쟁으로 모든 게 파괴돼 복구에 어려움이 많다며 한숨을 쉬었다.

"그렇다면 혹시 … 제가 여기에 예금을 해도 됩니까?"

나의 물음에 그는 짧게 대답했다.

"불감청不敢請이언정 고소원固所願이지요."

나는 즉시 6천만 엔을 한국은행 도쿄지점에 예치했다. 민간인이 중앙은행에 예금을 맡기는 것은 매우 이례적인 일이었다. 하지만 형식이나 절차에 얽매이기보다는 우리나라 중앙은행의 체면을 살리고 국민들의 전후 복구작업에 내 작은 힘이나마 보태고 싶었다.

그로부터 얼마 지나지 않아 유창순 지점장은 도쿄에서의 임기를 마치고 한국은행 뉴욕사무소장으로 발령을 받아 일본을 떠났다. 그가 도쿄에 있는 동안 함께한 시간은 내게 여러모로 매우 소중한 시간이 되었다.

그 무렵 생각지도 못한 일로 후쿠오카 출장소장에게서 전화가 왔다. 한국에서 낯선 청년이 찾아왔는데, 이름이 신선호辛宣浩라는 것이었다. 내 동생이 울주에서부터 찾아왔다는 얘기였다. 내 밑에서 일도 배우고 공부도 하려고 왔다는 것이다. 즉시 도쿄로 불러 자초지종을 들어 보니, 전쟁 통에 부산 송도에서 고기잡이배를 타고 왔다고 했다.

나는 조그만 어선에 목숨을 의지하고 그 먼 대한해협을 건넌 무모함을 꾸짖지 않을 수 없었다. 하지만 한편으로는 내가 한국을 떠날 때 갓 초등학교에 들어갔던 코흘리개가 어느새 키가 180cm 넘는 건장한 청년이 되어 내 눈앞에 나타난 것이 대견하기도 했다.

그날 밤 나는 동생과 밤을 새워 가며 회포를 풀었다. 동생은 그동안 내가 인편과 우편으로 보낸 서신이 전혀 전달되지 않았다고 했다. 뒤늦게 고향 소식을 들은 나는 북받쳐 오르는 오열을 멈출 수 없었다.

한참을 울고 나니 엄마도 없이 아빠 얼굴도 모르고 자란 딸아이 영자에 대한 죄책감이 엄습해 왔다. 다행히 영자는 구김살 없이 건강하게 잘 자라고 있으며, 총명하고 성격도 좋아 친구들과도 잘 어울린다고 했다. 나중에라도 꼭 아버지 노릇을 제대로 하리라 다짐했다.

그날부터 동생 선호는 한동안 우리 집에 머물렀다. 그러다 좀 편히 지낼 수 있게 집 근처에 따로 거처를 마련해 주었다. 공장 일도 배우도록 했고 대학에도 보내 주었다. 내 가족에게 처음으로 든든한 힘이 돼준 것이다. 그렇게 힘이 돼줄 만큼 내가 경제적으로 기반을 닦았다는 게 뿌듯했다.

일본 최초로
천연치클 껌 개발

순직한 직원의 가족을 위해

호사다마好事多魔라더니 나에게도 그런 일이 생겼다. 롯데 브랜드 가 널리 알려지면서 주문이 폭주해 즐거운 비명을 지르던 때에, 밀려 드는 주문을 처리하던 경리직원 한 명이 야근을 하다 회사에서 쓰러 진 것이다. 안타깝게도 그는 며칠 후 세상을 뜨고 말았다.

나는 큰 충격을 받았다. 직원들도 뜻하지 않은 동료의 죽음으로 일손을 잡지 못했다. 회사의 분위기는 하루아침에 싸늘해졌다.

나는 우리 직원이 회사에서 순직했으니 회사가 가족의 생계를 책 임져야 한다고 생각했다. 그게 사람의 도리이기 때문이다. 그래서 장 례가 끝난 후 곧바로 고인의 부인을 회사로 모셔와 정중하게 위로하 면서 내가 준비한 다세대 연립주택 한 동棟의 등기문서를 건넸다.

"부군께서 롯데를 위해 열심히 일하셨는데 뭐라 드릴 말씀이 없

습니다. 무슨 말씀을 드리더라도 위로가 되지 않겠지요. 그래도 아이
들을 키우셔야 하니 이 연립주택에 입주하여 사시고, 나머지 세대는
세를 놓아 생활비와 자녀 학비로 쓰세요."

나는 지금도 그 부인의 놀란 표정을 기억한다. 이만큼의 배려를
받으리라고는 전혀 생각하지 못했다는 표정이었다. 회사가 원망스러
울 수 있을 텐데도 부인은 울먹이며 고마워했다. 심성이 고운 분이었
다. 그래도 나의 죄책감이 사라지지는 않았다. 어떤 보상이나 배려도
단란했던 가정만큼이야 하겠는가.

이 일이 알려지자 싸늘해졌던 회사 분위기가 다시 살아났다. 직
원들은 내 일처럼 기뻐했다. 내게 달려와 눈물을 글썽이는 직원도 있
었다. 나의 죄책감과는 상관없이, 회사를 믿고 더 열심히 일하겠다고
다짐하는 직원들이 고마웠다.

동주·동빈 형제 출생

1954년 1월 28일, 장남 동주東主가 태어났다. 식구가 하나 늘면서
가장으로서의 책임감이 더욱 무거워졌다. 그 책임감을 동력 삼아 사업
에 박차를 가했다.

먼저, 천연치클 수지를 사용한 10엔짜리 판형껌 '바브민트'를 출
시하며 판형껌 시장에 진출했다. 당시 판형껌 시장은 일본 최대의 껌
업체인 하리스가 독점하고 있었다. 하리스는 초산비닐수지로 만든 껌
을 '하얗고 위생적인 껌'이라고 광고하며 시장을 지배했다.

1998년 신격호 회장 가족사진

　나는 오랜 고민 끝에 천연치클을 원료로 사용하기로 했다. 천연치클은 대량생산이 가능하다는 장점이 있으므로, 껌 시장에서 위상을 높이려면 소비층을 넓힐 수 있는 천연치클 판형껌이 꼭 필요하다고 본 것이다. 천연치클은 껌의 원초적 기능인 '씹는 효과'를 높일 수 있는 매우 좋은 원료였다.

　당시 천연치클에 대한 소비자들의 인식은 그리 좋은 편이 아니었지만, 나는 천연치클에 대한 확신이 있었으므로 직원들에게 천연치클에 대한 비판을 담담히 견디라고 당부했다. 천연치클에 대한 사회 전반의 이해가 부족한 시기에 섣불리 반격하고 나섰다가는 불필요한 소모전이 벌어질 것이 우려되었기 때문이다.

새 공장이 완성된 1954년 10월에는 1갑에 20엔짜리 '스피아민트'를 개발했다. 이 제품은 엄선한 박하뇌薄荷腦를 첨가하여 청량감이 두드러지고 구강청결과 건위健胃(위의 소화기능을 높임) 효과가 있는 고급 제품이다.

'바브민트'와 '스피아민트'를 출시함으로써 롯데는 추잉껌과 판형껌을 포함하는 제품군을 갖추게 되었고, 일본시장에서 가장 먼저 천연치클을 사용하는 껌 제조업체로 자리 잡았다. 당장은 아니었지만 얼마 후 천연치클을 원료로 한 껌이 껌 시장을 주도하게 된 것은 나의 '뚝심'으로 얻어 낸 성과였다.

1955년 2월 14일, 차남 동빈東彬이 태어났다. 연년생인 아들 둘을 바라보니 흐뭇하면서도 어깨가 더욱 무거워졌다. 퇴근 후 집에 돌아와 아이들의 재롱을 보노라면 온갖 시름이 풀리는 기분이었다. 아이들이 대소변을 가릴 만큼 자라서는 목말을 태우고 놀기도 했다.

16년 만의 부자^{父子} 상봉

연이은 기능성 껌 개발

1956년 3월, 나는 롯데 직원들의 복지를 위해 약 400㎡(약 120평) 면적의 목조 2층 건물을 지어 구내식당과 탈의실로 사용토록 했다. 일본사회에서 직업병이 사회적 이슈로 떠오르던 때라 직원들의 건강을 배려한 결정이었다.

바로 그해부터 2~3년 동안은 업종에 따라 호황과 불황이 엇갈렸지만, 전체적으로는 전환기라 할 수 있을 만큼 산업의 변화가 뚜렷했다. 전국 대도시에 대형 백화점들이 속속 들어섰고, 중소도시에도 슈퍼마켓이 등장하기 시작했다.

급격한 변화 속에서도 추잉껌은 1956년 이후 경기 영향이 크지 않은 상품으로 자리를 잡았다. 추잉껌의 제조법도 진전돼 고품질 상품을 양산할 수 있게 되었다.

껌이 고급화하면서 종종 특수한 용도의 기능성 껌을 만들어 달라는 주문이 들어왔다. 1956년 4월에는 일본 스테인리스공업(주)으로부터 제산성除酸性 껌을 만들어 달라는 주문을 받았다. 공장 내 공기에 산성도가 높아 치아 법랑질이 벗겨지는 바람에 작업자들의 충치 발생률이 높아진다며, 이 문제를 해결할 수 있는 껌을 만들어 달라는 요청이었다. 롯데 연구진은 여러 가지 방안을 고심한 끝에 이온교환수지를 원료에 첨가해 산성을 조절하는 껌을 개발하는 데 성공했다. 이 껌은 직업병을 예방하는 제1호 약용 껌이 되었다.

1956년 7월부터는 방위청에 항공용 추잉껌을 납품하기 시작했다. 추잉껌은 극한상황에서도 긴장을 완화시켜 주는 효과가 있어 항공기 조종사들에게는 필수품 중 하나였다. 롯데는 방위청 식량기술연구소의 의뢰를 받아 세계 최초로 파일럿 전용 추잉껌을 개발해 납품했다.

남극 연구기지 요원들에게 지급할 추잉껌도 주문받았다. 이 껌은 비상식량 콘셉트의 제품이어서 인체에 필요한 영양분을 포함시켰고, 극한기후에서도 변질되지 않도록 만들었다. 이 껌의 증정식 광경은 1956년 10월 TV 뉴스를 통해 일본 전역에 방영되었다.

단순한 기호품으로서 심심함을 달래거나 배고픔을 잊게 해주던 껌은 이처럼 다양한 효능을 갖춘 기능성 제품으로 발전했다. 이에 롯데는 전국의 도매상과 소매상 점주들을 수시로 공장으로 초청해 생산 공정을 보여 주고 껌의 효과를 소개했다. 또 그 효과를 입증하는 여러 과학적 자료들도 확보하여 제공했다.

아버지의 도쿄 방문

이때쯤 도쿄 시내 시부야澁谷구 하츠다이初台에 짓기 시작한 새 집이 공사를 마치고 준공했다. 약 1천 평 부지에 마련한 새 집은 2층짜리 서양식 건물로, 다용도로 쓸 수 있도록 실용적으로 지었다. 새 집에 입주한 이후 나는 주로 서재에서 많은 시간을 보냈다. 서재에서 여러 분야의 책을 읽고 사업구상을 하는 게 더없이 즐거웠다. 회사 창립기념일이 되면 이 집으로 전 임직원을 초대해서 파티를 벌였다. 아내가 음식을 모두 마련할 수 없어 외부의 조리사를 초빙해 직원들에게 좋은 음식을 제공하도록 했다.

그럴듯한 집을 짓고 나니 고향에 계신 아버지를 모시고 싶었다. 사업에 몰두하느라, 그리고 한국전쟁의 난리통 때문에 한동안 소식조차 알기 어려웠던 고향의 가족들이 몹시 그리웠다. 둔터마을 정경이 눈앞에 떠오르면서 눈시울이 뜨거워지는 날도 많았다.

마침 믿을 만한 지인이 한국에 간다기에 둔터마을을 찾아가 달라고 부탁했다. 아버지와 내 바로 아랫동생인 철호轍浩가 일본에 올 수 있도록 여비도 챙겨 드렸다. 얼마 후 아버지께서 철호의 손을 잡고 도쿄에 오셨다. 16년 만의 상봉이었다.

나는 아버지 앞에 엎드려 큰절을 올리며 울먹였다. 죄송한 마음이 너무나 컸다. 하지만 아버지는 인자한 미소를 보이시며 오히려 나를 다독여 주셨다. 그리고 아장아장 걸어와 인사하는 손자 동주, 동빈을 한꺼번에 품에 안으면서 활짝 웃으셨다. 내가 고향을 떠나올 때 청년처럼 보였던 아버지도 이제는 웃는 얼굴 곳곳에 골 깊은 주름이 가득했다.

그날 아버지와 나, 철호, 선호 등 4부자父子는 켜켜이 쌓인 사연을 풀어헤치느라 밤을 하얗게 새웠다. 그 자리에서 나는 아버지에게 약속을 드렸다.

"아부지! 언젠가 한국에 돌아갈 낍니더. 한국에서도 회사를 차려볼라 합니더."

나는 그 약속을 지켰다. 1958년 5월 26일 서울 용산구 갈월동 98-6번지에 설립한 〈주식회사 롯데〉가 그 시작이었다. 경영책임은 철호가 맡기로 했다.

일본 열도를 달군
1천만 엔 경품 이벤트

껌 제품 판매활동 강화

1958년 6월 28일, 롯데가 창립 10주년을 맞았다. 직원들과 함께 기념식을 열고, 10년 근속자 17명에게 표창장과 금시계를 선물했다. 그들은 10년 동안 한결같이 회사를 위해 큰 열정을 보여 주었다. 그들의 땀이 있었기에 롯데는 거침없이 성장할 수 있었다.

롯데의 성장은 10주년을 맞아서도 계속되었다. 그해 7월 제3기 공장을 완공했고, 이듬해 4월에는 오사카 지사 건물을 확장했으며, 홋카이도에도 새로 지사를 설치했다. 나고야 지점은 개설 3주년을 맞아 인근 지역의 대리점장들을 초청해 성대한 축하연을 열었다. 이렇게 성장하다 보니 제과업계에서는 '동東 롯데, 서西 하리스'라는 말이 돌았다. 롯데와 하리스의 투톱 시대가 열렸다는 뜻일 것이다. 기분이 좋았다.

하지만 마냥 좋을 수만은 없었다. 추잉껌 수요가 급격히 증가하는 현상을 보이자 모리나가, 메이지, 모리시타 진탄, 에자키그리코, 후지야 등 대기업들이 일제히 껌 사업에 뛰어들었기 때문이다. 지금까지의 경쟁이 마이너리그였다면 이제야말로 '껌 전쟁'이라고 해도 좋을 만큼 본격적으로 경쟁하는 메이저리그가 개막한 셈이었다. 시장 판도가 요동치는 가운데 하리스도 1959년 12월 동東일본을 공략한다며 오다와라小田原에 새 공장을 착공했다.

나는 '껌에서 실패하면 모든 것이 끝!'이라는 절박한 심정으로 대응전략을 강구했다. 그리고 하리스가 새 공장 건설에 착수한 것과 같은 시기에 주식회사 롯데의 판매부문을 독립시켜 자본금 200만 엔으로 〈롯데상사주식회사〉를 설립했다. 판매부문을 전문화하여 영업역량을 강화하겠다는 계획이었다. 덕분에 롯데껌은 1960년부터 매출이 급증했다.

그러나 회사 안팎에서 비판이 적지 않았다. 외부에서는 "껌 단품 메이커인 롯데가 상사까지 설립하는 건 낭비"라는 지적이 많았다. 또 내부에서는 판매직 직원들을 우대하는 데 대한 불만이 생겼다.

일리 있는 지적이었고 귀담아 들을 만한 불만이었다. 하지만 나는 소신을 굽히지 않았다. 비록 껌 단품을 생산하는 메이커지만, 그 어느 분야보다도 유통구조가 복잡한 식품·제과 업계에서 살아남으려면 전문성을 갖춘 판매조직이 반드시 필요하다는 게 나의 소신이었다.

이와 함께 1955년에 결성한 '롯데회' 모임을 판매촉진 조직으로 활용했다. 롯데회는 원래 소매점들을 회원으로 하는 친목모임이었으나, 시장환경이 달라지면서 판매증대를 위한 모임으로 성격을 바꾼

버스를 활용한 롯데껌 홍보활동

것이다. 롯데는 롯데회와의 원활한 소통을 위해 판매촉진 부서를 신설
하고, 각 지역 단위로 회원들을 초청해 유익한 영업정보를 공유하는
세미나를 개최했다. 대형 도매상들은 '프렌드Friend회'로, 중간도매상들
은 '패밀리Family회'로 구분해 해당 대리점들이 필요로 하는 정보를 선
별하여 제공했다. 회보도 발행하고 전문 판촉요원이 순회하여 지원하
는 방식도 도입했다.

　　나는 소매점들에게 각별히 신경을 썼다. 소매점은 소비자와 직접
접하는 곳이어서 소비자들의 목소리를 생생하게 들을 수 있기 때문이

었다. 판촉요원들은 담당지역의 소매점을 순회할 때마다 소비자의 의견을 듣고 진열상황을 살피면서 롯데 본사의 경영방향을 전달하여 서로 공유할 수 있게 했다.

그렇다고 해서 도매점을 간과한 것은 아니었다. 소매점이 제품을 주문할 때는 반드시 도매점을 통하도록 했다. 이렇게 해야 유통질서가 유지되고 도매점과의 협력관계도 공고해지기 때문이었다.

한편, 판촉요원들에게는 소매점 순회 외에도 담뱃가게, 약국, 잡화점, 역 매점 등 다양한 루트의 소매점을 개척하는 임무를 부여했다. 껌 시장 경쟁이 과열되면서 경쟁사들도 새로운 루트를 개척하려고 다양한 시도를 하던 때였다. 니혼푸드는 이미 약국 루트를 활용하고 있었고, 모리시타 진탄이나 중외제약도 약국 루트에 껌을 진열하는 방안을 추진 중이었다. 담뱃가게에도 추잉껌이 비치되기 시작했는데, 그 이후 껌과 담배 매출이 동반상승하는 효과가 나타나기도 했다. 새로운 루트 개척을 위한 노력은 한동안 계속되었다.

사상 최고 경품 … "껌은 역시 롯데"

껌 시장의 경쟁이 치열해질수록 천연치클에 대한 나의 의지는 더욱 강고해졌다. 롯데는 천연치클의 장점을 지속적으로 강조하며 관계당국에 수입허가를 요청했다. 하지만 당국에서는 달러가 부족하다는 이유로 부정적인 입장을 보였다.

우여곡절 끝에 1960년 4월이 돼서야 천연치클을 자유롭게 수입할 수 있게 되었다. 이때부터 롯데는 본격적으로 천연치클 껌을 생산하기 시작했다. 그러자 1960년부터 새로 껌 사업에 참여한 대형 제과사와 제약회사들도 천연치클을 원료로 사용하면서 대대적인 홍보활동을 펼치고 나섰다. 껌 시장은 150여 종의 추잉껌이 쏟아져 나와 사활을 다투는 무대가 되었다. 천연치클 시대가 열린 것이다.

경쟁이 치열해진 만큼 하루하루가 살얼음판을 걷는 기분이었다. 제품홍보에 들어가는 시간과 비용도 많아졌다. 하지만 아무리 홍보가 중요하다 해도 결국 승부의 관건은 품질에 있기 마련이었다.

1960년 6월 롯데는 1갑에 20엔짜리 '쿨민트'를 출시했다. 롯데가 야심차게 내놓은 이 제품은 일종의 전략제품으로서, 북미의 미시간호^湖 주변에서 수확한 고급 페퍼민트를 가미해 강렬하면서도 상쾌한 자극을 주는 특징을 갖고 있었다. 이 제품은 시장에 나오기가 무섭게 소비자들의 폭발적인 관심을 끌면서 추잉껌이 성인들의 기호품으로 자리 잡는 데 결정적인 역할을 했다.

달리는 말에 채찍을 가한다는 말처럼, 나는 한창 인기몰이를 하고 있는 '쿨민트'가 시장에서 확실한 승기를 잡을 수 있도록 '통 큰' 경품행사를 벌이기로 결심했다. 껌통 속에 포함된 응모권에 이름을 적어 제출하는 간단한 방식이지만, 상금은 경품행사 사상 최고액인 1천만 엔을 내걸기로 했다. 또 당첨자가 지정하는 학교에 100만 엔의 거액을 기증하는 학교상^賞도 시상하기로 했다.

이 기획은 1961년 4월 16일 전국에서 일제히 시작되었다. 전국의 38개 주요 신문을 비롯해 TV와 라디오방송에 대대적인 광고를 실시하여 행사의 시작을 알렸다. 철도 객실에도 광고를 게시했고, 포스터 60만 장, 전단지 100만 장을 만들어 전국 매장에 배포했다. 광고물량만 해도 엄청난 양이었다.

광고가 나가자 일본 열도가 들끓었다. 언론과 소비자들의 관심이 집중되면서 사회적 이슈로 등장할 정도였다. 심지어 공정거래위원회에서조차 동업 타사의 고객을 부당하게 빼앗을 우려가 있다며 '독점금지법'에 저촉되는지 여부를 조사하겠다고 나섰다. 조사결과 별다른 문제가 없는 것으로 결론이 났다. 다만 "이후 각 사가 이에 자극받아 지나치게 거대한 현상懸賞을 내거는 일이 없도록 자숙을 요망한다"고 권장하는 선에서 마무리되었다.

공정거래위원회 조사는 이 행사에 대한 대중의 관심을 더 끌어올리는 결과를 가져왔다. 대다수 언론이 이 사안을 비중 있게 보도하는 바람에 롯데 입장에서는 기대 이상의 홍보효과를 얻게 된 것이다. 유력 언론인 〈아사히신문〉, 〈마이니치신문〉, 〈니혼게이자이신문〉, 〈요미우리신문〉 등이 이 행사를 비중 있게 다루었고, 〈교도통신〉이 보도하면서 전국의 지방신문에도 일제히 기사가 실렸다. NHK TV에서는 이 문제를 두 차례나 다루었다.

보도 내용에는 과다한 경품행사의 문제점에 대한 지적도 없지 않았지만, 그것조차 롯데껌에 대한 관심을 환기시키는 계기가 되었다. 말하자면 '노이즈noise 마케팅' 효과로 나타난 셈이다. 이에 따라 '껌은 롯데, 롯데는 껌'이라는 등식이 소비자들의 뇌리에 더욱더 확실하게 각인되었다.

승승장구할 때일수록 '거화취실'하다

경품행사는 응모자 수가 200만 명에 달할 정도로 큰 성공을 거두었다. 이에 힘입어 롯데는 당당히 껌 업계의 선두주자로 도약했다. 매출은 마치 가속도가 붙은 것처럼 급상승했다. 1959~1961년 3년간 추잉 껌 업계의 총매출이 1.8배 늘어난 데 비해 롯데는 3배 이상 증가했다.

물론 업계에서는 이 사실을 정확하게 알지 못했다. 당시만 해도 각사의 매출액은 극비사항이라 억측이 난무할 때여서, 1961년 롯데의 매출액이 60억 엔을 돌파했는데도 업계에서는 40억 엔으로 추정할 뿐이었다. 1962년에는 롯데의 연간 매출액은 100억 엔에 이르렀으나 업계에는 50억 엔으로 알려졌다.

성과가 뚜렷하니 회사 분위기도 좋았다. 임직원들은 모두 혼연일체가 되어 있었고, 애사심으로 똘똘 뭉쳐 '일본 제일의 자리를 차지하자!'는 열기가 후끈 달아올랐다. 그런 분위기를 반영하듯 오전 8시 출근인데도 오전 7시 30분이면 거의 대부분의 임직원이 근무를 시작했다. 자발적으로 일어난 현상이었다.

1961년을 기점으로 롯데는 껌 업계의 정상에 올라섰다. 하지만 그 성과가 일시적인 이벤트 효과일 수도 있으므로 자만에 빠지지 않도록 스스로 경계해야 했다. 톱 메이커가 되었다지만 지역에 따라서는 여전히 2위인 곳도 많았다. 나는 매출이 부진한 지역에 대해서는 조직을 재정비하고 직원들을 독려했다.

회사가 급성장하자, 나는 고무된 마음을 가라앉히기 위해 '거화취실_{去華就實}'이라고 쓴 큼지막한 액자를 사무실 벽면에 내걸었다.《장자_{莊子}》에 나오는 "조탁복박 거화취실_{彫琢復朴 去華就實}"(한껏 모양을 내 치장했던 것을 소박한 원 상태로 되돌리고, 겉치레를 배제하고 실속을 취한다)에서 연유한 말이다. 나는 수시로 액자를 보면서 마음을 다잡고자 노력했다. 리더는 일이 잘 풀릴수록 냉철해야 했다.

사무실의 다른 벽에는 한국의 농촌풍경을 그린 유화를 걸었다. 베잠방이를 입은 농부가 소 두 마리를 앞세워 쟁기를 끄는 모습을 담은, 둔터마을과 같은 한국적 정서가 물씬 묻어나는 그림이었다. 나는 나의 뿌리가 한국에 있음을 잊지 않기 위해 이 그림을 눈에 잘 띄는 곳에 걸었다. 그리고 아침에 출근하면 이 그림을 바라보면서 10여 분간 명상에 잠기곤 했다. 그때마다 고향 둔터마을이 내 에너지의 원천이라는 생각이 들었다.

재일동포들이 후원한
올림픽과 월드컵

해방 이후 우리나라가 올림픽에 참가한 것은 1948년 런던올림픽이 처음이다. 해방이 되었어도 미군정美軍政 치하에 있다는 점 때문에 참가자격이 문제가 되기도 했지만, 우여곡절 끝에 참가가 허용돼 비로소 '대한민국'의 이름으로 세계무대에 나서게 되었다.

하지만 올림픽 참가를 위한 경비조차 마련하기 어려울 만큼 한국의 재정 여건은 열악했다. 올림픽복권을 발행해서 겨우 선수단의 교통비와 숙식비를 마련했다는 소식이 들려왔다. 그나마도 항공요금이 워낙 비싸 주로 배나 열차를 이용해야 했기 때문에 서울을 떠나 런던까지 무려 29여 일이나 걸리는 고생스러운 여정이었다.

조국의 젊은이들이 일본 요코하마를 거쳐 런던으로 향한다는 소식이 알려지자 재일동포들의 가슴도 설렜다. 재일동포들은 재일본조선체육회 채수인蔡洙仁 회장과 이희원李禧元 상임고문, 기업인 서갑호 회장 등이 중심이 되어 올림픽 후원모임을 결성했다.

재일동포들은 형편 닿는 대로 성금을 내서 64만 9,500엔이라는 적잖은 금액을 모았다. 나도 한국 선수들의 선전을 기원하며 성금 대열에 동참했다. 재일동포들은 이 후원금에 더해 임원 및 선수 69명이 입을 단복團服, 한국 선수와 맞붙을 상대 선수들에게 줄 기념품 등을 마련해 전달했다. 특히 단복은 동포 여성들이 한 땀 한 땀 정성껏 바느질하여 만든 옷이어서 그 의미가 더욱 컸다. 선수단이 요코하마에 도착할 때에는 나도 요코하마로 달려가 선수들을 직접 영접했다. 재일동포들이 마련한 단복에 수놓인 'KOREA'라는 글자가 유난히 눈에 띄었다. 감격스러웠다.

어렵게 출전한 런던올림픽에서 대한민국 선수단은 김성집, 한수안 선수가 동메달을 따는 쾌거를 이루어 냈다. 기대했던 마라톤에서는 참가선수 3명 모두가

대한민국 선수단의 런던올림픽 선수촌 입촌식

컨디 조로 저조한 결과를 냈다고 한다. 메달 여부를 떠나서, 우리 선수들이 세
대에 나서는 데 힘을 보탠 것은 참으로 보람 있는 일이었다.

1954년에는 월드컵 축구대회가 스위스에서 열렸다. 한국은 이 대회 아시아
지역예선에서 일본과 건곤일척乾坤一擲의 대결을 벌여야 했다. 하지만 반일反日 정
서가 무척이나 강했던 이승만李承晩 대통령이 일본 선수들의 한국 입국을 불허했
다. 이 대통령은 처음엔 한국 선수들의 일본 방문 허용하지 않았지만, 대회 참가
를 위해서는 경기를 해야 했으므로 원정경 허가해 주었다. 결국 일본과의 예
선전은 규정에 따른 홈 앤드 어웨이Hom way 경기가 성립되지 않아 모두 일본
에서 어웨이 경기로만 치러졌다.

문제는 한국 대표팀의 일본 원정을 위한 경비를 마련하기 어려
한국 대표팀의 딱한 사정이 알려지자 재일동포들이 다시 성금을 모았다. 당연히
나도 참여했는데, 당시 프로레슬러로 활약하던 재일동포 역도산力道山도 내 이야
기를 듣고 파이트머니로 받은 돈 봉투를 모두 기부했다.

3월 7일 열린 경기에서 한국팀은 일본팀을 5 대 1로 가볍게 눌렀다. 이어 3월
14일 열린 2차전에서는 2 대 2 무승부를 기록해 한국팀이 스위스 월드컵대회 출
전자격을 얻었다. 비록 스위스에서 열린 본선에서는 긴 여정에 따른 피로누적과
연습부족으로 인해 헝가리에 9 대 0, 터키에 7 대 0으로 대패하기는 했지만, 한국
선수들이 태극마크를 달고 나라를 대표해서 뛰는 모습을 보는 것만으로도 감격
스러운 일이었다. 그리고 그 일에 재일동포의 일원으로서 힘을 보탤 수 있다는 것
역시 더없이 기쁜 일이었다.

껌 업체에서
종합
식품기업으로

4

초콜릿, 제품 아닌 '예술품'을 향해

초콜릿 사업을 해볼까 하오

1961년 봄 어느 날 오전, 임원들을 집무실로 불렀다. 점심시간 직전이어서 배가 고플 때였다. 미각과 후각이 예민해질 시간이다. 이들 앞에 나는 드보브&갈레Debauve & Gallais, 발로나Valrhona, 라 메종 뒤 쇼콜라La Maison du Chocolat 등 프랑스의 명품 초콜릿 3종과 일본 초콜릿 3종을 테이블 위에 올려놓았다. 미리 상표를 떼고 대신 1~6번 번호표를 붙여 두었다.

"맛을 보고 풍미風味가 좋은 것 순서대로 쪽지에 번호를 쓰시오. 너무 오래 생각하지 말고 첫 느낌을 반영하면 되오."

임원들은 조심스레 맛을 봤다. 하나를 먹고 물을 마셔 잔 맛을 없애고 다음 초콜릿을 맛보았다. 평가 결과를 보니 역시 프랑스 명품이 압도적으로 높은 점수를 얻었다. 이 가운데 어느 제품은 '맛의 예술'이라는 평이 나오기도 했다.

나는 순위를 발표하고 내 의도를 밝혔다.

"우리도 초콜릿을 만들까 하오. 품질은 세계 명품 수준을 목표로! 어설픈 2류 제품이라면 만들지 않겠소."

"……."

임원들은 아무런 말도 하지 않았다. 사실상 껌이 유일한 생산품목인 회사가 초콜릿을 만들겠다고 나선 것이 꽤 충격적일 텐데도 묵묵부답이었다. 그들의 표정을 유심히 살펴보니 사뭇 비장해 보였다. 마치 우리가 어느 방향으로 나아가더라도 자신이 있다는 것처럼 보였다. 마음이 든든해지면서 그들이 고마웠다.

그렇게 나는 초콜릿 사업에 첫발을 내딛었다. 당시 나는 아침에 출근하면 전날 생산된 롯데껌을 씹으면서 하루 일을 시작하는 것이 습관이었다. 천천히 씹으면서 질감이나 향, 맛 등을 음미하고 품질을 평가하는 것이다. 나에게는 매일 반복되는 규칙적인 일과였다. 초콜릿에 관심을 갖기 시작한 이후에는 한 가지가 더 늘었다. 껌을 씹은 후 갖가지 초콜릿을 맛보는 것이다. 세계 각국의 명품 초콜릿과 롯데 제품을 비교하기 위한 과정이라 할 수 있다.

오랜 세월 동안 그렇게 과자류를 먹었더니 세월이 흐른 후 나를 잘 아는 지인들은 나에게 "충치가 많지 않으냐?"고 묻기도 했다. 하지만 나는 평생 충치를 모르고 살았다. 껌을 지속적으로 씹어 건치 효과를 본 모양이다. 훗날 출시한 충치 방지용 '자일리톨 껌'은 건치 효과가 더욱 컸다.

1961년 6월, 나는 영업부장을 비롯한 몇몇 간부들을 미국과 유럽으로 보내 초콜릿 사업에 관한 정보를 수집하도록 했다. 철저히 준비하되 대외비로 은밀하게 진행했다. 9월에는 롯데상사에 무역과를 설치했다. 대외적으로는 천연치클 직수입을 전담하는 부서였지만 사실상 초콜릿 정보 수집을 위한 창구였다.

나는 1963년 가을을 초콜릿 생산 시점으로 정하고, 무역과를 통해 초콜릿 사업에 관한 정보를 수집하도록 했다. 세계 각국의 초콜릿 사업 현황은 물론이고 일본 초콜릿 메이커의 기계설비 상황, 기술자와 연구원들의 출신학교부터 경력에 이르기까지 초콜릿 사업과 관련된 것이라면 무엇이든 세세한 정보까지 모으도록 했다.

초콜릿의 4대 원료는 카카오 콩, 우유, 버터, 설탕이다. 하지만 원료의 배합비율과 제조법은 회사마다 다르고 극비사항이어서 타사의 레시피를 알 수는 없었다. 따라서 초콜릿 사업에 진출하는 데 있어 가장 큰 과제는 최고의 기술자를 구하는 일이었다.

롯데는 독일의 권위 있는 신문매체 여러 곳에 구인광고를 냈다. 또 오토모리 영업부장과 오가와 고이치 제조부장은 최고 기술자와 최고 성능의 기계를 찾기 위해 낯선 유럽까지 날아가 발바닥이 닳도록 곳곳을 누비고 다녔다. 아마도 그들이 없었다면 그렇게 짧은 기간에 초콜릿 생산준비를 하지 못했을 것이다.

21년 만에 한국 땅을 밟다

초콜릿 사업 진출을 결심하던 그 무렵, 한국에서는 5·16 군사정변이 일어났다. 정변을 주도한 박정희朴正熙 육군 소장의 사진이 일본 신문에도 여럿 실렸다. 선글라스를 쓴 모습이 이색적이었다.

박정희 장군은 '혁명공약'이라는 걸 내걸었는데, 그중에는 "절망과 기아선상飢餓線上에서 허덕이는 민생고를 시급히 해결하고, 국가 자주경제 재건에 총력을 경주할 것"이란 조항이 눈에 들어왔다. 나는 한국에도 큰 변화가 생길 것임을 예감했다. 내가 한국에서 일어나는 일에 관심을 갖는 것은 언젠가는 내 조국인 한국에서 한국인을 위한 사업을 할 것이라는 의지가 있었기 때문이다.

얼마 후였을 것이다. 도쿄와 서울에서 극장 사업을 하는 이강우李康友 회장에게서 연락이 왔다. 한국 정부가 재일동포 기업인들을 초청한다는 것이었다.

"한국 정부가 경제개발 5개년 계획을 추진한다는데, 우리더러 투자하라는 얘길 하려는 것이겠지요?"

"그렇겠지요. 민생고를 해결하겠다고는 했는데, 한국에는 투자자금이 없어 군사정부가 난처한 모양입니다."

"좋습니다. 초청에 응하겠습니다."

나는 흔쾌히 동의했다. 오랫동안 향수에도 많이 젖어 있던 데다 어차피 언젠가는 한국에도 본격적으로 투자할 계획이었으므로 미리 둘러보는 것도 좋을 것 같았다.

이미 1961년 12월에 재일대한민국민단의 권일權逸 단장을 대표로 한 재일동포 기업인 61명이 한국에 가서 박정희 최고회의 의장과 김종필金鍾泌 중앙정보부장을 만나고 돌아온 상태였다. 그때도 재일동포 기업인들은 모국 투자를 강력히 권유받았다고 했다. 그러나 한·일 양국의 외교관계가 정상화되지 않은 상태여서 투자를 진행할 수는 없었다.

나는 1962년 4월 20일 재일한국인상공연합회 고문 자격으로 이강우 회장, 허필석許弼奭 부회장과 동행하여 노스웨스트 항공기를 타고 김포공항에 내렸다. 21년 만의 귀국! 어떤 말로도 표현하기 어려울 만큼 감개무량했다.

다소 흥분된 심정으로 서울 시가지에 들어왔다. 서울은 그 사이에 참 많이 변해 있었다. 우리 일행은 소공동 반도호텔에 여장을 풀었다. 청년시절의 어느 날 반도호텔 앞에서 부러운 눈길로 호텔 건물을 바라봤던 내 모습이 뇌리에 떠올랐다.

잠시 휴식을 취한 후 우리 일행은 〈한국일보〉, 〈동아일보〉, 〈조선일보〉, 〈경향신문〉 등 주요 신문사를 차례로 찾아가 인사를 했다. 〈한국일보〉의 장기영張基榮 사장은 한국은행 부총재를 지낸 경제통답게 일본경제 현황에 대해 세세히 질문했다. 와세다대학에서 경제학을 공부한 〈동아일보〉 이동욱李東旭 논설위원은 우리와는 구면이어서 특히 반색하며 맞아 주었다.

일본 주오中央 대학 출신인 〈조선일보〉 최석채崔錫采 논설위원도 아는 얼굴이었다. 〈조선일보〉 홍종인洪鍾仁 회장은 내 손을 꼭 잡으며, 도쿄 사정을 잘 모르는 김윤환金潤煥 특파원을 잘 부탁한다고 당부했다.

1962년 국교수립 전 한국에 도착한 신격호 회장

1962년 한국에 도착해 연회장에서 건배하는 신격호 회장

이것이 계기가 되어 나는 훗날 한국 정계의 중진으로 성장한 허주虛舟 김윤환 의원과 인연을 갖게 되었다.

〈경향신문〉을 방문해서는 이준구李俊九 사장을 만났다. 고향을 묻기에 울주라고 대답했더니 최영해崔暎海 부사장과 동향이라며 그를 불러 인사를 시켜 주었다. 그분은 한글학자 외솔 최현배崔鉉培 선생의 아들이어서 무척이나 반가웠다.

신문사 예방과 관련하여 기억에 남는 에피소드가 하나 있다. 당시에는 신문사를 방문한 인사의 명단을 신문지면에 게재하곤 했는데, 1962년 4월 21일 자 〈경향신문〉 '내방來訪'란에는 '시게미츠 다케오 씨

重光武雄 氏'(미 롯데주식회사 사장)와 '신격호 씨'가 각각 방문한 것으로 표기되어 있었다. 아마도 롯데라는 이름 때문에 미국 회사로 오인한 모양이었다.

서울에 체류하는 동안 한국경제인협회(전국경제인연합회의 전신) 이병철 회장도 예방했다. 이 회장은 1960~1961년 도쿄에 체류하면서 도코 도시오土光敏夫 일본 경단련 명예회장, 이나야마 요시히로稲山嘉寬 경단련 회장 등 일본 재계의 거물들과 가까이 지냈는데, 그분들과 만날 때 가끔 나도 동석할 기회가 있어 교분을 가질 수 있었다.

이 회장은 우리 일행에게 신신당부했다.

"정부가 공업화로 경제개발을 추진한다 카는데 문제는 자금이요. 재일 상공인들이 적극적으로 투자하시기를 부탁드립니다."

한국 재계의 대표 역할을 맡은 이 회장은 한국경제를 부흥시키는 일에 많은 열정을 보였다. 한국경제인협회 회장 취임 직후인 1961년 9월과 11월에는 미국에 가서 외자 도입을 추진하기도 했다. 공업단지 입지立地를 찾기 위해 이정림李庭林, 남궁련南宮練, 정재호鄭載護 등 재계 인사들과 함께 지방의 여러 곳을 직접 둘러본 적도 있었다. 1962년 1월 1일 새해 벽두에 울산 앞바다에서 일출 광경을 보며 희망적인 기운을 느꼈다고도 했다. 그래서인지 이 회장은 내게 각별히 투자를 권유했다.

"울산이 신 사장 고향 아인가배? 앞으로 사업꺼리가 많을 끼요. 잘 살펴보이소."

1961년을 기준으로 한국의 1인당 GDP는 78달러라고 했다. 그 정도라면 지구상에서도 최빈국 수준이었다. 내 조국이지만 정말 지독한

156

가난이 아닐 수 없었다. 이런 가난에서 벗어나 경제개발을 이루려면 기간산업 체제부터 갖추어야 하지 않을까 하는 생각이 들었다.

'롯데 가나초콜릿'이 탄생한 날

한국 방문을 마치고 일본으로 돌아와 보니 초콜릿 사업과 관련한 시급한 현안이 산적해 있었다. 나는 서둘러 초콜릿 공장을 세울 부지를 검토해 1962년 5월 사이타마埼玉현 우라와浦和시 교외의 누마카케에 10만m²(3만 250평) 규모의 공장부지를 마련했다. 12월에는 건설회사와 공사계약도 체결했다.

다만 제조기술자를 구하는 일은 진척이 더뎠다. 주력제품의 종류도 결정하고 기계도 발주하려면 기술자를 영입해야 하는데 뚜렷한 성과가 없어 속이 탔다. 날짜가 지날수록 영업부장과 제조부장의 발걸음도 바빠졌다. 그들은 여러 경로로 초콜릿 기술자들을 접촉했다. 이 문제는 1962년 말에야 매듭지어졌다.

나는 스위스의 독일어권 출신인 막스 브락스Max Bracks 씨를 최적임자로 판단했다. 이력서를 보니 1921년생으로 나와 동갑이었다. 취리히대학 기계공학과를 졸업한 후 스위스, 오스트리아, 프랑스 등에서 초콜릿 공장 기술자로 일했다고 했다. 롯데는 1963년 초 오스트리아 빈에서 그와 정식으로 계약서에 서명했다.

나는 막스 브락스 씨를 도쿄의 내 사무실에서 처음 만났다. 그는 40대 초반인데도 머리가 시원하게 벗겨진 대머리 스타일이었는데, 동

일본 우라와 초콜릿 공장 전경

갑이어서인지 처음 만나면서부터 우리는 금세 친해졌다.

"제품이 아니라 예술품을 만들어 주시오. 공장설계나 원료배합에 대한 권한도 모두 당신에게 일임하겠소. 원가가 비싸더라도 품질이 최우선이오."

나는 그에게 전폭적인 신뢰를 보내며 '예술품과 같은 제품'을 만들어 달라고 당부했다. 그 역시도 그러고 싶다며 의욕을 드러냈다.

1963년 5월, 나는 전국의 유력 대리점 대표들을 초대한 자리에서 공식적으로 초콜릿 사업에 대해 설명했다.

"올 늦가을께 초콜릿을 시판할까 합니다."

이 발언이 널리 알려지면서 제과업계에는 전운戰雲이 감돌기 시작했다. 껌 사업에서 롯데가 약진한 전력을 잘 알고 있는 업계에서는 초콜릿 분야에서도 롯데가 어떻게 시장 판도를 바꿔 나갈지 예측하며 대응책을 마련하느라 부산해졌다.

업계의 반응과는 상관없이 롯데는 공장 건설공사에 속도를 냈다. 연면적이 약 1만 3천㎡에 달하는 공장에는 막스 브락스의 뜻에 따라 최신식 기계를 도입하여 기능적으로 배치했다. 다른 회사의 초콜릿공장이 증축을 거듭하면서 커진 것과는 달리 롯데 초콜릿 공장은 처음부터 대규모로 건설하고 컨베이어시스템 등 최신 설비를 도입해 가장 현대적인 공장으로 완성되었다.

막스 브락스의 지도 아래 롯데 기술진은 곧바로 시제품 생산에 들어갔다. 소비자의 입맛에 맞는 최적의 맛을 찾느라 수많은 시행착오가 반복되었다. 그리고 마침내 1964년 초, 당초 계획보다는 다소 늦어진 일정이지만 롯데는 드디어 시제품을 생산하는 데 성공했다.

시제품이 나오자 막스 브락스가 블라인드 테스트를 하자고 제안했다. 브랜드를 감춘 상태로 5개 제품의 맛을 보고 가장 뛰어난 제품을 골라 보자는 것이다. 나를 포함한 임원들은 차례로 각 제품의 맛을 음미했다. 그중 3번째 초콜릿이 유독 입맛에 맞았다. 입에 넣자마자 혀 전체에 향미香味가 퍼지면서 녹는 듯한 부드러움이 느껴졌고, 깔끔한 뒷맛이 온몸에 행복감을 전해 주는 것 같았다. 나는 종이쪽지에 3번을 써냈다. 결과를 보니 참가자 10명 가운데 8명이 3번을 골랐다. 3번은 롯데의 신제품이었다.

나는 막스 브락스의 손을 움켜잡고 감격스럽게 말했다.

"바로 이 맛이오! 수고 많았소! 이 맛이라면 어디에 내놓아도 자신 있소. 당초 계획보다 두 배로 생산량을 늘립시다!"

그날은 바로 '롯데 가나초콜릿'이 탄생한 날이었다.

초콜릿으로
일본 열도를 휩쓸다

초콜릿 사업의 성공적인 첫걸음

1964년 2월 '가나초콜릿'을 가득 실은 대형 트럭들이 꼬리에 꼬리를 물고 우라와 공장을 빠져나갔다. 첫 생산한 제품이 시장으로 출하되는 순간이었다. 시장의 반응을 보기 위해 일단은 간토와 홋카이도 지방에만 시험 발매하기로 했다. 일부 지방에 한정 판매하는 것이지만 초기부터 기선을 제압해야 한다는 생각에서 나는 판매조직에 특별히 당부했다.

"광고마케팅 비용을 아끼지 마시오!"

실제로 대대적인 마케팅 활동이 펼쳐졌다. 청순한 이미지의 18세 소녀배우 고코노에 유미코를 모델로 기용한 CF도 제작해 런칭했다. 스위스 마테호른Matterhorn 산을 배경으로 그녀가 호른을 불면 '가나초콜릿'이 브라운관 전체에 클로즈업되는 5초짜리 짤막한 CF였다. 도쿄의 민간방송 3사를 통해 1주일 동안 약 500회의 스팟광고를 내보냈다. 이 정도면 민간방송사의 빈 스팟광고 시간을 독점하다시피 할 정도의 물량이었다.

광고도 참신하고 제품의 맛도 좋아 '가나초콜릿'은 큰 화제를 모으며 불티나게 팔렸다. 판매를 맡은 롯데상사는 거의 매일 주문전화에 시달려야 했다. 워낙 반응이 좋아 대규모로 지은 공장도 부족해 곧바로 증설을 서둘러야 할 정도였다.

1964년 9월에는 '가나초콜릿'을 전국으로 확대 출시하면서 동시에 단맛을 줄인 '가나 세미 스위트 초콜릿'과 소량의 위스키를 넣은 '바커스 초콜릿'을 자매품으로 내놓았다. 아르바이트 여성 50명을 고용해 롯데 초콜릿 로고가 새겨진 큼지막한 가방을 들고 도쿄 시내 번화가를 돌아다니는 홍보 프로그램도 진행했다. 이들은 전철과 버스를 타고 돌아다니거나 공원, 백화점 주변을 돌며 롯데 초콜릿 브랜드를 노출하고 다녔다. 이러한 홍보 프로그램이 화제가 되면서 롯데 초콜릿의 명성은 더욱더 높아졌다.

1964년 10월 도쿄올림픽이 끝나자 일본 정부는 방만한 경제를 진정시킨다는 이유로 통화량을 줄이는 등 긴축정책을 펼쳤다. 그 여파로 산업 부문이 크게 위축되었다. 제과업계도 마찬가지였다. 하지만 롯데 초콜릿은 예외였다. 여러 날이 지났는데도 제품이 없어서 못 팔 지경이었다. 서둘러 제3기 공장 확장공사에 착수해 1965년 11월에 준공했다. 이에 따라 롯데 초콜릿 공장은 기술이나 설비, 규모 등 모든 면에서 세계 최고의 공장으로 부상했다.

1964년 〈아사히신문〉에 실린 가나초콜릿 발매 광고.
막스 브락스 씨와 신격호 회장의 사진이 실려 있다.

초콜릿 원료·제품을 모두 불태우시오

사업의 규모가 커지면서 더 많은 인력이 필요해졌다. 이에 따라 1964년 말경에 처음으로 대졸 신입사원 공채를 실시했다. 이들이 공채 1기생들이다. 특이한 것은 한국 대학생들도 채용대상에 포함했다는 점이다. 한국 청년들이 어떻게 성장했는지 궁금하기도 하고, 앞으로 한국에 진출할 때 한국 사정을 잘 아는 인재가 필요하다는 이유에서였다. 이들에게는 입사전형에 참가하는 데 불편함이 없도록 서울에서 시험을 치르도록 했다.

전형 결과 합격자 가운데 6명의 한국 청년이 선발되었다. 전공분야로는 화공, 기계, 전기 분야에서 각각 2명씩이었다. 이들 중 연세대 화학공학과 출신 임승남 군이 눈에 띄었다. 자신의 생각을 조리 있게 말하는 품새가 장차 좋은 경영자로 교육시킬 만한 인재로 느껴졌다.

이들은 1965년 1월 일본에 입국한 이후 첫 두 달 동안 카카오 콩이나 설탕 부대를 나르는 육체노동을 했다. 원료의 성질을 이해하고 노무자들과 소통하도록 하기 위한 과정이었다. 다음 한 달간은 공장의 기계, 모터에 기름칠을 하고 바닥을 닦는 허드렛일을 시켰다. 식품 공장에서 청결이 얼마나 중요한지 체험하는 과정이었다. 그 다음에는 초콜릿 연구실에 배치시켜 근무하도록 했다.

그로부터 며칠 후, 아침 일찍 출근 준비를 하는데 공장장에게서 전화가 걸려 왔다. 무척이나 다급한 목소리였다. 공장에 전화로 설명하기 곤란한 문제가 발생했다는 것이다.

나는 서둘러 우라와 공장으로 달려갔다. 보고를 들어 보니 기가 찼다. 간밤에 출고품에 대해 세밀하게 품질검사를 하다가 초콜릿에서 이상한 물체를 발견했다는 것이다. 현미경으로 찾은 물체라는데, 내 눈으로 직접 살펴보니 아주 가느다란 실 같았다.

공장장을 추궁했다.

"이기(이것이) 머꼬?"

"잘 모르겠습니다. 단정할 순 없지만… 창고에 쌓아 둔 카카오 콩 부대에 쥐 한 마리가 들어가지 않았나… 추정할 뿐…."

"그라모 이기 쥐 털일 수도 있다는 말이가?"

아찔했다. 아직은 물체의 정체가 정확하게 밝혀진 것은 아니지만, 만약 제품이 출고된 후 이 사실이 알려진다면 어찌 될지 등골이 오싹했다. 롯데 제품에서 쥐 털이 발견되었다고 소문이 나면 그날로 공장 문을 닫아야 할 수도 있는 일이었다.

함께 있던 임직원들 사이에서 그나마 출고 전에 발견해서 다행이라는 듯 안도하는 한숨소리가 가늘게 들려 왔다. 하지만 나는 내 양심을 속일 수 없었다. 오래전부터 청결을 중요한 가치로 추구해 온 내가, 내 자신도 시식하기 꺼림칙한 제품을 그대로 둘 수는 없었다.

그날 기준으로 10톤짜리 탱크 3개에는 초콜릿 원료가 가득했다. 원료가격만 해도 2억 엔으로 추산되는 양이었다. 나는 엄청난 손실을 각오하고 결단을 내렸다.

"전량을 불에 태워 뿌라!"

나는 이날 출고분뿐만 아니라 최근 며칠 사이에 만든 제품과 원료 모두를 불태우도록 지시했다. 공장장과 직원들은 크게 놀라 눈만 껌벅거리며 아무런 대꾸도 하지 못했다. 지금까지 그 어디에서도 들어본 적이 없는 파격적인 지시였기 때문이다. 아마도 이들에게는 엄청난 충격이었을 것이다. 하지만 그 충격의 크기만큼 위생관리에 더 심혈을 기울이는 계기로 삼는다면 이만한 손실도 감수할 만한 가치가 있다는 게 나의 생각이었다.

가나초콜릿 홍보마케팅을 강화하라!

세계 최고의 초콜릿 공장인 우라와 공장은 규모도 워낙 크고 최신식 설비를 갖춘 위생적인 공장이어서 견학코스로도 유명해졌다. 국내외의 유명인사뿐 아니라 각종 소비자단체와 재계 관계자들이 잇달아 찾아와 공장을 견학했다. 한일 국교정상화 이후에는 한국의 정·재계 인사들도 자주 찾아왔다.

1967년 5~6월에는 3만 개의 전국 소매점으로 구성된 롯데회 회원들이 공장을 견학했다. 나는 오전 400명, 오후 400명 등 하루 800명씩을 매일 초대하여 공장을 둘러보고 연극을 관람하게 했다. 롯데회 회원들은 공장 견학 후 롯데에 대한 애착이 훨씬 커졌다고 말했다. 그들은 자기네 가게에서 롯데 제품을 눈에 잘 띄는 곳에 진열하고 손님들에게 소비를 권유하는 열의를 보였다.

1,200여 명의 도매점 대표들은 별도로 초청해 한국과 타이완, 하와이 등을 관광할 수 있게 해주었다. 편안하게 관광을 즐길 수 있도록

초콜릿 공장을 둘러보는 신격호 회장

전세기도 제공했다. 이 행사에는 적지 않은 비용이 들었지만 효과는 매우 컸다. 여행을 다녀온 점주들은 이전보다 더 든든한 롯데의 파트너가 되었다.

1967년부터는 롯데 초콜릿의 이미지를 높이고 소매점과의 신뢰를 높이기 위해 롯데회 회원점에 '점두店頭간판'을 달기 시작했다. 희망점을 모집했더니 순식간에 1만 개 이상의 점포가 신청했다. 그러자 이전까지 과자소매점 점두간판의 대부분을 장악하고 있던 콜라회사들이 반발했다. 이에 아랑곳하지 않고 대다수 롯데회 회원들은 롯데 간판을 달았다. 2년 후에는 네온사인 간판을 설치해 더욱더 눈에 띄게 했다.

한편으로는 롯데 초콜릿의 인지도를 높이고 브랜드 이미지를 제고하기 위해 협찬·후원 활동도 활발하게 전개했다. 1967년 12월 17일 도쿄 부도칸武道館에서 500회 기념대회를 가진 음악 프로그램 〈롯데 음악 앨범〉이 대표적이다. 1958년 5월 첫 전파를 탄 이 프로그램은 민간방송 사상 최장수 프로그램이자 수많은 가수들을 데뷔시킨 가요 프로그램으로 유명세를 타고 있었다. 1959년부터는 전국 각지의 유명 스타들을 초대하는 공개방송을 열어 큰 인기를 누렸다. 프랑스의 가수 겸 배우인 이브 몽땅Yves Montand이 이 프로그램에 출연하기도 했다.

홍보마케팅 활동이 활발해짐에 따라 1967년 7월 홍보업무를 전담하는 〈주식회사 롯데애드〉를 설립했다. 마침 그해에 우라와 제2 초콜릿 공장이 완공돼 제품의 종류도 더 다양해졌다. 처음 '가나초콜릿'을 개발한 1964년부터 1967년까지 15종의 초콜릿이 발매되었는데, 1968년부터 1975년 사이에는 무려 90종의 제품이 출시되었다. 홍보마케팅을 더욱 강화하지 않을 수 없었다.

캔디와 아이스크림으로의
사업 확장

유럽식 정통 캔디 개발 출시

초콜릿을 출시한 지 1년여가 지난 1965년, 나는 캔디^{candy}에도 관심을 갖기 시작했다. 캔디가 캐러멜을 대체하며 두드러진 성장세를 보일 때였다. 당시 캔디와 드롭스 시장은 대형 제과업체보다 전문업체 쪽이 상대적으로 우위에 있었다. 캔디 생산업자는 전국에 2,500개 사가 있었는데, 이 가운데 10개 대형업체가 전체 매출액의 44%를 차지했고, 중소 전문업체가 56%를 차지했다.

밤낮으로 캔디에 관해 연구했다. 주안점은 두 가지였다. 첫째는 캔디의 발상지가 유럽이므로 유럽풍의 우아한 맛을 내는 것, 둘째는 이런 유럽식 정통 캔디를 미국식으로 대량생산하는 것. 이 두 가지를 이루면 캔디시장에도 도전장을 던질 수 있을 것 같았다.

캔디에 관한 연구가 어느 정도 진행된 1967년 무렵에는 유럽의 주요 캔디 공장으로 직원들을 보내 기계설비를 조사하도록 했다. 우수한 기술자도 수소문하여 조르쥬 보댕George Bodin이라는 기술자를 초빙해 왔다. 1923년 프랑스령領 알제리에서 태어난 그는 20대 중반부터 오로지 캔디 기술자로 인생을 살아온 인물이었다. 그와도 첫 대면에서부터 금세 친해졌다.

"부모님은 프랑스 사람인데 알제리로 가서 저를 낳으셨지요."

"노벨문학상을 받은 소설가 카뮈Albert Camus 선생도 그렇지요? 나도 소설《이방인》을 감명 깊게 읽었소."

"회장님께서 카뮈 소설을 읽으셨다니 대단하십니다. 제가 롯데에 오기로 결심한 이유는 롯데란 회사 이름의 유래를 듣고 감동을 받았기 때문입니다. 저는 아마추어 시인이고 시심詩心으로 캔디를 만듭니다."

이처럼 우연찮게 소통의 공감대를 찾으면서 나는 또 하나의 소중한 인연을 갖게 되었다.

그와의 작업을 통해 1969년 말 롯데의 첫 번째 캔디 제품 '코코롤'과 '초콜릿 캔디'가 탄생했다. '코코롤'은 기존에 존재했던 캐러멜이나 누가nougat와는 다른, 일본에서 최초로 출시된 새로운 유형의 소프트 캔디이다. 또 '초콜릿 캔디'는 딱딱한 캔디 속에 초콜릿을 넣어 캔디와 초콜릿을 함께 맛보도록 한 제품이다.

1970년 3월 '코코롤'을 전국에 출시하자, 예상대로 곳곳에서 엄청난 반향이 일어났다. 서둘러 사야마狹山 공장을 증설해야 했다. 내친김에 후속 제품으로 '커피 캔디'를 내놓았다. 동시에 광고, 홍보, 매장의 POP, 경품행사 등의 마케팅 수단을 총동원했다. 소비자의 취향을 반영한 좋은 품질의 캔디에 마케팅을 덧붙이니 기름에 불을 붙인 것처럼 판매실적이 폭증했다.

1972년 임기를 마친 조르쥬 보댕의 후임으로는 영국인 데이비드 케네스David Kenneth를 초빙했다. 1926년 영국 버밍엄에서 태어난 그는 유럽 캔디업계의 권위자였다. 그의 진두지휘 아래 사야마 공장에서 다양한 종류의 신제품이 잇달아 개발되었다. 캔디를 첫 출시한 이후 1977년까지 7년간 출시된 제품의 종류가 무려 120종에 달할 정도였다. 그러나 전체 시장에서 차지하는 점유율은 아직은 만족할 만한 수준이 아니었다.

국제경쟁력 갖춰 세계시장으로

그때까지만 해도 일본 제과업계는 온실 속의 화초와 다름없었다. 일본 정부가 외국 과자의 수입을 제한했기 때문이다. 하지만 미국과 유럽 국가들이 문호개방을 강력히 요구하자 정부도 1971년 6월부터 단계적으로 과자시장을 자유화하기로 했다.

제과업계에는 비상이 걸렸다. 막강한 자본력과 높은 기술력을 가진 외국의 대형 메이커들이 양질의 원료로 만든 과자가 수입되면 일본 제과업계가 입을 타격은 불 보듯 뻔했다. 게다가 외국 메이커들은 생산성도 높았다. 껌 회사의 최고봉으로 통하는 리글리만 해도 첨단 자동화 설비를 구축한 덕분에 노동생산성이 매우 높았다. 하루 50톤의 추잉껌을 생산하는 데 필요한 인력이 일본에서는 400명인 데 비해 리글리는 40명에 불과했다. 이러한 리글리가 일본에 본격 진출하면 기존 업체들은 사실상 초토화되고 말 것이다.

추잉껌 업계는 정부에 향료 수입관세 인하, 설탕 소비세 철폐와 수입관세 대폭 인하 등을 대응책으로 요구했다. 하지만 이런 정도의 대책으로는 실효성이 없어 보였다. 결국 중요한 것은 스스로 체질을 강화하는 일이었다.

나는 먼저, 전 사원을 대상으로 '지피지기知彼知己' 정신운동을 벌였다. 2주간에 걸쳐 롯데가 걸어온 길을 전 직원에게 알리는 '자기를 알자!' 시리즈, 외국 메이커의 현 상황을 알리는 '적을 알자!' 시리즈로 교육을 진행하여 전 임직원이 시장상황을 객관적으로 인식하게 했다. 롯데인으로서의 자부심과 외국 메이커들을 이길 수 있다는 자신감을 갖게 하는 데 목적을 둔 캠페인이었다.

한편으로는 세계 제과산업의 트렌드를 파악하고 우리가 부족한 점을 보완하기 위해 1969년 봄 미국의 추잉껌 제조 전문가와 기계설계 기술자를 고문으로 모셔 왔다. 이들의 지도 덕분에 추잉껌 자동포장기의 작동 속도가 크게 향상되었다. 워낙 성능이 뛰어나 자동포장기를 프랑스에 수출하기까지 했다. 또 신주쿠 공장의 1인당 생산성은 1965년과 비교해 약 10배 정도 높아져 미국 업체들을 능가할 정도가 되었다. 위기를 경쟁력 강화의 계기로 삼은 셈이다.

이와 함께 위기극복 전략의 하나로 새로운 껌 세트를 개발해 출시했다. 판형껌 6종이 든 20엔짜리 기존 제품을 30엔짜리 세트(스피아민트, 그린껌, 쥬시후레시, 쿨민트, 커피껌, 후레시민트, 페퍼민트 등 7종)로 만들어 외국 메이커의 공세에 맞선 것이다. 이 제품은 큰 성공을 거두며 시장우위를 지킨 것은 물론 해외로도 진출하는 주인공이 되었다. 제과시장 자유화 조치 이후 다수의 일본 업체들이 고전한 것과 비교하면 롯데의 대응전략은 성공적인 결과를 가져왔다.

그 무렵 나는 해외시장 개척에도 힘을 쏟았다. 어차피 내수시장에서 외국 메이커들과 경쟁해야 한다면 그 경쟁력으로 일본 밖의 시장을 개척해 시장을 넓혀 보자는 생각이었다. '세계인의 입맛을 사로잡는 롯데!'가 당시 내가 추구한 목표이자 경영의 화두였다.

이러한 기조 아래 1968년 1월 태국 수도 방콕에 주재원 사무소를 개설하고, 7월에는 무역 업무를 취급할 〈롯데물산(주)〉을 설립했다. 9월에는 영국의 데이비보그 사를 통해 홍콩시장에서의 판매도 시작했고, 1970년 1월에는 해외 현지법인 〈태국 롯데〉를 설립했다. 1968년 8월 이란과 추잉껌 공장 수출 계약을 체결한 데 이어, 1972년 3월에는 폴란드와 공장 수출 계약도 성사시켰다.

해외시장 개척에 징검다리가 될 각종 전시박람회 행사에도 적극 참여해 제품을 홍보했다. 1970년 3월 열린 오사카 엑스포EXPO를 필두로 7월에는 미국 로스앤젤레스, 8월에는 독일 함부르크, 9월에는 독일 뮌헨의 식품전시회에 참가했다. 때맞춰 롯데의 세일즈맨들은 동남아시아, 중동, 아프리카 등의 개발도상국은 물론 추잉껌의 왕국인 미국, 초콜릿과 캔디의 본고장인 유럽에도 진출해 활발하게 시장을 개척했다.

아이스크림 시장 진출

1969년 무렵 일본의 아이스크림 시장은 초콜릿 시장보다도 큰 연간 약 700억 엔 규모였다. 제조업체 수는 1천여 개인데, 7개 대형업체가 64%, 나머지 중소업체들이 36%의 시장을 점유하고 있었다.

아이스크림은 4~9월의 6개월 동안 전체의 84%가 집중 소비되는 계절상품으로, 연간 소비량은 1인당 6리터 정도였다. 하지만 미국에서는 4~9월 집중도가 60%였고, 1인당 소비량도 15리터에 달했다. 미국의 경우를 봤을 때, 나는 머지않아 일본에서도 아이스크림을 사시사철 먹게 될 것이라고 예감했다. 게다가 롯데의 주력제품인 초콜릿이 여름철에는 비수기여서, 연중 고른 매출을 올리기 위해서는 여름 성수기 제품인 아이스크림을 생산할 필요가 있었다.

나는 아이스크림 시장에도 진출하기로 결심하고, 아이스크림의 본고장인 이탈리아를 비롯해 영국, 덴마크, 미국에서 기술자를 초빙하여 연구를 진행했다. 그리고 이탈리아 계열의 제품 중에서 일본 소비자들의 입맛에 맞는 것을 고른 후 이를 개량하여 롯데 아이스크림 34종을 한꺼번에 개발했다. 대부분의 제품이 식물성 지방을 사용했으므로 유제품이라기보다는 신선한 냉과라는 점이 특징이었다.

1972년 3월, 아이스크림 제조설비를 완공했다. 냉동고는 제품 특징에 맞춰 미국, 덴마크, 미국, 영국제 등으로 세세하게 분류했다. 이어 1972년 2월 특약점을 대상으로 공장 견학과 신제품 설명회, 축하파티를 열고, 3월 3일에 간토와 간사이 양 지역을 시작으로 본격적인 판매에 들어갔다.

발매 초기에는 부진을 면치 못했다. 최고의 설비와 원료, 첨단기술을 결집한 제품이지만 아이스크림은 롯데에게 미지의 세계였던 것이다. 더욱이 한꺼번에 34종의 신상품이 나온 것도 판매현장에서는 부담이 되었다. 그러나 얼마 후 아이스크림 성수기에 접어들면서 급속도로 인기가 높아졌다. 수요가 폭발적으로 증가하는 바람에 이번에도 공장 증설을 검토해야 할 정도가 되었다. 아이스크림 분야에서 또 하나의 성공사례가 만들어지기 시작한 것이다.

외식 사업·음료·비스킷으로
넓어진 보폭

외식 체인사업 밑그림 그린 롯데리아

사업영역이 넓어질수록 고민할 일이 많아지기 마련이다. 그러나 그것 자체가 새로운 도전이고, 성공하면 성취감이 커지는 법이다. 내 경우가 딱 그랬다. 사업영역이 넓어지면서 생각해야 할 것이 많아졌지만, 그 과정에서 많은 성취감을 느낄 수 있었다. 그래서였는지 나는 비슷한 시기에 집중적으로 새로운 사업에 도전했다.

1970년 아이스크림 개발에 고심하던 때부터 나는 외식업에도 각별한 관심을 갖게 되었다. 롯데를 종합식품 메이커로 키운다는 목표를 세운 것도 이 무렵이다. 미국 식품산업의 동향을 조사해 보니 패스트푸드 사업이 유망할 것으로 보였다. 그렇다면 머지않아 일본에서도 가족들의 외식 기회가 점차 늘어날 것이 분명해 보였다.

1970~1972년 사이에 미국의 패스트푸드 전문가를 초청하여 외

식 사업 노하우를 전수받았다. 또 우라와 공장 연구실에 주방을 만들어 메뉴 개발을 시작했다.

메뉴 개발에 열을 올리던 1971년 여름에 도쿄 긴자에 맥도날드 1호점이 개점했다. 당연히 업계의 관심이 집중될 수밖에 없었다.

나는 맥도날드를 유심히 지켜보면서 미국식 체인 사업을 펼치기로 하고 1972년 2월 〈주식회사 롯데리아〉를 설립했다. 그리고 그해 7월 우라와 공장 부지에 파일럿 점포를 개설해 소비자들의 반응을 조사했다. 이를 바탕으로 9월 들어 니혼바시, 우에노, 요코하마 등 세 곳에 점포를 열었고, 그해 연말까지 14개 점포를, 1973년에는 23개 점포를 차례로 개점했다.

패스트푸드 사업을 시작하고 나니, 아침 일과를 시작하기 전에 롯데껌을 씹고 초콜릿을 먹던 것처럼 종종 햄버거를 먹는 경우가 많아졌다. 언젠가 홋카이도의 삿포로에 출장 갔을 때도 그랬다.

그날도 롯데 관련 점포 여러 군데를 둘러보고 나니 저녁때가 되었다. 관계자들은 도쿄에서 회장이 왔으니 근사한 만찬이 있겠거니 기대하는 눈치였는데, 나는 실무직원들과 함께 삿포로에 개점한 롯데리아로 가서 햄버거로 저녁식사를 하며 그들과 대화를 나누었다. 관계자들의 당황하던 표정이 지금도 기억에 생생하다.

그 후에도 나는 상담이 있는 공식 오찬이나 만찬 스케줄이 아니면 해외출장 중에도 대개 간편식으로 식사를 해결하곤 했다. 지금 생각해 보면 그때 현지 관계자들에게 좀더 맛있는 것을 대접해 주지 못한 게 아쉽긴 하지만, 당시에는 그게 편했다.

열대과일 구아바로 음료시장에 첫발을

1972년 11월에는 음료시장에 진출할 준비를 시작했다. 음료 분야는 몇 년 안에 연간 1조 엔 규모의 시장으로 커질 것이라는 게 전문가들의 분석이었다. 종합식품 메이커를 지향하는 롯데로서는 포기할 수 없는 엄청난 시장이었다.

당시 일본 음료시장의 판도를 보면, 탄산음료와 유산균음료는 독과점 경향이 뚜렷했지만 과일음료, 커피음료, 과즙이 함유된 탄산음료 등은 성장 가능성이 컸다. 따라서 롯데가 진출하기 좋은 분야는 과일음료로 판단되었다. 하지만 오렌지음료가 과일음료의 70%를 차지하는 상황에서 오렌지음료를 시작하기엔 마땅치가 않았다. 개성이 강한 제품으로 차별화를 꾀해야 했던 것이다.

세계 각지의 다양한 과일을 탐구하던 중 열대과일 구아바guava를 발견했다. 달콤한 맛과 상쾌한 향이 일품이며 혈당을 내려 주는 효능을 가져 '신의 선물'로 불리는 과일이다. 롯데는 첫 제품으로 '구아바 드링크'를 개발해 1974년 1월 시장에 내놓았다. 첫 번째 발매 지역은 홋카이도로 정했다. 영하 25도의 눈발이 흩날리는 동토凍土의 땅에 열대과일 음료를 선보인 것은 역발상과 같은 것이었다. 어느 정도 판매될지 긴장하며 지켜보았는데, 반응은 기대보다 뜨거웠다.

자신감을 가지고 그해 3월 3일 정식으로 발매에 나섰다. 때맞춰 TV, 라디오에 광고도 집중했다. 주요 도시 거점에는 자동판매기를 설치하고 시음 캠페인을 펼쳤다. 그러자 하루 만에 재고가 바닥난 도매점이 수두룩했다. 밀려드는 주문에 응하느라 생산라인을 풀가동해도 모자랄 지경이었다.

음료 분야에서의 성공 가능성이 높아지자 곧바로 '커피 드링크'를 개발해 판매를 시작했다. 커피 산지産地에서 엄선한 원두를 독자기술로 블렌딩하여 추출한 커피에 밀크를 듬뿍 넣어 깊은 향이 나는 제품이다. 그 이후에는 대표적인 과일음료인 오렌지음료도 개발하여 '오렌지 50% 드링크'를 출시했다.

'마더' 브랜드의 비스킷 출시

도쿄올림픽 이후 10년여 동안 일본경제는 깊은 불황에 빠졌다. 과자업계의 경기도 크게 위축되었다. 다만 비스킷 매출은 꾸준히 늘어나고 있었다. 매력적인 시장이지만 대기업 6곳의 점유율이 70%를 넘어 독과점 경향이 두드러졌다. 더욱이 일부 업체가 점유율을 높이려고 가격을 심하게 낮추면서 수익성이 떨어지는 문제도 있었다.

시장의 특성과 장단점을 면밀하게 분석한 후 나는 롯데의 다섯 번째 주력 생산제품으로 비스킷을 선택했다. 계절에 따른 소비량 편차가 적고, 양판점 매장의 점유공간이 넓으며, 매장에 진열했을 때 기업 이미지 홍보효과가 크다는 점도 고려한 결정이었다.

곧바로 비스킷의 명장名匠으로 통하는 라이얼 헌터 씨를 기술고문으로 초빙했다. 그는 1937년 스코틀랜드에서 태어나 비스킷 제조 분야에서만 20년 외길을 걸어온 인물이었다. 동시에 사야마 캔디 공장 인근에 35억 엔을 들여 비스킷 공장을 새로 지었다. 이 공장은 제품 보호와 위생관리를 위해 완전 공조 시스템을 갖추었고, 원료 수급에서 완제품 출하에 이르기까지 모든 공정을 컴퓨터로 제어하도록 했다.

1976년 10월 '마더mother 비스킷', '마더 초콜릿 비스킷', '초코코 비스킷' 등을 첫 발매했다. 당시 업계에서는 전립분全粒粉을 거의 사용하지 않고 있었지만, 나는 과감하게 비스킷의 원료로 배아가 살아 있는 전립분을 사용했다. 또 비스킷 브랜드를 '마더'로 정하고 부엌에서 비스킷을 굽는 어머니 모습을 '마더 마크'로 형상화해 붙였다. 자식의 건강을 기원하는 모성애를 담기 위해서였다.

비스킷 광고는 TV에 집중했다. CF 모델로는 할리우드의 인기스타 엘리자베스 몽고메리Elizabeth Montgomery를 선택했다. 일본 제품에 서양인 배우를 모델로 기용한 것은 매우 이례적인 사례였는데, 그만큼 롯데의 광고전략은 늘 기발해서 경쟁업체들로부터 시샘을 받기도 했다. 마더 비스킷은 품질이 좋은 데다 광고도 인기를 끌어 주문이 쇄도했다.

롯데 창업 30주년을 맞은 1978년. 그때까지 일본에서 만든 롯데 계열회사는 롯데상사(주), 롯데부동산(주), (주)롯데애드, 롯데물산(주), (주)훼밀리, 롯데회관, (주)롯데 오리온즈 구단, 롯데전자공업(주), (주)롯데리아 등이었다.

그 후로는 최상의 품질을 구현하기 위한 연구개발에 중점을 두었다. 특히 1983년 6월엔 연구조직을 통합해 〈주식회사 롯데중앙연구소〉로 독립시켰다. 품질을 높이기 위해서는 R&D가 중요하다는 것을 누구보다 잘 알기 때문이었다.

"롯데 연구소의 목표는 '세계 최고의 품질'이니, 그것을 위해서라면 비용에 연연치 말고 반드시 해내시오."

예나 지금이나 나는 연구원들에게 이렇게 강조한다. 연구원들은 좋은 원재료를 구하기 위해 멕시코 정글을 누비기도 하고, 제조 노하우를 배우려 유럽 곳곳의 공장에서 막노동자처럼 일하기도 했다. 그들의 헌신적인 노력 덕분에 롯데 고유의 맛이 창출되었다. 고마운 일이다.

바둑 이야기

1962년 8월 일본의 어느 신문을 보니 한국의 천재소년이 '일본 바둑계의 구도자求道者'로 불리는 기타니 미노루木谷實 9단의 문하생으로 입국했다는 소식이 실렸다. 1956년생이라 하니 만 6세였다. 조치훈趙治勳 9단 이야기다. 나 또한 바둑애호가이기도 해서 그 소년이 궁금해졌다. 또 어린 나이에 부모 곁을 떠나 낯선 이국땅에서 지낼 것을 생각하니 마음이 아프기도 했다.

며칠 후 내게 바둑을 지도하는 프로기사에게 물어보니, 조치훈 군은 8월 1일에 숙부인 조남철趙南哲 국수와 함께 일본에 왔고, 이튿날 '기타니 문하생 100단 돌파 기념대회'에서 첫 선을 보였다고 한다. 어린 소년이 의젓한 자세로 대만 출신 청년기사 임해봉林海峰 6단과 대국해 시선을 끌었고, 산케이홀에서 관전한 1천여 명의 바둑애호가들도 어린이의 선전에 환호를 보냈다고 한다.

그 무렵에 나는 가끔 바둑모임인 기회棋會를 열어 바둑 동호인들끼리 수담手談을 나누거나 때때로 프로기사를 초빙해 지도대국을 벌이곤 했다. 봄, 가을에 자체 바둑대회를 열어 입상자에게 작은 상품을 주는 이벤트도 개최했다. 이 모든 행사

비용은 내가 후원했다.

조치훈 어린이를 기회에 초대하고 싶어 수소문했더니, 부산에 기반을 둔〈국제신보〉의 이준상李俊相 도쿄 특파원이 잘 아는 사이라고 했다. 이 특파원이 부산에 살 때 조치훈 군의 아버지 조남석趙南錫 씨와 이웃이었던 인연이 있어 치훈 군이 나들이할 때 통역 겸 가이드 역할을 한다는 것이다. 이 특파원은 1962년 송년기회에 조치훈 군과 치훈 군의 친형 조상연趙祥衍 프로기사를 데리고 나타났다.

초등학교에도 들어가지 않은 어린 조치훈 군은 나이보다 훨씬 의젓했다. 특히 바둑판 앞에 앉으니 반상盤上을 뚫어지게 쳐다보는 눈매가 날카로웠다. 이날 치훈 군과 겨룰 상대는 경찰청 장관을 지낸 거물 정치평론가 미다라이 다츠오御手洗辰雄 선생이었다. 아마 5단인 미다라이 선생은 치훈 군이 자신보다 고수라며 대국 전에 머리를 숙이는 예를 갖추고 흑돌을 잡았다. 치훈 군이 불계승을 거두었다. 미다라이 선생은 지고도 파안대소했다.

"바둑을 둔 지 50년이 되는데 지고도 기분이 좋은 경험은 이번이 처음입니다. 왜냐? 이 소년이 나중에 명인, 혼인보, 기성棋聖 타이틀을 딸 것 아닙니까?"

주위의 바둑애호가들도 이 말에 모두 수긍하며 박수를 쳤다.

조상연 프로에게 치훈 군의 일상생활에 대해 물어보니 기타니 선생의 집에서 기숙하고 있다고 했다. 선생의 부인이 문하생 수십 명의 식사를 준비하는데, 문하생 대부분은 자기 형편대로 하숙비를 낸다고 했다. 하지만 일정한 수입이 없는 조상연 프로가 치훈 군의 하숙비를 부담할 처지도 못 돼 조금 난감한 상황이라고 했다.

나는 이들 형제의 생활비로 매달 2만 엔을 후원하기로 했다. 당시 2만 엔이라면 롯데의 중견간부 월급이었다. 조상연 프로는 "이 은혜를 어찌 다 갚겠느냐"며 몇 번이고 감사를 표했다.

"치훈이가 열심히 바둑 공부를 하면 되오. 절대 돈으로 갚을 생각은 하지 마시오."

그렇게 바둑을 사이에 두고 조치훈 군과의 인연이 시작되었다. 훗날 조상연 프로는 한국에 와서 〈바둑세계〉라는 잡지를 창간했는데, 그때 나는 롯데호텔 13층의 일부를 이 잡지사의 사무실 공간으로 제공하기도 했다.

언젠가 후쿠다 다케오福田赳夫 당시 재무부장관이 바둑 실력이 늘지 않아 골치라고 하소연했다. 나는 고수에게 지도대국을 받으라고 권유하면서 조치훈 군을 소개했다. 후쿠다 장관은 손자뻘인 치훈 군을 자택으로 불러 개인교습을 받았다. 주말엔 치훈 군을 자택에서 재우며 밥도 함께 먹고 바둑도 실컷 두었다고 했다. 후쿠다 장관은 내게 고맙다는 인사를 전해 왔다.

"치훈 군이 어린 나이에 얼마나 진지하게 바둑을 두는지 내가 많이 배웠소. 덕분에 내 바둑 실력도 많이 늘었어요."

후쿠다 장관은 1976년 총리가 되는데, 총리 재임 때도 가끔 조치훈 프로를 사범으로 모셨다. 어느 신문은 "한국 천재기사, 후쿠다 수상 가르치다"는 제목으로 보도하기도 했다.

조치훈 군은 11세 9개월 나이에 최연소로 입단했고, 1968년 프로기사로 데뷔했다. 그때부터 그는 일본 바둑계에서 불멸의 금자탑을 쌓았다. 1983년엔 대삼관大三冠이라 불리는 3대 타이틀, 즉 기성전, 명인전, 본인방전을 모두 석권하는 위업을 달성하기도 했다.

조치훈 프로는 큰 타이틀을 딸 때마다 나에게 인사하러 왔다. 내가 후원해 준 것이 큰 힘이 되었다며 밥을 사겠다고도 했다. 그럴 때면 나는 기분 좋게 웃으며 이렇게 말하곤 했다.

신격호 회장과 조치훈 프로

　"좋아! 상금을 꽤 받았으니까 이젠 조 명인이 밥을 사도 되겠구만! 오늘은 조 명인이 사는 밥을 먹자고. 하하하!"

　그런 날은 그와 식사하는 내내 마음이 뿌듯해지고 행복했다.

　조치훈 프로는 훗날 바둑책을 여러 권 냈는데, 그때마다 내게 그 책을 보내 주었다. 나는 그 책을 보며 바둑돌을 만지작거리는 게 취미가 되었다. 그의 대국 장면이 담긴 비디오테이프도 수시로 틀어 보았다. 그가 선물로 준 나무 바둑판은 나의 가보家寶가 되었다.

　조치훈 프로의 숙부이자 한국 바둑계의 대부인 조남철 국수도 롯데호텔에 초청해서 가끔 지도대국을 가졌다. 바쁘기로 유명한 조 국수가 나와의 인연을 소중하게 생각하며 아마 4~5단인 나와 지도대국을 펼쳐 준 데 대해 나는 늘 감사하게 생각한다. 그는 어려울 때 도와 준 게 고맙다고 하고, 나는 그런 나의 호의를 오랜 세월이 지난 뒤에도 잊지 않고 고마워하는 게 고맙다고 한다. 서로 고마워하는, 바둑이 맺어 준 좋은 인연이라 생각한다.

내 조국
대한민국에
'투자'를

5

한일 국교정상화
논의의 시작

유창순 회장과의 인연

세상 사람들은 종종 내게 재복財福이 많다고 말한다. 맨손으로 시작해서 한국과 일본에서 큰 기업을 일구었으니 그렇게 말하는 것도 무리는 아닐 것이다. 하지만 나는 그보다는 인복人福이 많은 것이라고 생각한다. 내 삶의 중요한 변곡점에서는 우연인지 필연인지 꼭 소중한 분들을 만났기 때문이다. 그런 인연이 없었다면 오늘날의 나도, 롯데도 존재하지 않을 것이다.

향서香西 유창순劉彰順 회장과의 인연만 해도 그렇다. 내가 가내수공업 수준의 껌 공장을 운영할 때 한국은행 외환과장이던 향서는 직접 그곳을 방문해 나를 격려했다. 기업의 규모보다는 '창업의 용기'를 높이 평가해 주어서 내게는 큰 힘이 되었다. 향서는 한국은행 도쿄지점장이 되어 만났을 때도 언제나 겸손한 자세였고, 나보다 나이가 세

살 위인데도 항상 나에게 예의를 갖추었다.

1918년 평안남도 안주安州에서 태어난 유 회장은 평양공립상업학교를 졸업하고 조선은행에 입행했다. 광복 후 조선은행이 한국은행으로 바뀐 뒤에도 계속 근무하며 한국경제의 한복판에 서 있었다.

20대 후반에 미국으로 유학 간 그는 1950년 8월 네브래스카주에 있는 헤이스팅스Hastings 대학 경제학과를 졸업하고 전쟁 중인 한국으로 귀국했다. 귀국 직후인 9월에는 일본에서 인쇄한 한국 화폐의 호송 책임자로 일본에 왔다. 당시 한국에서는 지폐를 찍을 수 있는 인쇄시설이 없어 일본에서 찍어야 했다. 그때 나는 유창순 회장과 처음 조우했다.

이듬해인 1951년 10월 한국은행 도쿄지점장으로 부임한 그가 1953년 10월 한국은행 뉴욕사무소장으로 임명돼 이임할 때까지 2년 동안 나는 그와 자주 만날 수 있었다. 그는 자기관리가 워낙 철저해서 사적인 부탁은 전혀 하지 않았다. 자나 깨나 한국경제에 대한 걱정뿐이었다. 나는 그의 애국심과 인품에 깊은 감동을 받았다. 앞서 말한 대로 내가 자발적으로 한국은행에 거금 6천만 엔을 예치한 것도 그에게서 감동을 받은 까닭이 컸다.

그 무렵 도쿄 일대에서 재력가로 알려진 한 재일동포가 갑자기 타계했다. 그런데 그가 가진 막대한 재산이 한국으로 들어오지 못하고 일본 땅에서 흐지부지 사라지고 말았다.

"얼마나 안타까운 일입니까? 지금 한국에서는 전후복구에 안간힘을 쓰고 있는데, 자금이 모자라 애를 먹고 있습니다. 그분이 조국에 투자할 기회를 가졌더라면 …."

"투자하고 싶어도 제도상 막혀 있지 않습니까? 한일 간 국교가 없으니 ···."

"신 사장님! 언젠가 국교가 정상화되는 그날이 오면 꼭 한국에도 기업을 세워 주십시오."

"그래야지요. 그때 많이 지도 편달해 주십시오!"

우리 둘은 한 재일동포의 죽음을 놓고도 한국경제를 걱정하며 안타까워했다.

그 후 향서는 한국은행 뉴욕사무소장을 거쳐 1957년 9월 조사부장으로 부임했다. 그리고 1958년부터는 수년째 계속된 한일회담의 대일청구권 담당 대표임무를 맡아 자주 일본을 방문했다. 덕분에 잠시 끊어졌던 향서와의 만남이 다시 이어졌다. 당시 한일회담의 한국 측 수석대표는 헌법학자이자 소설가인 현민玄民 유진오兪鎭午 고려대 총장이었다.

───────

한일 국교정상화를 바라는 사람들

당시 일본 총리인 기시 노부스케는 한일 국교정상화에 관심이 많았다. 재임기간(1957년 2월~1960년 7월) 중에 외교에 각별한 열정을 쏟았고, 제2차 세계대전 이후 일본 총리로는 처음으로 동남아 국가를 두 차례 방문했다. 아시아지역 국가들을 돕는 아시아개발기금 창설에도 앞장섰다.

기시 총리는 한국과의 관계도 개선하려고 노력했다. 하지만 한일회담이 뚜렷한 진전을 보이지 않자 사위인 아베 신타로 의원과 측근 인사들을 내게 보내 국교정상화가 성사되도록 협조해 줄 것을 부탁해 왔다. 그러나 나는 기업인일 뿐이어서 어디에 영향력을 미칠 만한 위치에 있지 않았다. 다만 양국의 우호적 관계를 열망하였기에 내 힘이 닿는 데까지 돕겠다는 생각은 가지고 있었다.

한일회담에 나선 한국대표단도 재일동포 기업인들의 의견을 파악하려고 내게 연락할 때가 많았다. 가끔 한국대표단과 재일동포 기업인이 함께 모이는 회식자리가 마련되기도 했는데, 그때마다 유창순 한국은행 조사부장은 예의 그 애국심이 묻어나는 목소리로 교포 기업인들에게 조국에 투자하라고 호소했다.

사실 국교정상화를 위한 한일회담은 꽤 오래전부터 계속되고 있었다. 하지만 1961년 5월 16일 군사정변으로 들어선 박정희 정권은 과거 어느 정부보다도 한일회담을 성사시키려는 의지가 강했다. 경제개발을 천명했지만 국내에는 별다른 개발자금이 없어 한일회담을 통해 대일對日 청구권 자금이라도 확보해야 한다는 절박함이 눈에 보이는 듯했다.

군사정권 초기 국가재건최고회의 시절이던 1961년 10월 25일, 정권 2인자인 김종필 중앙정보부장이 일본 국회의사당 총리 집무실에서 이케다 하야토池田勇人 총리를 만나 회담을 가졌다. 이어 11월 12일에는 박정희 의장이 미국 방문길에 일본을 들러 이케다 총리와 회담을 하고 총리관저에서 만찬을 갖기도 했다.

국교정상화를 향한 분위기가 점차 무르익어 가는 가운데 김종필 중앙정보부장은 1962년 11월에 다시 일본에 와서 한일회담에 대한 막후협상을 벌였다. 그는 11월 12일 밤에 오히라 마사요시大平正芳 외무장관과 단둘이서 담판을 지은 것으로 알려졌다. 이들은 양국 사이에 가장 큰 쟁점이었던 대일對日 청구권에 관해 원칙적인 합의를 보았다고 했다. 이래저래 고국에 투자할 기회의 시간이 점차 다가오는 듯했다.

"고국의 경제개발에
투자하시지요"

박정희 최고회의 의장과의 첫 만남

앞서 밝힌 바와 같이, 내가 고향을 떠난 지 21년 만에 군사정부의 초청으로 재일동포 기업인들과 함께 한국 땅을 밟은 것은 1962년 4월 20일이었다. 그때 한국 정부 요인이 나와 면담하기를 원한다며 비서관과 승용차를 보내 왔다. 그 승용차를 타고 장충동의 어느 건물에 가 보니, 박정희 최고회의 의장의 공보실장인 이후락李厚洛 장군이 있었다.

나보다 세 살 어린 이후락 공보실장은 사실 울주 산골짜기에서 함께 자란 이웃동네 후배이다. 고개 하나 너머 있는 마을이어서 어려서부터 잘 알고 지낸 사이였다. 그는 5년제 울산농업학교를 졸업했는데, 내가 다닌 울산농업실수학교와는 달랐으나 둘 다 농업학교라 학풍은 비슷했다.

내가 일본에 간 이후 교류가 끊어졌지만 그에 대한 소문은 간간이 들을 수 있었다. 농업학교를 졸업한 후에 만주에서 일본 육군 하사관 교육을 받았고, 일본 규슈의 비행학교를 마쳤으며, 광복 후에는 귀국해서 미 군정이 세운 군사영어학교를 나왔다고 했다. 울산 출신의 재일동포들 사이에서는 그가 29세에 육군 준장이 되었다는 소식이 알려지면서 '출세한 인물'로 손꼽혔다.

그는 예전처럼 나를 '행님'이라 부르며 반갑게 인사했다. 하지만 인사를 나눈 후에는 그의 입에서도 투자 이야기가 나왔다.

"한국에도 투자 좀 하이소."

"여건이 마련되모 당연히 그래야제."

"그리고… 공식 일정에는 없는데, 오신 김에 최고회의 의장님께 인사드리는 게 좋겠심더."

그가 말했다. 나는 갑작스럽게 한 나라의 최고권력자를 만나는 것이 매우 당황스러웠지만, 고향 후배인 이 실장의 안내를 받아 박정희 의장을 만났다. 박 의장은 실내에서도 선글라스를 쓰고 있다가 내가 들어가자 선글라스를 벗고 반갑게 맞아 주었다. 나는 그의 환대에 이내 안도했다.

"반갑습니다. 신 회장님 이야기를 여러 분들에게서 들었습니다."

대화 도중 박 의장은 담배를 꺼내 내게 권했다. 최근 국산 필터를 개발해 만든 '아리랑' 담배라고 했다. 나는 독한 시가를 즐겨 피우기에 아리랑 담배의 맛은 다소 심심한 편이었다. 담배를 피우며 대화를 계속했다. 그는 이내 투자에 대한 이야기를 꺼냈다.

"경제개발을 위해 신 회장님도 투자를 좀 해주십시오."

"그래야지요."

"기간산업 쪽이 취약합니다. 신 회장님이 투자할 분야를 추후 제안하겠습니다."

박 의장은 제1차 경제개발 5개년 계획(1962~1966년)에 대해 설명했다. 통계수치도 줄줄 외우고 있었다. 군인 출신이라 경제에는 문외한일 것이라 지레짐작했는데, 정작 만나 보니 그렇지 않았다. 비전도 가지고 있었다. 비로소 모국에 투자해도 괜찮겠다는 안도감이 들었다. 기간산업이 취약하다는 진단도 내가 느낀 것과 비슷해서 다행이란 생각이 들었다.

———

주일 한국대표부 마당에 나무를 심다

1963년 10월 15일, 한국에서 대통령 선거가 치러졌다. 군복을 벗고 출마한 박정희 공화당 후보가 윤보선尹潽善 후보를 15만 표 차이로 누르고 당선되었다.

박정희 후보는 1963년 12월 17일 대통령에 취임했다. 하지만 취임한 지 얼마 지나지 않은 1964년 3월, 한일회담 내용이 일부 알려지면서 대학가가 들끓기 시작했다. 대학생들은 굴욕적인 회담이라며 서울을 시작으로 전국에서 한일회담 반대시위를 벌였다. 시위가 격렬해지자 박정희 정부는 6월 3일 비상계엄령을 선포했다. 그 결과 7월 29일 계엄령이 해제될 때까지 한국에서는 집회가 금지되고 언론도 검열을 받아야 했다.

한국 내 사정이 이렇다 보니 나는 한국에 올 때마다 마음이 무겁고 답답했다. 북한조차 1인당 GNP가 300달러가 넘었고, 버마(지금의 미얀마)도 900달러에 가까운데, 한국은 여전히 100달러 남짓에 불과한 세계 최빈국 가운데 하나였다. 변변한 일자리가 없어 독일 탄광에서 일할 광부를 모집하는 데도 명문대 졸업자들이 몰려들 정도였다. 그런데도 한국은 정치적 혼란이 계속되고 있었다. 그와는 달리 일본은 1964년 10월 열릴 도쿄올림픽을 앞두고 그 준비에 한창이었다. 나도 모르게 비교가 돼 마음이 씁쓸했다.

그래도 올림픽이 열리기 얼마 전, 나는 인부 20여 명을 데리고 주일 한국대표부를 찾아가 구내 곳곳에 조경용 나무를 심었다. 올림픽이 열리면 세계의 이목이 도쿄에 집중될 텐데 한국대표부 건물 내부에 나무가 거의 없어 황량해 보였기 때문이다.

그날 나무를 심는 내내 나는 마음이 즐거웠다. 과거 울산 농업실수학교 재학 시절에 조림造林 과목을 가르친 양인석 선생님이 "나무는 심는 사람의 정성이 있어야 잘 자란다"고 강조하셨던 말씀이 생각나기도 했다. 나중에 수소문해 보니 양 선생님은 경북대 농대 교수로 재직 중이시라고 했다.

한국대표부는 도쿄 미나토港구 미나미아자부南麻布 1번지에 자리하고 있었다. 미나미아자부는 예로부터 일본의 왕족들이 살던 부촌이었는데, 그중에서도 한국대표부 건물은 원래 일본 총리까지 지낸 거물 정치인이 별장으로 쓰던 집이었다고 한다. 제2차 세계대전 이후 주인 없는 집이 되었는데, 한때 덴마크 공사의 관저로 사용되다가 1952

년 오사카의 기업인 서갑호 회장이 매입했다.

오사카에 사는 서 회장이 도쿄에 있는 이 저택을 산 이유는 주일 한국대표부에게 무상으로 제공해 주기 위해서였다. 원래 도쿄 시내의 어느 건물을 무상으로 사용하던 한국대표부는 일본 정부로부터 그곳에서 나가 달라는 통보를 받았다. 하지만 공관을 마련할 예산이 없어 거리에 나앉을 처지였다. 그런데도 한국 정부는 "대표부 경비는 재일동포들에게서 지원받아 충당하라"는 황당한 훈령을 내렸다고 한다. 그만큼 국가재정이 어렵다는 얘기였다. 우연찮게 김용식金溶植 수석공사로부터 이런 내막을 들은 서 회장이 미나미아자부에서 가장 번듯한 이 건물을 매입해 1961년 8월 15일 건물과 부지 모두를 국가에 헌납했다. 나는 겨우 식수植樹를 하는 정도의 도움밖에 되지 못했는데 서 회장은 대표부 건물과 부지를 매입해 기증한 것이다. 나라를 생각하는 서 회장의 마음은 그 정도였다.

나무를 모두 심은 후 배의환 대표부 대사에게 인사하러 갔다. 한국은행 제4대 총재를 지낸 그는 1961년 12월 주일 한국대표부 대사로 부임했다. 부임 초기에 그와 첫 인사를 나눈 이후 나는 가끔 문안 삼아 찾아가 만나곤 했다.

그는 1961년 5월 30일 한국은행 제6대 총재로 취임한 유창순 총재와 나의 인연을 잘 안다며 항상 친근감을 나타냈다. 그의 호의에 보답하는 의미로 나는 기회가 닿을 때마다 그에게 일본 측 인사들을 연결해 주고자 노력했다.

그날 그는 서갑호 회장도 언급하더니 대표부가 울주 기업인들 덕분에 체면을 차렸다며 감사하다는 말을 했다. 나는 그저 식목작업을 했을 뿐이지만 마음이 뿌듯했다.

───────

'비철금속'에서 크게 성공한 류찬우 회장

그 무렵 나와 가깝게 지낸 기업인 가운데 학록鶴麓 류찬우柳纘佑 회장이 있다. 1960년대 초에 일본으로 건너와 사업을 벌인 인물로, 사업수완도 뛰어나지만 애국심도 남달랐다.

학록은 임진왜란 때의 명재상 서애西厓 류성룡柳成龍 선생의 후손으로, 명문가 출신답게 성품이 올곧고 담대했다. 나와 나이가 비슷해서 말을 편하게 하자고 해도 그는 늘 내게 존대어를 썼다. 학록은 일본에서 알루미늄, 구리, 주석 등 금속자재 사업을 벌여 성공했다. 베트남전쟁 초기에 베트남 시장에도 진출해서 기반을 닦았다.

재일 상공인들이 박정희 대통령을 예방하는 자리에 학록과 내가함께 간 적이 있다. 대기실에서 기다리고 있는데 학록이 내게 슬며시말을 걸었다.

"제 업종을 소개할 때 뭐라고 할까요? 금속 이름을 줄줄이 들먹이기도 곤란하고…."

"그거는 류 회장이 잘 알지, 내가 뭐 알겠소?"

"신 회장님은 화공과 나왔다 아닙니까? 그러니 공학용어로…."

"아! 비철금속…."

그때만 해도 비철금속이라는 용어가 익숙하지 않았던 모양이다.

예상대로 박 대통령이 업종을 묻자 류 회장은 당당하게 '비철금속'이라 대답했다.

대화 분위기가 무르익을 때쯤, 나는 박 대통령에게 "류찬우 회장은 서애 류성룡 재상의 후손"이라고 소개했다. 그러자 박 대통령이 이순신 장군의 대첩大捷까지 거론하며 류 회장에게 관심을 보였다. 그날 만남을 인연으로 류찬우 회장은 귀국한 후 한국 정부의 제안에 따라 신동伸銅 분야에 투자해 풍산금속을 세웠다.

훗날 학록은 서애의 문집인《서애전서西厓全書》간행사업에도 기여했다. 덕분에 나도 학록으로부터 두툼한 3권짜리 책을 선물받아 서재에 꽂아 놓고 틈나는 대로 꺼내 읽었다.

국교정상화 … 모국 투자의 첫걸음

한일 국교정상화 협상 타결

1962년에 시작된 제1차 경제개발 5개년 계획(1962~1966년)은 정부의 의지에 따라 강력하게 추진되었다. 곧바로 제2차 경제개발 5개년 계획(1967~1971년)의 밑그림도 그려지기 시작했는데, 중공업 분야에 중점을 둘 것으로 알려졌다. 그에 따라서 재일동포 기업인들에게도 구체적인 투자 제안이 전달되었다.

1964년 5월 경제부총리로 발탁된 백상(百想) 장기영 부총리가 처음에 나에게 제안한 것은 방위산업 분야에 투자하라는 것이었다. 나는 완곡하게 거절했다. 아무리 고국의 경제를 위한 투자이고 수익성도 보장받는다지만 '가족의 화목과 행복한 삶을 추구한다'는 나의 기업가치에도 반하는 것이어서 무기를 만들 수는 없었다.

백상 말고도 나에게 군수산업 투자를 권하는 한국 고위층이 몇몇 있었다. 그때마다 나는 고사했다. 제철製鐵이나 제강製鋼이라면 해볼 만하다고 내심 생각하고 있었다. 그렇잖아도 가와사키川崎제철의 이사노砂野 사장이 나에게 "한국에 투자하려면 제철업을 하라"고 적극적으로 권유하기도 했다.

그러는 사이에, 그동안 지지부진하던 한일회담이 급속도로 진척돼 1965년 6월 22일 한일기본조약을 포함한 5개 협정, 이른바 '한일협정'이 타결되었다. 한일협정은 양국 국회의 비준을 거쳐 그해 12월 18일 발효되었다. 한일협정에 따라 양국은 외교 및 영사 관계를 개설했고, 주일 대표부는 주일 대사관으로 승격되었다. 재일동포들은 일본에서 영주권을 얻을 수 있는 길이 열렸다.

제2정유사업자 도전 실패

한일협정이 타결되자 한국과 일본의 교류가 활발해졌다. 이러한 기류에 맞춰 나는 대리점 점주들을 초청해 한국 여행을 시켰다. 1966년 6월 4일 제1진 130명이 일본항공 전세기 편으로 한국 땅을 밟은 것을 시작으로 제4진까지 모두 600명이 한국을 다녀왔다. 당시 한국은 일본에 비해 도시의 외양은 초라했지만 유구한 역사를 지닌 나라임을 일본인들에게 보여 주겠다는 게 내 생각이었다. 그래서 여행코스는 서울, 경주, 부여 등 자연 풍광보다는 역사 유적이 많은 지역을 중심으로 선정하고자 했다.

다른 재일동포 기업인들도 고국에 투자하려고 한국을 자주 드나

들었다. 그중에서도 서갑호 회장의 행보는 매우 빨랐다. 그는 한국산업은행이 관리하던 태창방직을 인수해 일찌감치 '판본방직'을 설립했다. 그해 10월 재산반입 방식으로 일본에서 방적기 1만 추를 한국으로 들여왔고, 1965년 8월에는 방적기 3만 추를 추가로 반입했다. 1967년 12월에는 회사명을 방림방적으로 바꾸었다.

그에 비해 나는 한동안 투자 분야를 결정하지 못하고 있었다. 그런데 1966년 5월 한국 정부가 제2정유 공장 사업자를 공모한다고 발표했다. 경제개발에 속도가 붙으면서 1964년부터 가동을 시작한 대한석유공사의 생산량만으로는 급증하는 수요를 충당하기 어려웠기 때문이다. 제2정유 공장은 민영으로 하되 정부가 사업자를 선정한다고 했다. 선정기준은 자본과 기술 단 두 가지였다.

정유 사업을 희망하는 기업인들은 저마다 외국의 자본과 기술을 도입하기 위해 미국이나 일본으로 뛰었다. 평소 정유 사업에 관심을 갖고 있던 나도 준비에 나섰다. 나는 일본 이토추伊藤忠 상사의 이토 에이사치伊藤英吉 회장을 만나 이 사업에 함께 나서기로 합의하고, '동방석유'라는 회사 이름으로 응모했다.

그 시기에 우연히 도쿄 하네다공항에서 출발하는 서울행 비행기에 서갑호 회장과 나란히 앉게 되었는데, 서 회장도 미국의 선오일Sun Oil, 콘티넨탈Continental과 손잡고 사업자 선정절차에 참여했다고 했다. 나중에 보니 응모자는 락희화학, 동방석유, 삼남석유(판본방적), 삼양개발, 한국화약, 한양석유 등 총 6개 회사였다.

1966년 11월 17일, 심사 결과 락희화학이 사업자로 선정되었다.

이에 따라 락희화학은 미국의 칼텍스와 50 대 50의 지분으로 합작해 1967년 5월 호남정유를 설립했다. 이 회사가 지금의 GS칼텍스이다.

제철 사업 길목에서
박태준을 만나다

제철 사업 제안을 받고

1966년 7월 25일부터 열흘 가까이 나는 한국에 체류했다. 그 사이에 고향 울주에도 다녀왔다. 어릴 때 살던 집은 여전했다. 아버지는 성품이 후덕한 박대방朴大芳이란 분과 재혼하여 살고 계셨다. 1952년 48세에 돌아가신 생모를 대신해 어린 동생들을 키우신 그분이 고마웠다. 나는 큰절로 고마운 마음을 표시했다.

나의 아내가 별세하고 어린 영자를 세심하게 돌봐 준 이도 새어머니였다. 덕분에 영자는 명문으로 꼽히는 이화여대 가정과에 합격할 수 있었다. 영자의 합격 소식을 들었을 때 내가 느꼈던 기쁨은 글로 다 표현할 수 없을 정도였다.

고향을 방문한 김에 나는 집 근처 문수암에 올라가 이미 고인이 된 어머니와 아내를 위한 불공을 드렸다. 훗날 나는 문수암에 100만

달러를 시주했는데, 그 후 문수암은 문수사^{文殊寺}로 격상되고 커다란
범종^{梵鐘}도 마련했다. 1988년 '부처님 오신 날'에 범종 타종 법회가 성
대하게 열려 내 마음이 매우 뿌듯했다.

고향을 다녀온 일정을 뺀 나머지 대부분의 시간은 주로 재계 인
사들을 만나는 데 썼다. 삼성 이병철 회장을 뵈었더니 울산에 짓고 있
는 한국비료 공장 때문에 눈코 뜰 새 없이 바쁘다고 하셨다.

"울산공단에 35만 평 용지를 샀다네. 작년(1965년) 12월에 착공했
는데 가장 어려운 게 무거운 기계설비를 욍기는(옮기는) 일이야. 필요
한 기계가 30만 종에 총중량이 18만 톤이나 된다카이!"

대통령 비서실장이 된 고향 후배 이후락도 만났다. 늘 단정한 옷
차림이던 이 실장은 그날도 머리에 포마드를 발라 깔끔한 모습으로
나를 맞았다. 정중한 말씨가 내 귀엔 다소 사무적인 어투로 들렸다. 예
전처럼 '행님'이라 부르면 더 편했을 것도 같았지만, 대통령을 지근거
리에서 보필하는 중책이어서 늘 긴장하며 지내야 하는 사정을 내가
헤아려야 했다.

"신 회장님 덕분에 한여름에도 시원하게 잘 지냅니다."

내가 기증한 최신식 냉난방장치를 두고 하는 인사였다. 지난번
청와대를 방문했을 때 냉난방장치가 너무 낡아 겨울엔 춥고 여름엔
무더웠던 게 안타까워 기증한 설비였다.

"신 회장님, 롯데가 한국에 투자할 업종을 제안하겠습니다. 국가
적으로 매우 중요한 분야입니다. 바로 제철 사업입니다."

"제철이라카모 엄청난 자본하고 고도의 기술이 있어야 되는데…."

"일본에서도 발이 넓으시니 잘 해결하실 것으로 기대합니다."

이미 나는 제철업에 대해 기초적인 검토를 한 바 있어 적잖이 반가웠다. 그러나 대답은 신중하게 해야 했다. 내가 잠시 망설이는 눈치를 보이자 이 실장은 김학렬 정무수석을 불렀다. 그는 재무장관을 지내고 정무수석으로 청와대에 들어온, 경제에 밝은 인물이었다. 이듬해에 신설된 경제수석으로 자리를 옮긴 것도 그만큼 경제를 잘 알기 때문이었다. 뛰어난 두뇌와 불같은 추진력을 가진 인물로도 소문이 자자했다. 깡마른 그의 몸매에서 강단이 풍겨 나왔다.

김학렬 수석은 메모지에 만년필로 '金鐵佑'(김철우)란 이름을 써서 내게 건네주었다. 달필이었다.

"신 회장님, 도쿄대학 산업기술연구소에 근무하는 김철우 교수를 만나 보세요. 제철 전문가입니다. 도쿄대학 금속공학과를 나오고 박사학위도 받은 분입니다."

"쇠 철鐵, 도울 우佑 … 본명입니까?"

"그렇습니다. 마치 우리나라 제철을 위해 태어난 분 같습니다."

"희한하네요. 이름부터 … 재일동포인가요?"

"예. 1926년 시즈오카 출생입니다."

김철우 교수와의 제철 사업 TFT

나는 일본으로 돌아오자마자 비서를 시켜 김철우 교수에게 전화를 걸게 했다. 비서는 "롯데 사장이 통화를 원한다고 말하자 김 교수가 의아해 하더라"며 전화를 연결해 주었다.

"김 교수님. 저도 한국 사람입니다. 직접 뵙고 긴히 상의드릴 일이 있습니다."

"예? 롯데제과 사장님이 한국인이라고요? 전혀 몰랐습니다. 반갑습니다. 그런데 저는 제과에 대해서는 아무것도 모르는데요."

"제철에 대해 여쭤보려 합니다. 내일 저녁쯤 볼 수 있을까요?"

약속을 잡고 이튿날 김 교수와 도쿄 시내에서 만났다. 자초지종을 설명하자 그는 일본에서 제철소 여러 곳의 고로高爐 제작에 참여한 경험이 있다며, 힘닿는 데까지 돕겠다고 했다. 우리는 의기투합하여 독한 고량주로 건배하면서 함께 도전해 보자고 다짐했다.

김 교수는 이 분야에서 세계적인 권위자였다. 일본에서 한국인에 대한 차별이 극심한 와중에도 그 차별을 딛고 일본 문부성 기술연구관 겸 도쿄대학 교수 자리에까지 오를 정도로 그의 능력은 대단한 평가를 받고 있었다.

김 교수는 후지제철 기술개발본부장이 도쿄대학 동료교수라며, 그를 통해 후지제철 나가노 시게오永野重雄 사장과 인사를 하게 해주었다. 마침 나가노 사장은 자신도 롯데 초콜릿 애호가라며 적극적으로 돕겠다고 나서 주었다. 덕분에 후지제철 기술자 22명, 도쿄대학 연구 인력 12명 등으로 TFT를 구성할 수 있게 되었다.

TFT는 연산年産 100만 톤 규모의 종합제철소 건설을 위한 기본 기술계획을 세우고 타당성 조사를 벌였다. 나는 이 조사에만 당시로서는 거금인 3천만 엔을 투입했고, 김 교수는 만사를 제치고 이 작업에 몰두했다. 나는 김 교수의 노고를 위로하려고 자주 그를 찾아가 함께 밥도 먹고 가끔 술도 마셨다. 그는 세계적인 전문가인데도 무척 겸손한 인물이었다.

박태준에게 조건 없이 넘겨준 TFT 보고서

TFT 작업이 한창이던 1967년 봄 어느 날, 김 교수로부터 급히 만나자는 연락이 왔다. 김 교수가 나에게 만나자고 먼저 전화를 한 것은 처음이었다. 연락은 항상 내가 먼저 했었다.

급히 승용차를 몰고 도쿄대학 산업기술연구소가 있는 도쿄 근교의 지바千葉로 달려갔다. 김 교수 연구실로 들어서자 뜻밖의 인물이 나를 기다리고 있었다. 짙은 눈썹은《삼국지》의 장비를 연상케 했고, 형형한 눈빛은 제갈량의 눈매 같았다. 몸에서 풍기는 분위기는 호랑이 같았다. 청암靑岩 박태준朴泰俊이었다.

"경남 양산이 고향입니다. 와세다 금속공학과에 다니다가 해방되면서 귀국했습니다. 육군 소장으로 예편했고 최고회의 의장 비서실장을 지냈습니다. 대한중석 사장을 지내다 대통령으로부터 제철소 건립 특명을 받고 지금 세계 방방곡곡을 다니고 있습니다."

그는 줄줄이 자신을 소개했다. 그런데 이미 내가 이후락 실장에게서 권유를 받고 제철 사업을 준비하고 있는데, 그도 특명을 받았다고 한다. 국책사업이라 복수複數로 진행되는 것인지 궁금했다. 뭔가 찜찜했다.

세 사람은 밤을 새며 제철 사업에 대해 이야기를 나누었다. 박태준은 애국심이 충만했고, 열정이 넘쳤으며, 대장부의 기개도 돋보였다. 이런 인물과 조우하는 게 심상치 않아 보였다. 제철 사업에서 내가 배제될지 모른다는 느낌이 왔다.

박태준의 이야기를 들어 보니 개탄스런 일이 있었다. 미국이 한국의 제철 사업에 참여하려고 안간힘을 쓰고 있는데, 미국의 US스틸US Steel이 자신들에겐 쓸모가 없어진 구식 설비와 낡은 고로를 터무니없이 비싼 값으로 한국에 떠넘기려 한다는 것이다. 박태준은 미국과 일본을 드나들며 시장상황을 조사했다. 톤당 건설비가 미국은 300달러, 일본은 180달러 꼴이었다. 더욱이 일본은 최신 설비를 제공하겠다고 했다. 이러한 조사결과를 가지고 박태준은 일본 기술을 도입하자고 주장했다. 하지만 반일감정이 고조된 때라 씨알도 먹히지 않았다. 심지어 일부 정치인은 미국과 손잡고 리베이트를 받아 정치자금으로 쓰려고 군침을 흘리고 있었다.

박태준은 미국 측 제안의 부적절함을 조목조목 지적했다. 그러자 미국은 자신들이 주도하던 대한국제제철차관단KISA, Korea International Steel Associate을 해체해야 한다며 압력을 넣었다. 세계은행IBRD의 차관사업 타당성 조사단도 부정적인 내용의 보고서를 작성했다. '한국은 제철소를 지을 능력도, 운영할 여력도 없다'는 내용이었다.

얘기 말미에 박태준은 한참을 머뭇거리다 중요한 말을 꺼냈다.

"제철 사업은 워낙 규모가 크고 공공성이 강해서 정부 주도로 하기로 결정했습니다."

"아니, 그러면 롯데는 빠지라는 겁니까?"

"그렇게 됐습니다. 죄송합니다."

"이럴 수가 …."

허탈했고 배신감이 몰려왔다. 뭔가 찜찜하다 싶었던 게 바로 이것이었다. 한동안 말문이 열리지 않아 멍하니 앉아 있었다. 그러다 문득 박태준, 김철우, 두 사람의 난처해하는 표정을 보고는 마음을 추스르기로 했다. 사업을 하다 보면 이런 황당한 일이 생길 때도 있는 법이라고 애써 자위했다.

그리고 김철우 교수에게 맡겨 8개월 동안 조사·연구해서 만든 프로젝트 보고서를 아무런 조건 없이 박태준에게 넘겨주었다. 적잖은 자금과 정성을 쏟아 만든 결과물이지만, 이렇게라도 모국의 제철소 건립에 도움이 된다면 그것으로 만족하기로 했다. 그런데도 훗날 기록으로 남겨진 한국의 제철산업사製鐵産業史에서 이 시기에 롯데가 기여한 부분이 전혀 언급되지 않은 점은 몹시 서운했다.

김철우 교수는 그 후 1971년 포항종합제철에 입사해 1989년 퇴임할 때까지 상무, 전무, 부사장 등 요직을 거치며 제철산업 발전에 큰 역할을 했다.

모국에서의 첫걸음, 롯데알미늄 창립

듣자 하니, 내가 한때 작가를 지망했고 롯데가 제과, 식음료, 호텔, 유통, 테마파크 등의 사업을 핵심으로 한다는 점을 들어 나를 '소프트웨어형' 인물로 분류하는 경우가 많다고 한다. 하지만 나는 청년시절부터 기계에 심취했고 화학공학을 전공했다. 하드웨어에도 관심이 많다는 이야기다.

한국에 투자하려고 할 때 내가 의욕을 보인 분야도 정유나 제철 사업이었다. 또 실제로 한국에서 가장 먼저 투자한 업종 역시 알루미늄 관련 제조업이었다. 롯데제과를 가장 먼저 창립한 줄 아는 사람들이 많은데, 나는 1966년 11월 자본금 500만 원으로 알루미늄박(箔)을 생산하는 〈동방아루미공업(주)〉을 먼저 설립했다. 이듬해인 1967년 4월 3일에 설립한 롯데제과보다 5개월이나 앞서 설립한 것이다. 동방아루미가 한국 롯데의 출발점인 셈이다. 껌 포장에 사용되는 은박지와 라면 포장지, 종이박스 등을 공급하기 위해 설립한 동방아루미는 나중에 롯데알미늄(주)으로 사명을 바꾸었다.

알루미늄박은 알루미늄을 아주 얇게 펼쳐 물품 포장용으로 쓰는 제품이다. 은박지라고 하면 이해가 쉬울 것이다. 1961년까지도 알루미늄박의 국내 수요는 극히 미미했다. 주로 담배 포장용으로 쓰였는데, 전량을 일본에서 수입해야 했다. 1962년 들어서야 삼진알루미늄이라는 회사가 독일제 설비를 들여와 담배 내포지를 생산했다. 그 후 과자, 식품, 의약품 등의 포장용으로 용도가 확대되었지만, 국내 기술수준은 여전히 낙후해 있었다. 이러한 상황은 1960년대 중반까지도 이어졌다.

나는 제과업을 시작하기에 앞서 모국에서의 첫 사업으로 알루미늄박 제조업을 선택했다. 일본 롯데에서 쌓은 노하우를 활용하는 동시에 오랜 파트너였던 일본제박, 대일본인쇄 등의 업체에서 기술을 도입할 수 있다는 점도 고려했다.

한일협정이 체결되기 직전인 1964년부터 나는 알루미늄박 공장건설에 관한 타당성을 검토하기 시작했다. 그리고 본격적인 사업에 대비해 1965년 초 서울대 전기공학과, 기계공학과 졸업생 4명을 일본 롯데에 입사시키고 포장용품 제조업체인 일본제박 등에서 기술연수를 받게 했다.

1966년 11월 3일 동방아루미 창립총회를 열고 한국에서의 첫 사업을 시작했다. 나와 동생 춘호가 대표이사 사장을 공동으로 맡았다. 이듬해 6월에는 독산동 516번지의 땅 5만 8천㎡를 매입하고, 11월에 알루미늄박 제조공장을 착공했다.

1966년 11월 4일 자
동방아루미공업 설립신고서

　당시 덕영알미늄이라는 회사가 일본에서 알루미늄 스트립을 수입해 13μm 두께의 알루미늄박을 생산하고 있었다. 하지만 일본인 기술자가 조업지도를 할 때만 기계를 가동할 수 있을 정도로 기술수준이 낮았다. 사정이 그렇다 보니 전매청(지금의 KT&G)은 연초용 은박지에 사용할 알루미늄박을 전량 일본에서 수입하고 있었다.

　나는 7μm 두께의 알루미늄박 제조를 목표로 삼았다. 하지만 금속가공업은 성능 좋은 기계설비가 있어야 가능하다. 그러한 기계는 당연히 값이 비싸다. 더구나 7μm 알루미늄박을 만들려면 고성능 압연기 등의 기계설비와 원재료인 알루미늄 스트립, 그리고 압연유 등의 부재료까지 모두 일본에서 수입해야 했다. 투자부담이 매우 컸다. 그럼에도 불구하고 1968년 5월 하순부터 기계를 들여오기 시작해 11월 하순에는 모든 설치를 마칠 수 있게 되었다.

시운전을 거쳐 1968년 12월 30㎛ 두께의 알루미늄박 시제품을 만들었다. 한 달 뒤인 1969년 1월 28일에는 국내 최초로 7㎛ 알루미늄박을 생산하는 데도 성공했다.

시운전을 시작한 지 45일 만에 7㎛ 알루미늄박을 만든 것은 기적 같은 일이었다. 비슷한 시기에 압연기를 증설한 일본제박보다 앞선 개가였다. 사기가 충천한 롯데 기술자들은 1969년 2월부터 본격적으로 7㎛ 알루미늄박 생산에 나섰다. 품질수준도 예상보다 빠르게 안정화되어, 일본제박과 체결한 기술제휴 계약을 1969년 11월 초에 종료할 정도가 되었다. 불과 몇 달 만에 명실상부하게 7㎛ 알루미늄박 생산의 선두주자로 부상한 것이다.

그 이후 롯데알미늄은 비약적으로 성장했다. 특히 1979년부터 1982년까지의 4년은 눈부시다 할 정도로 성장했다. 1978년 100억 원을 돌파한 매출액이 1982년 304억 원으로 증가해 연평균 31.7%씩 고성장한 것이다. 이에 힘입어 1984년 11월 30일 롯데알미늄은 제21차 수출의 날에 동종업체로는 처음으로 '1천만 불 수출의 탑'을 수상했다.

1967년 4월, 롯데제과 출범

내가 잘할 수 있는 것부터 하자

모국에 대한 투자를 결심하던 때에 내가 가장 먼저 관심을 가졌던 분야는 정유와 제철 같은 덩치 큰 사업이었다. 사업가로서의 판단이 없진 않았지만, 예전부터 한국 경제를 일으키려면 기간산업에 대한 투자가 절실하다고 생각해 왔기 때문이다.

하지만 이들 분야에 진출하려던 계획은 결국 좌절되었다. 그렇다고 해서 투자를 포기할 생각도 없었으므로 나의 고민이 깊어졌다. 많은 날들을 고민한 끝에 내가 가장 잘할 수 있는 분야부터 차근차근 해나가기로 했다. 내가 잘할 수 있는 분야는 역시 제과업이었다. 마침 한국의 제과산업은 여전히 가내수공업 수준의 소규모 업체들이 대부분이었고, 대기업은 별로 없었다.

그렇게 방향을 잡고 나니 시각이 달라졌다. 그동안에는 '모국에 대한 투자'라고 생각하다 보니 '국가경제'라는 큰 그림이 그려졌다면, 제과업을 떠올린 후에는 '국민의 삶'을 더 유심히 바라보게 된 것이다. 사실 그것은 내가 일본에서 사업을 시작할 때 생각했던 기업가치와도 일맥상통하는 것이었다. 나는 줄곧 소비자의 행복과 건강에 이바지하는 것을 기업의 궁극적 목표로 삼아 왔다.

생각해 보면, 당시만 해도 국내에는 굶주리는 사람이 적지 않았다. 기본적인 식량조차 부족했기 때문에 보릿고개가 당연시되던 시절이었다. 그러니 기호음식은 사치였고, 아이들은 간식이라는 것을 기대할 수도 없는 형편이었다.

'한국의 소비자에게도 양질의 먹거리를 제공하자!'

확고한 결심이 서자 나는 유창순 회장을 찾아뵙고 사업구상을 밝혔다. 그분은 한국은행 총재에 이어 상공부장관, 경제기획원장관 등을 역임한 터여서, 내가 편하게 만나던 동경지점장 시절보다도 훨씬 거물급 인사가 되어 있었다. 그런데도 퇴임 후에는 산골짜기 목장에 칩거하며 여전히 겸손한 자세를 잃지 않고 계셨다.

"한국에 투자하라고 오래전부터 권유하셨지요? 정유·제철 사업을 못 해서 한동안 상심했는데, 곰곰이 생각해 보니 제가 제일 잘할 수 있는 업종부터 하라는 천명天命인 것 같습니다."

"맞습니다. 제과가 얼마나 중요한 업종인데요. 자라나는 아이들 입에 들어가는 음식만큼 소중한 게 어디 있겠습니까?"

"응원의 말씀 고맙습니다. 사실, 부탁드릴 게 있어 찾아뵈었습니다. 회사 경영을 맡아 주실 분을 찾고 있는데, 장관님께서 대표이사를 맡아 주시면 안 되겠습니까? 결례인 줄 알지만 간청합니다."

"제가요?"

"믿을 분이 장관님밖에 더 있겠습니까? 큰 나라 살림을 하시다가 조그만 기업체를 경영하시자면 답답하실 겁니다만."

유 회장은 잠시 눈을 감고 마음을 정리하시는 듯하더니, 이윽고 눈을 뜨고 활짝 웃으며 대답하셨다.

"크든 작든 기업 경영은 보람 있는 일입니다. 기꺼이 해보지요."

흔쾌히 수락을 해주셨다. 나는 의자에서 벌떡 일어나 허리를 굽혀 인사했다. 그리고 마치 기다렸다는 듯이 그 자리에서 내 인감도장을 꺼내 유 회장에게 넘겨드렸다.

"이제부터는 회장님이라 부르겠습니다. 회장님이 이걸 갖고 모든 권한을 행사하십시오. 다 일임해 드리겠습니다."

이렇게 하여 1967년 4월 3일 〈롯데제과(주)〉를 설립했다. 자본금은 3천만 원. 대표이사 회장 유창순, 사장 신격호. 생산시설은 이전에 나의 동생들이 대신 경영해 온 (주)롯데의 제1공장(서울 용산구 갈월동 98-6), 롯데화학공업사의 제2공장(서울 영등포구 양평동 3가 75)을 이용하기로 했다.

회사 설립 직후인 5월에 주요 일간신문에 "약진하는 롯데"라는 제목으로 유창순 회장과 나의 인사말을 전면광고로 게재했다. 유 회장의 인사말은 다음과 같았다.

이번에 소생은 신격호 사장의 간청으로 롯데 회장직을 맡게 되었습니다. 신 사장과는 소생이 한은韓銀 동경지점장이었을 때부터 친교를 맺고 신 사장의 경영이념과 업적을 오늘날까지 20년에 걸쳐 상세히 보고 온 사이입니다. 그의 탁월한 수완과 지극히 견실한 경영은 일본의 경제계에서도 높은 평가를 받고 있습니다.

20여 년 전 적수공권赤手空拳으로 시작하여 오늘의 대大롯데를 건설하고, 연간 매출 400억 엔으로, 일본의 2대 메이커인 모리나가와 메이지를 능가한 사실만을 보아도 그의 능력과 공적을 알 수 있을 것입니다.

소생은 청을 받아 롯데의 일익을 담당하게 된 것을 영광으로 생각하고 있습니다. 신 사장과 합심협력하여 약진 롯데를 위하여 더욱더 사업을 발전시켜 이 나라 사회와 국가에도 크게 봉사하기를 원합니다.

강호제위江湖諸位의 끊임없는 애호와 편달을 바라 마지않습니다.

유 회장의 인사말 옆에 나도 간략하게 나의 경영이념을 밝혔다.

롯데는 창립 이래 8년이 되는바, 그동안 강호제위께서 베풀어 주신 애호에 충심으로 감사드리는 바입니다. 금반 사명社名을 '롯데제과주식회사'로 변경하고, 소생이 사장으로 취임하게 되었습니다. 소생은 오랫동안 일본에서 '롯데' 상표로 제과, 부동산 및 상사회사商事會社를 경영하여 왔습니다. 새롭게 '한국 롯데' 사장직을 맡게 되었사오니 조국을 장기간 떠나 있었던 관계로 서투른 점도 허다할 줄 생각됩니다마는, 소생은 성심성의, 갖은 역량을 경주하겠습니다.

소생의 기업이념은 ① 품질본위, ② 박리다매, ③ 노사협조로써, 기업을 통하여 사회 및 국가에 봉사하는 것입니다.

다행히 소생이 존경하는 유창순 씨를 회장으로 모시게 되었사오니 유 회장과 합심하여 일본에 있는 우수한 기술진을 총동원하여 품질 좋은 제품을 많이 시장에 공급해 나가겠습니다. 반드시 여러분의 기대에 부응할 수 있을 것을 확신하고 있습니다. 아무쪼록 여러분의 끊임없는 성원과 편달을 바라 마지않습니다.

———

파격적인 경품 내건 사은행사

롯데제과를 세우고 나서는 새로 생긴 회사를 어떻게 소비자에게 알릴 것인가가 고민이었다. 지난 경험으로 미루어 보니, 아무래도 창립 초기에 소비자들에게 인지도를 높이려면 경품행사가 가장 좋은 방법이라고 생각되었다.

1968년 2월, 당시로서는 파격적인 '대경품 잔치'를 시작했다. 소비자가 껌 포장지를 모아 롯데에 보내면 추첨으로 당첨자를 뽑아 푸짐한 선물을 주는 방식이었다. 방법은 단순하지만 경품으로 주는 선물을 파격적으로 구성했다. 매회 특상 1명에게 코로나 승용차 1대, 1등 2명에게 19인치 TV 1대씩을 주고, 2등 12명에게 고급 자전거 1대씩, 3등 2천 명에게는 껌 1박스씩을 증정했다. 승용차까지 내걸었으니 당시로서는 어마어마한 선물이었다.

1967년 5월 롯데제과 출범 전면 신문광고

'햇님의 일요 퀴즈'라는 사은행사도 펼쳤다. 해가 활짝 웃는 모습의 회사 마크를 앞세워 "햇님이 주신 선물"이란 캐치프레이스로 신행했는데, 이는 기업이미지를 각인시키는 데 큰 도움이 되었다. 가수 윤형주尹亨柱가 부른 "껌이라면 역시 롯데껌!"이란 CM송도 히트하면서 경품행사의 효과를 배가시켰다.

1969년 1월에는 '롯데 캔디 이름 짓기 대현상 모집'이란 이벤트를 열었다. 소비자가 직접 제품 브랜드를 작명하는 것은 당시로서는 보기 드문 일이어서 화제를 모았다. 2월 5일 공모결과를 발표하고 당선자들에게 10만 원씩의 상금을 주었는데, 이때 선정된 브랜드가 '만나', '뽀뽀나', '도리도리' 등이다.

이벤트 행사 덕분에 안정적으로 시장에 진입한 롯데제과는 창립 첫해부터 꾸준히 유상증자를 실시해 1970년 1월 27일에는 자본금을 4억 8천만 원으로 늘렸다. 증자한 자금은 양평동에 최신 설비의 새 공장을 짓는 데도 사용되었다.

주문량이 급증하자 제1공장은 일본 롯데 오가와 고이치小川港一 공장장이 직접 나서서 껌 생산설비를 보강했다. 그래도 주문량에 맞추려면 설비가 모자랐다. 더욱이 사람 손으로 일일이 포장을 하다 보니 개개인의 작업속도에 따라 하루 껌 생산량이 달라지곤 했다. 제2공장도 마찬가지였다. 제2공장은 빵, 비스킷, 캔디, 캐러멜 등 4종의 과자류를 생산했는데, 시설 수준과 제품 품질이 떨어져 만족스럽지가 않았다.

그래서 1969년 2월 서울 영등포구 양평동 4가 20번지에 대지 3,614평(11,926㎡), 건평 2,095평(6,913㎡) 규모로 새 공장을 준공했

1977년의 롯데제과 영등포 공장 전경

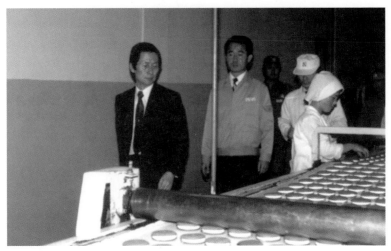

1980년대 초 제과 공장을 둘러보고 있는 신격호 회장

다. 이곳에 서독의 하막 한셀라Hammac Hansella 사가 만든 캔디 제조기 스탬핑Stamping 캔디라인과 이탈리아에서 도입한 자동혼합냉각기, 자동포장기 등 최신 설비들을 설치했다. 세계적인 제과 명장인 독일의 크라이텐Kreiten 씨를 초빙해 기술지도도 받았다.

업계 최초 '직판제'로 유통구조 혁신

롯데제과의 초창기 판매방식은 도매상에 물건을 맡기는 위탁판매 방식이었다. 도매상에게 물건을 공급하면 도매상은 자기네들이 거래하는 전국의 중中도매상에게 다시 물건을 넘겼다. 소비자 손에 제품이 도달할 때까지 그렇게 몇 단계를 거치는 구조여서 소비자가격이 상승할 수밖에 없었다.

도매상들이 물건을 고르는 기준은 품질보다는 마진이었다. 그렇다 보니 양질의 원료로 만든 좋은 제품은 생산단가가 높아져 도매상들이 기피하는 경우가 많았다. 롯데 입장에서는 아무리 좋은 제품을 만들어 소비자에게 전달하고 싶어도 중간에 그런 도매상들이 버티고 있는 한 쉽지 않은 일이었다. 판매사원들이 소매상과 직거래를 하려고 하면 도매상들이 나서서 "롯데 상품은 취급하지 않겠다"며 으름장을 놓았다. 아무래도 한국에서 제과업을 성공시키려면 고질적인 유통구조부터 뜯어고쳐야 한다는 생각이 들었다.

한창 그런 생각을 하던 1970년 7월 7일 경부고속도로가 개통되었다. 경부고속도로 개통은 국내 유통시장의 판도를 일시에 바꿔 놓는 계기가 되었다. 그때까지는 마땅한 운송경로가 없어 일부 지역에서만 판매되던 상품들이 자동차에 실려 전국으로 퍼져 나갈 수 있게 된 것이다. 자연히 도매상들의 입지가 점점 좁아졌다.

1971년, 나는 비로소 때가 되었다고 보고 직판제를 도입하기로 했다. 도매점을 거치지 않고 소매상에게 직접 판매하는 방식이다. 그때까지도 국내 제과업계에는 직판제가 없었으므로 우려하는 임원들도 있었다. 하지만 서울 일부 지역에서 시범적으로 실시해 보니 찬성하는 사람이 많아졌다. 제품을 골고루 팔 수 있고, 소매상의 불만을 직접 들을 수 있으며, 소비자 취향도 정확히 파악할 수 있다는 이유에서였다.

나와 참석자들은 직판제를 확대하기로 의견을 모았다. 그리고 배송은 주로 자동차를 이용하기로 했다. 자동차를 늘리고 연천, 강화, 수원 같은 서울 외곽의 경기도 지역으로 나가는 팀도 만들었다. 자연히

1970년대의 롯데제과 길거리 홍보 모습

판매사원도 더 많이 필요해졌다. 1972년 11월 9일 주요 일간지에 판매사원 모집광고를 싣고, 응시원서를 제출한 2천여 명 가운데 120명을 선발했다. 합격자들은 1개월 동안 판매영업에 필요한 실무교육을 받고 전국의 출장소에 배치되었다. 그들 중 10여 명은 자동차 판매사원으로 차출해 '운전판매요원driver sales man'으로 일하도록 했다.

일선판매요원direct sales man이라는 방식도 도입했다. 외진 곳의 구멍가게까지 리어카로 물건을 공급하는 요원들이다. 공채로 뽑은 직판요원 1명과 일선판매요원 서너 명이 팀을 이뤄 움직이도록 했다.

새 유통방식을 도입한 덕분에 유통경로가 대폭 축소되었다. 대금을 직접 받으니 현금 흐름도 좋아졌다. 도매상 위주로 거래할 때는 가끔 도매상이 부도를 내는 바람에 대금을 떼이는 경우도 있었지만, 이제는 그럴 염려도 없어졌다.

그 이후에는 서울, 대구, 부산, 대전, 광주 등 5대 도시에 출장소를 설치해 지방판매를 맡겼다. 1971년 4월에는 전주 출장소도 문을 열었다. 이 출장소들을 거점으로 하여 해당 지역의 도서지방이나 산간벽지에도 롯데제과 제품이 공급되도록 했다.

롯데제과, 국가대표 식품업체로

1973년 7월 8일 롯데제과는 기업공개를 단행하기로 했다. 이에 따라 12월 11일 신주 공모에 의한 증자가 이루어져 자본금이 13억 2,241만 원으로 늘어났다. 내가 생각해도 엄청난 성장세였다. 1974년 2월 16일 한국증권거래소로부터 신주 상장 통보를 받음으로써 롯데제과는 제과업계에서는 두 번째, 증권거래소에 상장된 순서로는 106번째로 기업공개 절차를 마치고 상장기업이 되었다.

1974년 12월에는 청량음료 업체인 '칠성한미음료'를 인수해 〈롯데칠성음료(주)〉라는 회사로 탈바꿈시켰다. 롯데칠성음료에서는 국민음료로 통하는 '칠성사이다'를 비롯해 '롯데오렌지' 등의 음료 제품을 생산했다.

1975년 2월 20일에는 양평동 공장에서 초콜릿 생산도 시작했다. 그 무렵 초콜릿 시장은 18억 원 규모로, 해태제과와 동양제과가 이를

1970년대 롯데칠성음료의 칠성사이다 광고

놓고 자웅을 겨루고 있었다. 제과업계에서는 껌 다음으로 시장 규모가 큰, 놓칠 수 없는 시장이었다.

롯데제과는 일본 롯데에서 명품 초콜릿의 기초를 세운 세계적인 초콜릿 기술자 막스 브락스와 일본 롯데중앙연구소 다케모리 토시오 연구원을 초빙해 기술자문을 받고, 첫 제품인 '가나 밀크 초콜릿'과 '가나 마일드 초콜릿'을 선보였다.

'가나초콜릿' 생산에 맞춰 대대적인 홍보전을 펼쳤다. 1975년 9월에는 고적대 22명으로 이뤄진 '롯데엔젤스'를 발족시켜 '가나초콜릿 시식 캠페인'을 벌였다. 동양방송TBC 후원으로 '70만 원 현상 롯데 가나초콜릿 퀴즈' 이벤트를 진행해 소비자들에게 푸짐한 사은품을 제공하는 경품행사도 빠뜨리지 않았다. 전국의 소매점주들을 초청하여 '가나초콜릿 탄생기념 대잔치'도 열었다. 이에 힘입어 '가나초콜릿'은 출

가나초콜릿 출시 광고

길거리 홍보활동을 위해 조직한 롯데엔젤스 고적대

가나초콜릿 제품발표회장에 길게 늘어선 사람들

시 1년 만인 1976년에 초콜릿 시장점유율 47.3%를 차지할 만큼 선풍적인 인기를 끌었다.

1977년 봄 롯데제과는 창립 10주년을 맞이하여 아이스크림 생산도 시작했다. 이로써 롯데제과는 껌, 캔디, 비스킷, 초콜릿, 아이스크림 등 5대 주요 품목의 포트폴리오를 완성했다.

창립 이후 지금까지 롯데제과는 우리나라 식품산업의 발전을 이

현재 롯데제과 가나초콜릿 생산라인

끌면서 대표 식품업체로 발전했다. 그동안 우리 국민에게 다양한 먹거리, 품질 좋은 먹거리를 제공하면서 회사도 발전했으니, 처음에 제과업을 선택한 것은 현명한 결정이었다는 생각이 든다.

마침내 석유화학사업 시작

호남석유화학 민영화 입찰에 참여해서

"과자 팔아 애들 코 묻은 돈이나 훑어 모으면서 무슨 고국 투자를 논하는가?"

내가 한국에서 롯데제과를 창립해 성공시키자 이렇게 비아냥거리는 호사가들이 있었다. 그 말 안에는 소비재를 가볍게 보는 인식이 깔려 있다. 특히 '먹는 것'이야말로 가장 중요한 소비재인데도 제과나 식품사업을 서자 취급하는 인식이다.

나로서는 답답하고 분통을 터뜨릴 일이다. 물론 나도 처음에는 제철·정유 사업에 대한 청사진을 제시하면서 이런 사업을 하려고 했었다. 덩치 큰 사업을 하면 고국 경제발전에 대한 기여도도 그만큼 클 것이라 생각했다. 하지만 내 의사가 아니라 정부의 뜻에 의해 꿈을 접어야 했다. 호사가들의 비아냥에 내가 울분하는 첫 번째 이유는 거기에 있다.

또 하나의 이유는 롯데제과를 창립할 당시는 우리 국민에게 품질 좋은 먹거리를 제공하는 식품회사가 절실히 필요한 때였다는 점이다. 사실 당시만 해도 대부분의 국민들이 밥 말고는 먹을 게 아무것도 없던 시절이었다. 그래서 나는 제과 사업이 정유나 제철 사업 못지않게 우리 국민에게 꼭 필요한 일이었다고 믿고 있다.

세 번째 이유는, 나는 제과 사업을 하는 동안에도 기간산업에 대한 꿈을 완전히 접지 못하고 있었다는 점이다. 실제로 나는 1977년에 반도체 분야에 진출할까 검토한 적도 있다. 언젠가 이런 구상을 친분이 있는 일본전기NEC 사장에게 밝혔더니 "롯데는 삼성처럼 반도체를 자체 수요하는 사업구조가 아니니 포기하는 게 낫다"고 조언해 주었다. 그 말이 일리가 있어 보여 이듬해에 포기했다. 하지만 다른 기간산업 분야에 참여하려는 생각은 지우지 않고 있었다.

마침내 기간산업에 참여하다

생각이 있으니 기회가 찾아왔다. 마침 정부가 여천석유화학단지의 호남에틸렌과 호남석유화학을 민영화한다며 1978년 11월 13일 주요 일간지에 매각공고를 냈다. 여천석유화학단지는 울산석유화학단지와 더불어 한국 석유화학공업을 이끌어 갈 핵심 중에서도 핵심 기간산업시설이다.

당시 호남에틸렌과 호남석유화학의 지배주주는 한국종합화학이었다. 대표는 백선엽白善燁 사장. 육군대장으로 예편하여 교통부장관을 역임한 인물이다. 그는 '한국전쟁의 영웅'답게 애국심이 투철했다. 오죽하면 나를 귀화한 일본인이라 생각했는지 나의 국적을 문제 삼아 입찰서류를 반려했다. 애써 만든 기간산업체를 외국인에게 넘길 수 없다는 논리였다. 내가 갖고 다니는 대한민국 여권을 보여 줘도 그는 수긍하지 않았다.

입찰기일인 11월 22일이 다가오는데 입찰자격을 문제 삼으니 난감했다. 나는 사람을 시켜 일본 신주쿠구청에 가서 내 주민등록 서류를 떼 오도록 했다. 그렇게 해서 가져온 내 주민등록 서류에는 이렇게 표기되어 있었다.

본명: 신격호 辛格浩

일본명: 시게미츠 다케오 重光武雄

국적: 대한민국

본적: 울주군

주민등록 서류를 바라보자니 마음 한구석에 똬리를 틀고 앉은 응어리가 느껴졌다. 일본에서 한국인으로 살아가는 것이 얼마나 힘들고 불편한지 겪어 보지 않은 사람은 모른다. 그런데도 그런 사정은 아랑곳하지 않고 한국에서는 귀화한 재일교포를 손가락질한다. 나는 귀화하지 않았지만 일본에서의 사정을 잘 알기 때문에 귀화한 재일동포를 비판하지 않는다.

일본에서 크게 사업을 하는 동포 가운데 귀화하지 않은 사람은 아마도 내가 유일하지 않나 싶다. 유명한 운동선수 중에는 야구선수 장훈張勳이 귀화하지 않았다. 내가 장훈 선수와 친한 이유도 이런 동류의식 때문인지도 모르겠다.

한국어를 능숙하게 잘하지 못하는 재일동포 2세나 3세들을 꼬집는 한국인들도 많다. 그럴 때 나는 야속함을 느낀다. 일본에 살면서 한국어에 능통하기가 쉬운 일인가. 더듬거리면서라도 몇 마디 하면 오히려 가상하다고 여겨야 하지 않을까. 정말로 답답한 것은 한국어에 서툰 재미교포 2세, 3세에게는 관대하다는 점이다.

하여튼, 나의 국적이 한국임을 입증함으로써 입찰자격이 생겼다. 가장 유력한 입찰 경쟁자는 대림산업이었다. 대림산업은 호남에틸렌과 호남석유화학을 시공한 업체여서 여러 모로 유리해 보였다.

하지만 막상 뚜껑을 열어 보니 롯데의 응찰가가 가장 높았다. 그렇다면 롯데가 두 회사를 모두 인수하는 게 당연했다. 그런데 느닷없이 청와대에서 브레이크를 걸었다. 이번에도 누군가가 국가적으로 주요한 기간산업체 두 개를 일본 자본에 넘기면 곤란하다는 논리를 편 모양이었다.

나는 청와대로 불려가서 오원철吳源哲 경제수석과 마주앉았다. 오 수석은 한국 중화학공업의 설계자로서 박정희 대통령으로부터 '오 국보國寶'라고 불릴 정도로 신망이 두터운 인물이었다. 그는 황해도 사투리로 호남에틸렌과 호남석유화학 가운데 하나만 인수하라고 권유했다. 권유라기보다는 통보처럼 느껴졌다. 세심한 검토가 필요했기에 답변을 미루고 청와대를 나왔다.

회사로 돌아와 대책회의를 가졌다. 인수작업 실무를 총괄한 임승남 사장은 호남석유화학을 인수하자고 주장했다.

"호남석유화학은 호남에틸렌에서 원료를 받아야 공장이 돌아갈 텐데, 만약에 원료를 안 주면 어떻게 할까?"

"우리가 에틸렌을 만들면 됩니다."

임 사장은 자신만만했다. 나는 고심 끝에 호남석유화학 하나만을 인수하기로 결정했다.

주력사업으로 성장한 석유화학사업

1979년 1월 30일 한국종합화학의 백선엽 사장과 롯데의 유창순 회장이 만나 주식매매계약을 체결했다. 이로써 호남석유화학이 롯데의 품 안으로 들어왔다. 내 입장에서는 오래전부터 꿈꿔 왔던 기간산업에 진출하는 것이어서 무척이나 기뻤다.

하지만 그 기쁨은 오래가지 않았다. 호남석유화학을 인수한 바로 그해 말에 2차 오일쇼크라는 암초를 만난 것이다. 원유가격이 순식간에 59%나 치솟고 물량을 구하기도 어려워졌다. 국내외 경기가 얼어붙어 제품을 만들어도 팔리지 않았다.

사정은 여천석유화학단지의 다른 업체들도 마찬가지였다. 판매가 제대로 되지 않으니 조업단축이 불가피했다. 다른 업체의 가동률이 낮아지니 원료인 올레핀을 구하기는 더더욱 어려워졌다. 심지어 새로 조성된 단지여서 단전·단수 사고도 심심치 않게 일어났고, 가동 경험

1979년 호남석유화학 주식인수

1979년 9월 호남석유화학의 첫 폴리프로필렌(PP) 제품 출하

이 모자라 뜻밖의 정지사고가 일어나기도 했다. 참으로 악전고투의 나날이었다.

연일 치솟던 원유가는 1981년이 돼서야 배럴당 34달러를 고비로 떨어지기 시작했다. 1983년 2월에는 29달러까지 하락했다. 석유화학 제품의 수요도 점차 늘어나 호남석유화학은 1983년 처음으로 흑자를 냈다. 생산량의 99.7%인 27만 5,956톤을 판매했다. 거의 정상화된 듯했다. 하지만 호남석유화학은 그 후로도 꽤 오랫동안 어려움을 겪어야 했다.

나는 이 회사를 완전 정상화하여 반석 위에 올려놓고 싶었다. 그래서 미국 컬럼비아 대학원에서 경영학 석사를 마치고 노무라증권, 일본 롯데상사에서 경력을 쌓은 차남 동빈을 1990년부터 5년 동안 호남석유화학에서 일하게 했다.

1990년대, 신격호 명예회장과 함께한 신동빈 롯데 회장

호남석유화학은 2000년이 돼서야 매출 1조 원을 넘어섰다. 그리고 2003년 말 현대석유화학을 인수한 이후에는 종합화학회사로 발돋움할 수 있게 되었다. 2004년 11월에는 고합그룹의 KP케미칼을, 2010년 7월에는 말레이시아 최대 석유화학기업인 타이탄을 각각 인수해 규모를 키웠다. 여수 공장도 증설하고 연구개발에도 투자를 확대했다. 현대석유화학에서 이름을 바꾼 '롯데대산유화'가 기존 올레핀 사업을 확장하고 'KP케미칼'은 방향족 분야로 새롭게 진출하면서, 롯데의 석유화학 사업은 여수(호남석유화학), 대산(롯데대산유화), 울산(KP케미칼) 등지에 고루 포진하며 글로벌 경쟁력을 발휘할 수 있게 되었다.

롯데의 석유화학 사업을 생각하다 보면, 롯데대산유화와 KP케미칼이 '10억 불 수출탑'을 수상한 2005년 12월 무역의 날이 떠오른다. 이날 받은 수출탑은 그동안 내수 위주로 경쟁력을 키워 온 롯데의 석유화학 사업이 마침내 수출형 사업으로 거듭날 가능성을 보인 것 같아 반가웠다.

실제로 호남석유화학은 해외사업에 적극 나서면서 2010년에는 14조 원의 매출을 올렸다. 2000년에 매출 1조 원을 넘어선 지 10년 만에 14배나 성장한 것이다. 사업 초기에 고전을 면치 못하던 회사가 이제는 그룹 내에서 유통에 이어 두 번째로 큰 비중을 차지하는 미래지향적인 회사로 탈바꿈했다. 그 미래를 보다 힘차게 열어 가기 위해 2012년에는 회사 이름을 〈롯데케미칼(주)〉로 바꾸었다.

롯데케미칼 USA 공장 전경

'나눔'은 소리 없이

1983년에 설립한 '롯데장학재단'은 국내에서 유일하게 기초과학 전공자를 중점적으로 지원하는 장학재단이다. 지식정보화 시대를 이끌어 갈 인재를 육성한다는 목표 아래 집안형편이 어려운 우수 학생들에게 장학금을 지급하는 사업을 하고 있다. 국제경쟁력을 갖춘 과학자들에게 기초자연과학 연구를 하도록 지원하거나, 벽지의 농어촌 학교에 최신 컴퓨터와 체육기자재 등을 보내는 일도 한다.

재단 설립 이후 2020년까지 지원된 장학금은 약 800억 원, 수혜자는 5만 명을 넘었다. 나의 고단했던 일본 고학시절을 돌이켜 보면, 형편이 어려운 학생들이 공부에 전념하도록 돕는 것은 보람 있는 일이라는 생각을 지울 수 없다.

재단의 장학금으로 공부한 수혜 학생들이 재단에 감사편지를 보낼 때가 종종 있다. 그 편지를 읽는 것은 적잖은 즐거움이었다. 집안형편이 아주 어려운 어느 학생이 훗날 훌륭한 과학자가 된 사실을 알게 되었을 때는 기업을 하는 사람으로서의 보람도 느꼈다.

롯데가 운영하는 재단 중에는 '롯데복지재단'도 있다. 1994년 8월에 설립한 롯데복지재단은 산업연수생으로 한국에 와 피해를 당한 외국인 근로자와 조선족 동포들을 돕는 활동을 펼친다. 롯데복지재단을 설립할 때 나는 재단설립 취지를 이렇게 밝혔다.

"우리나라에 와 있는 외국인 근로자들이 산업재해를 입고도 보상을 받지 못하는 딱한 사정이 있다고 한다. 비록 불법체류자라 하더라도 코리안 드림을 안고 온 외국인 근로자들이 서러움을 안고 돌아가게 해서는 안 된다. 산업재해로 노동력을 상실한 근로자가 많은 현실이 안타깝다. 아무런 법적 보호를 받지 못하는 이들을 제도적으로 구제하는 사업을 중점적으로 전개할 것이다."

롯데복지재단은 산업재해뿐 아니라 임금체불, 사기 등으로 피해를 당한 외국인 근로자와 조선족 동포들을 돕는 활동을 펼치고 있다. 또 보육원, 경로원, 장애인 재활시설, 소년소녀 가장 학생, 결식 학생 등으로 지원대상을 넓혀 가고 있다.

롯데복지재단의 외국인 노동자 지원

롯데복지재단은 나의 뜻에 공감한 노신영(盧信永) 진 국무총리(國務總理)가 재단 이사장직을 수락해 주신 덕분에 뜻깊은 출발을 할 수 있었다. 총리까지 지낸 분에게 조그만 재단을 부탁드리는 것이 송구스럽다고 걱정을 했더니, 오랜 지기(知己)이자 노 전 총리와 사돈관계인 풍산그룹 류찬우 회장이 내게 해준 말이 기억에 남는다.

"그분이 외모는 귀족적이어도 이북에서 내려와 고구마장사 해가며 공부한 고학생 출신이라 합니다. 공익사업에 헌신할 겁니다."

실제로 노 전 총리는 이사장직을 맡아 롯데복지재단과 롯데장학재단을 공평무사하게 잘 운용하셨다. 나는 재단 운용에 대해 일체 관여하지 않았다. 매년 재단 운용실적을 이사장이 나에게 보고하는 절차가 있는데, 그러한 절차조차도 그분에게 결례가 되는 듯해서 실무자 보고로 대체하고 둘이서 두어 시간 환담하며 식사하는 시간으로 활용했다.

1988년 서울올림픽에서 꼬마 호랑이 '호돌이'가 공식 마스코트로 채택되었다. 하지만 정작 국내에는 한국 호랑이가 한 마리도 없다는 사실이 언론에 보도된 적이 있다. 당시 동물원에 있는 호랑이는 벵골 호랑이 종류뿐이었다. 수소문해 보니 미국 동물원에 한국 혈통 호랑이가 있었다. 세 마리를 구입하여 1986년 9월 서울대공원에 기증했다. 이들 호랑이는 한국전쟁 때 생포돼 미국으로 데려간 한국산 호랑이의 5대 손으로 알려졌다.

멀리 보고 함께 가는 길, 그것이 진정한 기업의 길이라고 믿는다. 롯데는 더 많이 나누고 더 많이 봉사하는 미래를 지향할 것이다. 나는 결코 나의 재력을 과시하기 위해 기부나 봉사 사업을 벌이지 않는다. 기업을 영위하는 목적은 궁극적으로는 돈이 아니라 사람을 행복하게 하는 것 아닌가.

나는 장학·복지재단 활동을 자랑하지 않았다. 마음이 시켜서 하는 일이지 남

1986년 신격호 회장이 서울대공원에 기증한 한국 호랑이

에게 과시하기 위한 활동이 아니기 때문이다. 누군가를 돕는 일이 앞으로도 자랑

거리처럼 떠들어지지 않았으면 좋겠다. 도움을 받는 사람들 입장에서 보면 더더

욱 그럴 것이다.

'롯데호텔'
브랜드로
호텔업 진출

6

"반도호텔을 맡아 주시오!"

주일 대사 시절의 이후락 후배

이후락 대통령 비서실장이 1970년 2월 주일 대사로 부임했다. 그는 박정희 대통령에 대한 충성심이 지극하고, 온 국민이 다 알 만큼 권력 실세로 유명했다. 그러나 재일동포 기업인들은 이후락 대사의 그런 위치를 굳이 의식할 필요가 없었다. 더욱이 나는 그와 어린 시절 고향 동네에서부터 알던 사이라 격의 없이 지낼 수 있었다.

물론 그가 일본에서는 한국을 대표하는 외교관인 만큼 나도 공식 석상에서는 경어를 썼다. 이게 버릇이 되어 사석에서도 경어를 쓸 때가 있는데, 그럴 때마다 그는 손사래를 쳤다.

"행님, 여서는 말씀 낮추이소."

이 대사와 가끔 주일 대사관 부근에 있는 '이즈미^泉'라는 소박한 초밥집에서 만나곤 했다. 우리의 화제는 주로 어릴 때 살던 고향 울주·울산에 관한 이야기였다. 울산공업단지가 들어서면서 울산이 한국 경제의 심장이 된 사실에도 우리는 무척 고무되었다.

언젠가 이즈미에서 저녁식사를 하고 심심풀이로 화투놀이를 했는데, 한 사람이 모자라자 이 대사는 초밥집 주인을 방에 들어오라 해서 함께 놀았다. 그는 그런 소탈한 면모도 지닌 인물이었다.

———

세계적으로 손색없는 관광호텔을

1970년 11월 초 어느 날 이 대사가 나를 대사관으로 불렀다. 일과가 끝날 무렵이어서 이즈미 일식집에 초밥 도시락을 주문하여 같이 저녁을 먹었다. 도시락을 먹은 후 이 대사가 말문을 열었다.

"며칠 후에 잠시 귀국합니다. 제가 귀국할 때 행님도 함께 서울에 가입시더."

"뭐라꼬? 내가 와(왜) 가노?"

"각하께서 뵙자고 하심더."

대통령이 나를 보자고 한다니 뭔가 중요한 얘기가 있는 것 같았다. 아마도 투자 건이 아닐까 짐작되었지만, 그 이상은 알 도리가 없었다.

1970년 11월 13일 나는 영문도 모르고 이 대사의 귀국 비행기에 함께 몸을 실었다. 김포공항에서 청와대로 직행해 박 대통령을 만났다. 대통령은 어색한 분위기를 없애려 나에게 담배를 권했다.

"'청자' 담배인데 맛이 그런대로 괜찮을 겁니다."

"담뱃갑 디자인이 멋집니다. 황금빛 바탕에 청자 그림이 잘 어울립니다."

"요즘 인기가 좋아 품귀현상까지 빚어진다고 합니다."

대통령은 이런저런 일상 이야기도 하고 일본에서 사업하기가 어떤지도 묻고 하더니, 담배를 한 모금 깊이 빨고 연기를 내뱉으며 기다리던 본론을 꺼냈다.

"긴히 부탁드릴 일이 있습니다. 반도호텔…아시지요?"

"예? 예, 알지요. 오늘 저녁에도 거기서 묵을 예정입니다만…."

"지금 관광공사에서 맡고 있는데 적자 때문에 골칫거립니다. 신회장이 반도호텔을 맡아 주시지요."

" …… ."

"건물이 너무 낡았는데 이왕이면 최신식으로 새로 지으면 좋겠습니다. 외국 손님들이 한국에 몰려오는데 새로 지은 조선호텔 하나만으로는 모자랍니다. 옆에 있는 국립도서관도 불하해 줄 터이니 도서관 터를 포함해서 세계 어디에 내놓아도 손색없는 관광호텔을 지어 주시오. 정부에서 할 수 있는 모든 지원을 해드리겠습니다."

나는 그저 듣기만 했다. 대통령은 머릿속에 그림을 다 그려 놓은 듯 술술 이야기를 이어 나갔다.

최고권력자가 직접 불러 투자를 제안하는데, 거절하기가 곤란했다. 그렇다고 해서 선뜻 수용하기도 난감했다. 호텔업은 전혀 생각해 본 적이 없는 생소한 분야였기 때문이다. 호텔에 투숙하는 일이야 익숙하지만 호텔 이용과 호텔 사업은 별개이다.

잠시 생각에 잠기느라 묵묵부답으로 있었더니 배석한 이후락 대사가 눈을 껌벅거리며 얼른 '오케이' 대답을 하라고 신호를 보냈다.

"예. 알겠습니다."

엉겁결에 대답을 했다. 대통령 면전에서 이렇게 대답했으니 꼼짝없이 호텔 사업을 벌이게 생겼다.

숙소인 반도호텔로 돌아오는 내내 심경이 복잡했다. 호텔에 도착해서도 한참이나 호텔 안팎을 천천히 걸으며 고심했다. 예전엔 그렇게 호화롭게 보이던 호텔이 이제 와서 살펴보니 무척이나 낡아 보였다. 선진국의 특급호텔에 비하면 부끄러울 정도였다. 반면에 1914년 완공되어 반도호텔과 쌍벽을 이루던 조선호텔은 옛 건물을 허물고 1970년 3월에 새로 개관해 꽤 화려해 보였다. 대통령은 반도호텔에서도 그런 환골탈태를 기대하는 모양이었다.

_____

근·현대사의 현장이었던 반도호텔을

특급호텔 이용객들은 대체로 숙박료나 식음료값이 꽤 비싸다고 생각한다. 하지만 호텔 운영자 시각에서는 좀 다르다. 우선 호텔 건축비와 유지비가 엄청나다. 하지만 대규모 투자에 비해 수입은 미미하다. 때문에 투자분을 모두 회수하려면 수십 년의 기간이 필요하다. 영업이 잘되지 않으면 영영 회수하지 못할 수도 있다. 그러니 오래 버틸 자본력이 없거나 저금리의 차입금으로 버티지 못하면 호텔 사업에서 성공하기 어렵다.

공실이 많으면 유지관리비조차 벌지 못한다. 최악의 경우 손님이

1명뿐이라도 호텔 종업원 수백 명이 근무해야 한다. 한마디로 말해서 호텔업은 리스크가 너무 크다. 그래서 나는 호텔업은 일종의 장치산업이라고 생각한다.

내가 호텔업을 시작한다고 하자 세간에서는 정권으로부터 무슨 특혜나 받은 것처럼 의혹의 눈길로 바라봤다. 호텔업의 특성을 모르는 시각이다. 당시 롯데의 규모로 봐서는 사운(社運)을 걸어야 할 만큼 큰 사업이다. 게다가 사업전망도 불투명했다. 어설프게 했다가는 큰 낭패를 볼 수도 있는 상황이었던 것이다.

과정이야 어찌되었든, 호텔 사업을 하게 된 이상 제대로 해야겠다는 생각이 들었다. 게다가 내 성격인지는 모르겠지만 열정도 불타올랐다. 새삼 돌아보니 대통령 말마따나 번듯한 호텔 하나 없는 것도 안타까웠다. 당장 내가 묵고 있던 반도호텔만 해도 누추해 보일 정도이니 국정 최고책임자가 직접 나서서 호텔 건립을 제안한 것도 이해가 갔다.

굳이 애국심이라는 말까지 들먹이고 싶지는 않다. 회사 전체의 운명을 걸어야 할 수도 있는 일을 단지 애국심만으로 할 수 있는 것은 아니기 때문이다. 다만 외국인들이 모국을 방문했다가 묵을 곳이 없어 실망하고 돌아간다는 생각을 하니 자존심이 상했다.

그래서 이왕 호텔을 짓는다면 세계 정상급으로 세우고 싶어졌다. 오랜 고심 끝에, 나라의 자존심도 세우고 롯데의 이름도 높일 수 있도록 문화유산처럼 오래도록 남을 수 있는 명문 호텔을 짓기로 결심한 것이다.

이때부터 나는 호텔에 몰입했다. '호텔이란 무엇인가?'라는 가장 기본적인 개념부터 호텔의 역사와 사회·경제적 역할까지도 두루 생각하고 공부했다. 미국 아이비리그 명문인 코넬대학에는 1922년에 이미 호텔경영학과가 개설됐다는 사실도 처음 알았다.

반도호텔은 1938년 4월 1일 개관했다. 지하 1층, 지상 8층에 111실을 갖추었다. 개관 당시에는 국내 최대이자 아시아에서 4번째로 큰 건물이었다. 주인은 일본인 노구치 시다가후野口遵로, 조선 땅에서는 당대 최고의 부자였다. 그는 흥남에 있는 세계 최대의 질소비료 공장과 압록강의 수풍댐 수력발전소를 지어 관리하는 회사의 소유주이기도 했다.

개관 당시 반도호텔의 인테리어는 세계 최고 수준이었다. 미국에서 유행하던 시카고파派의 루이스 설리반Louis Henry Sullivan 양식을 본떠 창을 배치하고 조선식 기와를 얹어 개성을 살렸다. 건물의 활용도를 높일 수 있게 1~5층은 사무실, 6~8층은 호텔 객실로 사용했다. 결혼식장, 위스키 바, 사교실, 레스토랑 등을 갖추어 고급 문화공간으로도 주목을 끌었다.

1945년 8월 이후 미군정 최고책임자로 부임한 존 하지John Hodge 중장은 반도호텔을 집무실 겸 숙소로 삼아 이용했다. 미국 제24군단 사령부도 이곳을 사령부 사무실 겸 장교숙소로 썼다. 이승만, 김구金九, 김규식金奎植 등 수많은 정치지도자들은 반도호텔에서 하지 사령관을 만나 정치 현안을 논의하곤 했다. 1948년 대한민국 정부 수립을 준비하던 여러 회의들도 주로 반도호텔에서 진행되었다.

1950년 6월 25일 한국전쟁이 발발했을 때는 25일부터 사흘간 반도호텔에 뉴스센터가 설치돼 시시각각 전황을 알리면서 유엔군의 참전을 촉구하는 임시방송국 역할을 했다. 인천상륙작전에 성공한 유엔군과 국군이 1950년 9월 28일 서울을 수복하고 태극기를 건 곳도 중앙청, 서울역, 그리고 반도호텔이었다.

1960년 자유당 정권의 제2인자이던 이기붕李起鵬 부통령은 반도호텔 809호를 전용사무실로 사용했고, 1960년 4·19 혁명 직후 장면 총리도 808호와 809호를 집무실로 사용했다. 반도호텔이 우리나라 근·현대사에서 중요한 역사적 현장이었던 셈이다.

한국관광공사가 정부로부터 반도호텔을 사들인 것은 1963년 8월 5일이었다. 그 이후 한국관광공사는 외화 획득과 관광산업 활성화를 목표로 삼아 반도호텔 경영에 애를 많이 썼다. 그러나 반도호텔은 별다른 수익을 내지 못하고 고전했다. 1970년 1월 17일 새벽에는 반도호텔 앞 반도조선 아케이드에 불이 나 아수라장이 되기도 했다. 정부는 고심 끝에 반도호텔을 민영화하기로 하고 롯데를 인수자로 지목한 것이다.

비원 프로젝트

롯데호텔 건설 프로젝트의 시작

어느 날 갑자기 나는 반도호텔을 허물고 그 자리에 새로운 호텔을 짓는 '역사적 과업'을 짊어지게 되었다. 젊었을 때 명천으로 가는 길에 보았던 그 호텔과 이렇게 '재회'를 하니, 어쩌면 이것은 나의 소명인지도 모르겠다는 생각이 들었다.

1973년 1월 2일, 나는 반도호텔 회의실에서 몇 분의 건축가들을 모셔 놓고 호텔 건립에 대해 논의하는 킥오프^{kick off} 회의를 가졌다. 신주쿠 게이오플라자호텔을 설계한 카지마건설의 에이스 건축가 무네나카 씨, 롯데 우라와 공장의 사무동을 설계한 청년 건축가 오쿠노 쇼^{奥野翔} 씨 등이 참여했다.

"지금 우리가 회의하고 있는 이 반도호텔을 허물고 이 자리에 새 호텔을 지을 계획이오. 단순히 호텔 하나를 신축하는 게 아니고 백화점, 오피스까지 함께 건설하는 복합개발로 진행할 생각이오. 호텔 객실 수는 1천 실, 높이는 40층이오."

자리에 있던 건축 전문가들의 눈이 휘둥그레졌다. 그들은 토론과정에서 내 발언에 대한 반론을 쏟아 냈다.

"한국의 경제규모를 감안하면 객실은 500실이 적정합니다."

"복합개발은 무리예요. 세계적으로도 사례가 별로 없습니다."

"복합개발을 하면 호텔 투숙객은 쇼핑객이 붐비는 백화점을 싫어하지 않을까요? 쇼핑객은 호텔이 필요 없을 것이고요."

대체로 이러한 의견들이었다. 나름대로 타당성 있는 지적이었지만, 나는 확신을 가지고 이렇게 대답했다.

"서로 다른 업종이라도 한데 모이면 손님을 더욱 끌어 모으는 집객력集客力이 생길 것이오. 그게 바로 시너지 효과요. 호텔 투숙객은 백화점에서 쇼핑을 즐기고, 쇼핑객은 호텔 레스토랑이나 커피숍을 이용할 것이오."

결국 나의 뜻에 따라 무네나카 씨와 오쿠노 씨가 사흘 밤낮을 꼬박 매달려 기본적인 얼개를 만들어 냈다. 나는 이들에게 2주 안으로 더욱 구체적인 플랜을 만들어 달라고 부탁했다. 대통령께 보고할 것이라고 했더니 전혀 예상치 못했는지 그들도 놀라워했다.

얼마 후 그들은 기본 스케치를 만들어 왔다. 호텔 앞면이 약간 곡면을 이룬 모양이었다. 나는 이것을 들고 청와대에 들어가 박정희 대통령에게 보여 주며 복합개발의 의미를 설명했다. 박 대통령은 호텔 스케치를 유심히 보더니 말문을 열었다.

"새로 지은 조선호텔과 모양이 흡사하네요."

나는 아무 대답도 하지 못했다. 새삼 다시 보니 내 눈에도 그렇게 보였다. 굳이 그렇게 곡면으로 만들 이유가 없었다. 공법만 복잡해질 뿐이었다.

"디자인을 고치겠습니다."

나는 다시 숙제를 받아 든 기분으로 청와대를 나왔다.

'비원 프로젝트'로 밑그림을 그리다

나는 곧바로 호텔 프로젝트를 '비원 프로젝트'로 명명하고, 이 프로젝트를 담당할 인재 20명을 뽑아 팀을 구성했다.

비원 프로젝트 팀은 내가 생각하는 호텔 건립 의도를 반영해 작업을 시작했다. 그리고 21,460m² 면적의 대지에 지상 33층, 지하 3층, 객실 1,205실 규모의 건물을 세우는 것으로 기본구상을 정리했다. 투자금액은 4,800만 달러, 공사기간은 32개월로 잡았다.

1973년 2월 26일 호텔설립추진위원회를 발족했다. 호텔 건립자금은 일본에서 차관으로 들여오기로 했다. 이를 추진하면서 법인명을 '주식회사 비원'에서 〈(주)호텔롯데〉로 변경했다.

건설부는 1973년 8월 1일 반도호텔 일대를 '반도 특정가구街區 정비지구'로 지정했다. 반도호텔과 동국제강, 산업은행, 중화요리점 아서원, 반도조선 아케이드, 소공동 일대 일부 사유지 등이 그 대상이었다. 국립도서관은 남산으로 이전할 계획이라고 했다.

지상 33층, 지하 3층으로 구성된 비원 프로젝트의 초기 단면도

　그 무렵 김종필 총리도 대통령의 특명을 받아 롯데호텔에 관심을 갖기 시작했다. 어느 날 총리실에서 나를 부른다기에 호텔 건립 기본 구상안을 가지고 총리실을 방문했다. 김 총리가 이를 훑어본 다음 격려의 말을 해주었다. 양택식 서울시장에게 롯데에 대한 지원을 아끼지 말라고 지시해 놓았다는 말도 했다. 그러더니 불쑥 새로운 의견을 내놓았다.

　"이왕이면 45층쯤으로 지으면 어떻겠습니까? 1971년에 준공된 일본 신주쿠 게이오플라자호텔이 47층이지유?"

"예."

"거기 가보니 최상층에 전망대를 만들어 놓고 대단하데유. 우리도 그런 걸로….”

나는 검토해 보겠다 말을 하고는 총리실에서 나왔다. 그 후에도 김 총리는 몇 차례 더 45층 건설안을 제안했다. 아마도 기왕 짓는 것이라면 세계적인 명물을 만들어 보자는 뜻이었을 것이다.

흔히 영문 이니셜 JP로 통하는 김종필 총리는 재임 중 도쿄에도 몇 번 들렀다. 일정에 약간이라도 여유가 생기면 숙소인 데이코쿠호텔에서 바둑을 두는 경우가 많았다. 아마 5단인 그의 바둑은 속기 스타일이었다. 한 판을 두는 데 20분도 채 걸리지 않았다.

바둑만이 아니었다. 아마추어 화가이기도 한 그는 미술 분야에도 조예가 깊었다. 작품을 보는 눈썰미가 좋았고 색채와 조형감각도 뛰어났다. 세계적인 유명 호텔의 인테리어나 건축 디자인에 대해서도 장단점을 지적할 정도였다. 덕분에 새로 호텔을 지으려는 나는 유익한 조언을 종종 들을 수 있었다.

1974년 6월 8일 롯데는 한국관광공사로부터 반도호텔을 정식으로 인수했다. 하지만 민영화 계획 발표 이후부터 정식 인수에 이르기까지의 과정이 순탄치만은 않았다. 반도조선 아케이드 상인들이 반대 시위를 벌이고, 호텔 종업원들도 거세게 반발했기 때문이다. 한국관광공사도 묘안을 찾지 못했다.

결국은 내가 결단해야 했다. 모국의 경제발전을 위한 투자라고는 해도 서민들에게 피해를 주어서는 안 될 터였다. 나는 호텔 종업원들에게 적잖은 퇴직금을 주기로 했다. 철거상인들에게는 이주비 명목으로 5천만 원을 지급하고 호텔 건립 후 상가를 우선 분양한다는 조건을 제시했다. 당시 서울 동작구의 92㎡ 아파트 분양가가 820만 원이었으니 무려 6채 가격에 해당하는 금액이었다. 강제철거라는 무리수를 두지 않고 충분한 보상을 제공하면서 일을 추진했더니, 호텔 완공 후에 '롯데 1번가'에 입주한 상인들은 호텔롯데 측에 감사패를 증정하며 화답해 주었다.

세계적인 명문호텔 답사여행

나는 오로지 최고의 호텔을 짓겠다는 열망을 안고 수시로 세계 유수의 호텔들을 답사했다. 뉴욕, 파리, 런던, 로마, 베네치아, 빈, 애틀랜타, 라스베이거스, 로스앤젤레스 등지를 돌며 호텔의 외관을 살피고 직접 투숙해 서비스를 체험해 보았다.

대부분의 답사여행에 건축가 오쿠노 씨가 동행했다. 일본 리카대학을 졸업하고 1969년 오쿠노 쇼 건축연구소를 설립한 그는, 그 후에도 오랫동안 롯데의 여러 프로젝트에 참여하며 건축분야에서 나의 사부師傅 역할을 했다.

답사여행 중에 특히 눈길이 머무른 곳은 뉴욕 파크 애비뉴에 우뚝 솟아 있는 월도프-아스토리아호텔이었다. 무려 2,200실로 세계 최다 객실을 보유한 이 호텔은 규모뿐만 아니라 인테리어와 서비스 측면에서도 최고 수준이었다.

파리에서는 리츠호텔에 묵으며 안팎을 살폈다. 전설적인 호텔 경영인 세자르 리츠César Ritz의 정신이 밴 곳이었다. '손님은 왕!'이라는 구호를 창안한 사람도 바로 그라고 한다.

1898년 319실 규모로 개관한 런던의 사보이호텔은 영국 사교계의 본산이라 할 수 있다. 호화로운 연회가 줄지어 열리고 숱한 명사들이 초대된다. 개관 초기에는 명 셰프인 오귀스트 에스코피에Auguste Escoffier가 품격 높은 요리로 손님들을 사로잡았다. 키가 작은 그는 기다란 모자를 썼는데, 오늘날 요리사의 상징인 긴 모자는 여기서 비롯된 것으로 알려져 있다.

런던의 트라팔가 광장에 가니 수많은 시민들이 모여들어 한가로운 시간을 보내고 있었다. 서울 시내에는 이런 공간이 거의 없다는 생각이 들었다. 나도 롯데호텔 주변에 이런 광장을 만들고 싶어졌다.

런던에 간 김에 맞춤양복 가게가 즐비한 새빌 로Savile Row 거리에서 양복을 한 벌 맞추었다. 고급 호텔을 짓기 위한 마음의 준비라고 자기합리화를 하면서 오랜만에 호사를 부려 보았다. 남자가 명품 양복, 시계, 와이셔츠, 구두, 벨트 등에 사치를 부리기 시작하면 적지 않은 돈이 들기 마련이다. 나는 체질적으로 그런 데 별 관심을 두지 않고 살아왔다.

1980년대 즈음 미국의 경영전문잡지 〈포브스Forbes〉는 세계 5위권 부호 중 한 명으로 나를 꼽은 적이 있다. 그렇지만 나는 휴지로 코를 풀 때도 한 장을 반으로 나눠 두 번 쓴다. 와이셔츠도 소매 끝이 닳을 때까지 입는다. 물자가 부족한 시절에 자라서 그런지 근검절약이 몸에 밴 모양이다.

경부고속도로 건설비와 맞먹는 투자금

비원 프로젝트 팀의 구상을 좀더 다듬어서 최종안을 마련했다. 호텔의 규모는 지상 37층, 지하 3층, 옥탑 4층으로 짓기로 했다. 객실 수는 976실(유닛 수로는 1,019실), 레스토랑과 음료 바는 18개, 쇼핑아케이드는 120개 점포로 구성했다. 부속건물은 지상 25층, 지하 3층, 옥탑 2층으로 잡았다. 어마어마한 규모임에 틀림없었다. 하지만 한국경제의 성장속도를 보면 이 정도 규모는 되어야 한다는 게 나의 판단이었다.

처음 설계를 맡은 회사는 일본 굴지의 설계사인 카지마건설이었다. 창업자 카지마는 1840년 도쿄에서 이름을 떨친 목수로, 1930년에 그의 이름을 딴 법인이 만들어졌다. 카지마건설은 김수근金壽根 건축가가 대표로 있는 공간설계사무소와 제휴를 맺고 설계에 착수했다.

나는 나대로 세계 유명 호텔을 답사하고 얻은 아이디어를 설계회사에 제시했다. 그러나 카지마건설은 내 의견을 '아마추어 의견'으로 치부하며 제대로 받아 주지 않았다. 내가 비록 아마추어이기는 하지만, 이런 경우가 반복되다 보니 내가 생각했던 기본구상마저 흔들릴 것 같았다.

나는 내 구상을 발전적으로 반영해 줄 수 있는 설계회사가 필요하다고 판단하고, 설계회사를 일본의 토다건설로 바꾸어 실시설계 계약을 맺었다. 또 한국의 엄덕문 건축설계사무소를 파트너로 삼아 설계작업을 함께하도록 했다. 건축가 엄덕문嚴德紋 소장은 카지마건설에 들

37층으로 계획한 1974년 롯데호텔 기본설계안

어가 경험을 쌓았으며, 훗날 세종문화회관을 설계하기도 했다.

실시설계 단계에서는 나의 의견이 많이 반영되었다. 무엇보다도 철근 콘크리트 방식 대신에 철골구조 공법을 채택한 것은 다행스런 일이었다. 철골구조 공법은 지진과 태풍에도 대비할 수 있어 일본에서는 모든 건물에 적용되는 방식이었다. 비싸기는 하지만 안전이 우선이라는 게 내 생각이었다. 한국에서 철골구조 공법을 택한 것은 아마도 여의도 국회의사당에 이어 두 번째일 것이다.

1,500일간 계속된 롯데호텔 건설과정은 말 그대로 파란만장했

다. 반도호텔 철거에 이어 굴토공사를 벌일 때는 조선호텔과 삼화빌딩 사이에 있는 토지의 지질조사에만 2개월 이상 소요되었다. 굴토과정에서 조선호텔 부근의 땅이 일부 붕괴되면서 조선호텔 변전실이 손상돼 단전소동이 일어나기도 했다.

1973년에 쓰나미처럼 밀려온 제1차 오일쇼크도 큰 악재였다. 원자재 가격이 폭등하는 바람에 건축자재 구입비용이 예상보다 훨씬 많이 들었다. 건설비는 계속해서 올라갔고, 그때마다 정부의 외자도입 계획에 따라 일일이 허가를 받아야 했다. 호텔 건설이 끝난 후 총 투자액을 정산해 보니 무려 1억 4,500만 달러나 되었다. 처음 구상할 때의 3배에 달하는 금액으로, 경부고속도로 건설비용과 비슷한 규모였다. 또 이전 10년 동안 외국인이 한국에 투자한 총 투자금 9,500만 달러를 훌쩍 넘어서는 어마어마한 금액이었다.

건설사들의 중동 진출 붐이 일어난 뒤로는 심각한 인력난에도 시달려야 했다. 대형 시공사들이 까다롭고 힘든 호텔 건설보다 손쉬운 오일 달러를 택했기 때문이다. 그 바람에 호텔롯데는 종합건설회사와 일괄 시공계약을 맺지 못하고 수많은 중소업체들과 부문별로 계약을 체결하는 애로를 겪어야 했다. 그런 업체가 300여 곳이나 되었으니 관리책임과 감리책임에서 신경 써야 할 일들이 한두 가지가 아니었다.

"38층 호텔? 18층으로 낮추시오!"

청와대 경호실이라는 돌발변수

롯데호텔 건설 프로젝트가 한창 진행되던 그 무렵, 서울시청 맞은편에는 프라자호텔이 서서히 제 모습을 갖춰 가고 있었다. 한국화약그룹(지금의 한화그룹)이 일본 마루베니丸紅 종합상사와 합작해 1973년 착공한 호텔이다. 프라자호텔은 1976년 가을 준공을 목표로 공사에 속도를 내면서 22층 빌딩의 위용을 드러내기 시작했다.

그곳에서 가까운 롯데호텔 공사장에서도 1975년 12월 23일 국내 최대의 타워크레인 1호기가 설치되면서 점차 건물의 모양을 갖추어 갔다. 1976년 12월 30일엔 철골 상량식을 가졌다. 롯데호텔과 플라자호텔이라는 대형공사가 동시에 진행되면서 서울 도심의 모습은 빠르게 변화했다.

그런데 전혀 예상하지 못한 돌발변수가 생겼다. 나와는 아무런 연관성이 없는 청와대 경호실에서 나를 부른 것이다.

"누구 맘대로 38층을 짓는 거요?"

경호실장은 시커먼 눈썹을 움찔거리며 대뜸 나에게 고함을 쳤다. 건축허가를 받고 절차에 따라 짓고 있다고 설명했지만 그는 막무가내였다.

"거기서 청와대가 내려다보이잖소? 경호상 도저히 안 되오."

"애초에 안 된다고 했어야지요. 지금 와서 어쩌란 말입니까?"

"무조건 안 되오. 18층으로 낮추시오."

어처구니가 없었다. 느닷없이 38층 건물을 18층으로 낮추라는 것은 말도 안 되는 억지였다. 그 지시를 따랐다가는 호텔은 개관도 하기 전에 실패하고 말 것이다. 롯데그룹 전체의 존망과도 직결되는 중대사안이었다.

대통령에게 하소연하는 수밖에 없다는 생각도 들었지만, 경호실에서 훼방을 놓으면 대통령 면담도 어려울 것이 뻔했다. 할 수 있는 것이라고는 공식문서로 청와대와 국무총리실에 진정을 넣는 것 정도였다. "38층 건물을 반 토막 내라는 요구는 설계상으로나 기술적으로 불가능하다"고 호소하는 내용이었다. 경호실의 눈총이 의식되지 않은 것은 아니었지만, 나는 '내 목숨을 버릴지라도 기업은 살리겠다'는 비장한 각오로 '원안 사수'를 다짐했다.

이병철 회장과의 동병상련 ①

그 무렵 나는 이병철 삼성그룹 회장과 자주 만났다. 삼성도 정부로부터 특급호텔을 지으라는 강권強勸을 받아 신라호텔을 짓고 있던 중이었다. 롯데가 반도호텔을 떠맡아 호텔을 짓듯이 삼성은 장충동 언덕에 있는 영빈관을 떠안았다.

원래 영빈관 자리는 조선시대 한양 도성의 남소문 일대를 지키던 남소영南小營 터였는데, 1959년 이승만 대통령의 지시로 이곳에 국빈國賓을 맞이하는 영빈관이 착공되었다. 그 후 불안정한 정치정세로 인해 공사가 중단되기도 했지만, 1965년 2월 박정희 대통령의 지시로 총무처가 국책사업으로 공사를 재개해 1967년 2월 준공되었다. 그러나 이용률이 떨어지고 유지·관리에 예산도 많이 들어가자 1973년 7월 정부가 이를 삼성에 넘긴 것이다.

이 회장을 만나면 주로 호텔 건립 문제가 화제로 올랐다. 이 회장과 함께 신라호텔 건설현장을 둘러보고 이 회장의 장충동 자택에서 오찬을 나눌 때도 있었다. 롯데호텔 건설현장을 둘러보는 날에는 롯데호텔 맞은편에 있는 이탈리아 레스토랑 '라 칸티나La Cantina'에서 점심을 함께했다. 이 회장은 봉골레 파스타와 안심 스테이크를 즐기셨는데, 워낙 소식小食이어서 놀라웠다.

이 회장은 가끔 이렇게 농담을 하셨다.

"내가 부자라고 하루에 다섯 끼, 여섯 끼 묵지도 않아요. 보시다시피 보통 사램(사람)보다 덜 묵지요. 치아가 좋지 않아 질긴 고기는

268

씹지도 못해요.”

이 회장의 영향인지는 모르겠지만, 나도 훗날에는 소식주의자가 되어 밥 한 공기에 녹차를 붓고 고명으로 명란을 올린 '오차즈케'로 간단하게 먹는 날이 많아졌다.

레스토랑에서 밥값을 내가 내려 하면 이 회장은 손사래를 쳤다.

“신 회장이 큰 고객인데 내가 모셔야제!”

당시 롯데제과는 삼성의 제일제당으로부터 설탕과 밀가루를 원료로 구매하고 있었다. 그 물량이 막대해 제일제당의 매출에서 큰 비중을 차지했다. 이 때문에 언젠가 롯데가 제당 공장을 차린다는 루머가 돌 때 이 회장이 정색을 하고 내게 그 진위를 물어본 적이 있었다. 그 해프닝의 경위는 이렇다.

언젠가 어느 행사장에 갔는데, 연회에서 제공된 각설탕이 시원찮았다. 각角 부분이 단단하지 않아 뭉그러지는 것이다. 뭔가 아쉽다는 생각이 들면서 설탕의 물성物性에 호기심이 생겼다. 나는 권익부權益夫 당시 롯데중앙연구소장에게 “일본에 가서 한 달 동안 설탕 공부 좀 하고 오라”고 지시했다. 이 발언이 와전돼 이병철 회장의 귀에 들어간 모양이었다. 그즈음 나는 눈에 원인 모를 염증이 생겨 병원에 누워 있었는데, 뜻밖에도 이병철 회장이 직접 병원으로 문병을 오셨다.

“바쁜 양반이 이리 누워 있으모 어떡하노? 빨리 쾌차해야제! 그라고…, 롯데가 제당업 진출한다는 소문이 들리던데 사실이오?”

“아이구, 아입니다. 설탕 공부 좀 하라고 지시한 기 전부입니다.”

아마 신경이 많이 쓰이셨던 모양이다. 나는 웃으면서 별 일 아니라고 대답했다. 그랬더니 재미있는 카드를 하나 꺼내셨다.

"제일제당에서 좋은 조건으로 계속 공급하겠소. 그리고 말이 나온 김에 양평동 제일제당 미풍 공장 땅도 롯데에 넘기겠소."

결과적으로 나는 잘못된 소문 덕분에 공장부지 하나를 새로 장만한 꼴이 되었다. 이때 제일제당에서 양도받은 땅은 롯데제과 공장을 증설하는 데 사용되었다.

이병철 회장과의 동병상련 ②

롯데가 제과업만 할 때는 삼성과 겹치는 사업이 없었다. 그런데 호텔에 이어 훗날 롯데백화점 사업을 시작하면서 삼성의 신라호텔, 신세계백화점과 라이벌처럼 되었다. 잠실 롯데월드도 삼성 에버랜드와 테마파크 분야에서 맞붙는 형국이 되었고, 프로야구에서는 삼성 라이온스와 롯데 자이언츠가 격돌하게 되었다.

사업을 하다 보면 생길 수 있는 피치 못할 일이긴 하지만, 호텔을 지을 때까지는 경쟁관계이기보다는 동병상련의 입장이 더 강했다. 나는 이 회장과 함께 오일쇼크 때문에 치솟은 공사비용과 완공 이후 호텔의 경영전망이 매우 불투명하다는 점 등을 서로 토로하며 함께 걱정하곤 했다.

삼성은 애초에 일본의 초일류급 호텔인 오쿠라大倉호텔과 제휴하기로 했다. 일본의 수출입은행도 500만 달러의 차관을 제공하기로 했고, 종합무역상사인 닛쇼이와이日商岩井 역시 200만 달러를 투자하고 이

사업을 주도하기로 합의했다.

그러나 1973년 8월 8일 도쿄의 그랜드팔레스호텔에 투숙 중이던 김대중金大中 당시 야당 지도자가 괴한에게 납치되는 사건이 터지면서 일본의 대한對韓 차관이 전면 중단되었다. 그는 1972년 10월 발표된 '10월 유신維新'에 반발해 한국을 떠나 미국, 일본에서 망명생활을 하면서 반反유신 투쟁을 벌이고 있었다.

정치적 격랑의 여파로 일본으로부터의 차관 도입이 무산된 삼성은 미국에서 차관을 도입해 1973년 말에 어렵게 호텔신라 공사를 시작했다. 이병철 회장은 한국 전통문화재에 대한 애정이 깊고 전문가 이상의 식견도 갖추신 분이어서, 영빈관의 의미를 살려 호텔신라도 한국 전통문화를 바탕으로 꾸미겠다고 했다.

한국 전통문화에 관심이 많은 것은 나도 마찬가지였다. 이 회장에 비하면 족탈불급足脫不及이겠지만 나의 관심과 애정도 가벼운 것은 아니었다. 하지만 그렇다고 해서 호텔신라를 좇아 호텔에 전통문화를 심을 수는 없었다. 나는 롯데호텔의 콘셉트는 호텔신라와는 달리 모던modern한 스타일을 지향하기로 했다.

이병철 회장과 호텔에 관한 이런저런 애기를 나누다가, 청와대 경호실에서 롯데호텔을 절반으로 낮추라고 압박하더라고 말씀을 드렸더니 이 회장은 공분하면서 나를 위로해 주셨다.

"너무 걱정 마시오. 사필귀정이니 뭔가 해결책이 나올 거요."

동업자라기보다는 대형大兄 같은 심경으로 말씀해 주셔서 무척 고마웠다.

이 회장은 해마다 정초正初에는 도쿄에 와서 사업구상에 몰두하곤 했다. 도쿄에서는 재계 및 학계 인사들과 환담을 나누거나 식사, 골프 등을 함께하며 끊임없이 새로운 방향을 모색하고자 했다. 그때 나도 자주 동석해서 함께 고민을 나누곤 했다. 이 회장과 함께했던 그 시간들이 몹시 그립다.

긴 마음고생 끝에 '18층 소동' 해결

1973년부터 정주영 현대그룹 회장이 전경련 회장직을 맡았다. 흔히 '재계 수장'이라 불리는 자리이지만, 재계의 목소리를 정부에 전달하는 역할이 쉬운 일은 아니어서 대부분의 대기업 총수들이 사양하는 자리였다.

정 회장은 리더십과 친화력이 탁월해 다들 어려워하는 전경련 회장 업무를 잘 처리했다. 현대와 롯데는 별다른 거래관계가 없었지만 정주영 회장과 나는 각별한 친분을 유지했다. 청년시절에 큰 꿈을 안고 홀연히 고향을 떠나 자수성가한 점이 공감대를 형성한 것인지 모르겠다. 한때 통신강의록으로 공부한 사실도 공통분모라 할 수 있을 것이다.

정주영 회장은 일본을 방문하면 나를 만나 일본 재계의 동향을 물으시곤 했다. 나는 롯데제과를 설립한 이후 한국과 일본에 한 달씩 번갈아 체류했는데, 한국에 머물 때면 정 회장과 자주 회동했다. 골프도 종종 함께했는데, 단골 파트너는 정주영, 류찬우, 박태준, 나, 이렇

1986년 7월 골프 모임을 가진 류찬우, 정주영, 박태준, 신격호 회장

게 4인이었다.

우리는 가급적이면 카트를 타지 않고 필드를 걸었다. 정주영 회장은 최연장자이지만 체력은 누구 못지않게 좋았다. 나도 체력이 뒤지는 편이 아니어서 공이 비탈진 곳에 떨어져도 힘차게 잘 올라갔다. 청년시절에 함경도 명천종양장에서 일하면서 비탈진 풀밭을 자주 오르내린 덕분이 아닌가 싶다. 골프를 마치고 클럽하우스에서 식사를 할 때는 가끔은 서로 아호雅號를 부르곤 했다. 아산(정주영), 학록(류찬우), 청암(박태준), 상전(신격호)이다.

1977년 초였을 것이다. 골프 모임을 갖고 밥을 먹던 중에 아산이 롯데호텔 공사현황을 묻기에 청와대 경호실 얘기를 말씀드렸다. 아산은 물론 학록, 청암 모두가 상식 밖의 처사라며 분통을 터뜨렸다. 이분들이 함께 분노해 주신 게 조금이나마 위안이 되었다.

그로부터 며칠 후 JP가 바둑을 두자고 해서 만났다. 하지만 머릿속에 온통 롯데호텔 걱정이 가득해서 바둑판에 집중하기가 어려웠다. 당연하게도 내가 불계패했다. 당시 총리에서 퇴임해 국회의원 신분이던 JP는 빙그레 웃으며 뜻밖의 이야기를 꺼냈다.

"호텔 건설 현안, 얘기 들었습니다."

아마도 그날 골프모임에서 했던 내 하소연이 어떤 경로인지는 모르겠지만 JP의 귀에까지 흘러 들어간 모양이었다. JP가 먼저 얘길 꺼냈으니 나도 솔직히 털어놓지 않을 수 없었다.

"사실 지금 와서 축소한다는 게 불가능합니다."

"잘 압니다. 제가 각하께 말씀드려 원안대로 하도록 하겠습니다.

경호실에서 과잉경호를 하려는 게 아닌가 싶네유."

실제로 JP가 청와대에 가서 대통령에게 자초지종을 설명한 모양이었다. 며칠 후 청와대로부터 연락이 와서 대통령을 만났다. 당초 설계한 대로 지으라는 얘기였다. 경호실 반응이 걱정돼서 물었더니, 경호실장이 무리를 했다며 해결되었으니 걱정하지 말라고 했다.

"감사합니다!"

"아닙니다. 조국에 투자하는 신 회장께 제가 더 감사해야 할 일이지요."

대통령은 투자 건을 이야기할 때마다 '조국에 대한 투자'라는 점을 상기시켰다.

그날 대통령은 호텔 건립공사 진척상황, 완공 후 경영계획 등을 세세히 질문했다. 쉐라톤, 힐튼 등 세계적인 호텔 체인과 제휴를 맺을 것인지도 물었다. 나는 깜짝 놀랐다. 그런 부분에까지 관심을 가졌다는 게 놀라웠다. 대통령은 디테일에도 강했다.

"검토는 했습니다만, '롯데호텔'이란 독자적인 상호로 시작하려고 합니다. 비록 지금은 브랜드 가치가 낮지만 세계 일류호텔로 키워보겠습니다."

"좋은 얘깁니다. 공사를 잘 마무리해서 개관하길 기대합니다."

대통령은 자신의 권유에 따라 내가 명운을 걸고 지은 호텔이 경영난에 빠질까 봐 걱정했다. 일부 무책임한 인사들이 "호텔이 망해도 신 회장이 빌딩을 뜯어서 일본으로 들고 갈 것도 아니고 고스란히 한국 땅에 남을 것이니 우리가 상관할 바 아니다"라고 말하는 것과는 사

못 달랐다.

　사실 그렇게 말하는 사람들은 재일동포 기업인들을 봉으로 여기는 경향이 있었다. 재일동포의 돈을 한국으로 많이 빼오는 것이 애국이라고 믿는 사람도 있었다. 하지만 재일동포들에게도 돈은 중요하다. 더욱이 재일동포들은 갖은 핍박과 모욕을 견뎌 가며 번 돈이어서 더 소중할 수도 있다. 재일동포에게 돈은 일본사회로부터의 차별을 막는 방패가 되기도 한다.

　대통령을 비롯해 여러 사람들이 각별한 관심을 기울여 준 덕분에 '18층 소동'은 막을 내렸다. 나로서는 큰 강을 하나 건넌 기분이었다. 이제는 롯데호텔을 잘 경영해 가는 일만 남았다.

세계 톱 수준의 호텔을
서울 한복판에

'롯데호텔' 독자 브랜드로

호텔을 짓는 동안 세계 유수의 호텔 체인들이 자기네 체인에 가입하라고 손을 내밀었다. 그들은 "체인 브랜드를 믿고 투숙하는 손님들이 많고 호텔경영에는 고유의 노하우가 필요하다"며 접근했다.

나도 모르는 바는 아니었다. 대통령까지도 걱정하며 조언할 만큼 체인 아닌 호텔이 안정적으로 경영을 할 수 있을지는 미지수였다. 하지만 체인 가입조건을 보니 독소조항이 많았다. 매출액의 3% 정도를 로열티로 지불하고, 영업이익의 20% 정도를 별도로 내는 것이 관례라는 것이다. 이럴 바에는 독자적인 브랜드를 갖는 게 낫겠다는 생각이 들었다. 결국 체인은 가입하지 않기로 했다.

독자 브랜드로 경영하기로 했으니 준비할 게 많아졌다. 무엇보다도 전문인력이 많이 필요했다. 수소문 끝에 스위스의 취리히 부근에서 성장한 클로스테르만Klostermann 씨를 총지배인으로 영입했다. 그는 유럽의 여러 특급호텔에서 풍부한 경험을 쌓은 최고의 호텔 전문가였다.

1977년 4월에는 경력직 사원과 신입사원을 공개채용했다. 그리고 슈타이겐베르거Steigenberger 호텔 체인과 업무협정을 맺고, 간부직원들을 유럽, 동남아 등지의 슈타이겐베르거 체인호텔에서 연수를 받도록 했다. 조리와 서비스 분야의 임직원들은 홍콩 만다린호텔에서 6개월간 연수를 받게 했고, 기존 간부사원들도 도쿄의 게이오플라자호텔에서 1개월간 OJT교육을 받도록 했다. 남녀 요리사들도 경희호텔전문학교에서 위탁교육을 받게 했으며, 9명의 외국인 지배인들에게도 직원교육을 직접 담당하도록 임무를 주었다.

개관에 앞서 이처럼 교육에 공을 들인 것은 독자 브랜드로 사업을 시작하는 만큼 우리 스스로 운영 노하우를 만들어 내자는 의도가 컸다. 우리 브랜드 고유의 호텔문화를 우리가 만들자는 취지였다.

롯데호텔, PATA 총회 본부 선정

1976년 4월 20일 하와이의 쉐라톤 와이키키 호텔에서 태평양 연안국의 관광사업자단체인 PATAPacific Asia Travel Association 총회가 열렸다. PATA 총회는 '관광 올림픽'이라고도 불리는데, 이날 참석자들은 1979년 PATA 총회를 한국에서 개최하기로 결정했다. 한국전쟁 이후 온 나라가 피폐해져 변변한 국제행사 한 번 치르지 못했던 빈곤한 나라에서 PATA 총회를 유치한 것은 놀라운 일이었다. 나라가 그만큼 발전한 것이라 생각하니 국민의 한 사람으로서 매우 기뻤다.

이 자리에서 참석자들은 PATA 한국 총회 본부로 롯데호텔을 선정했다. 아직 호텔 부지의 굴토공사도 끝나지 않은 시점이었는데, 호텔롯데의 사업부 조직은 이미 판촉활동을 벌이고 있었던 것이다. 기쁜 일이었지만 부담도 컸다. 호텔을 빨리 완공해야 한다는 조급함도 생겼다. 그게 나중에는 스트레스가 되기도 했다.

한국은 1970년 제6회 아시안게임을 서울에서 열기로 유치해 놓고도 준비가 부족해 태국 방콕으로 개최권을 넘긴 적이 있었다. 국가 위신이 엄청나게 손상됐고, 위약금으로 25만 달러를 물어야 했다. 당시 한국의 국력은 그런 수준이었다. 1970년대 초반이 되어서야 북한과 1인당 국민소득이 엇비슷하게 되었다는 사실을 지금 젊은이들은 까맣게 모를 것이다.

PATA 총회라는 대규모 국제행사를 유치했으니, 당연히 행사 전에 호텔을 완공해야 했다. 그러나 기술인력이 모자라고 부속건물인 백화점 공사와 병행하는 바람에 호텔 공사는 계획한 일정보다 조금씩 늦어졌다. 속이 타들어 갈 수밖에 없었다.

나는 현장을 좀더 챙겨 보기로 하고, 날을 잡아 오후 2시에 관계자들을 소집했다. 공사 점검을 위한 이 회의는 생각보다 길어졌다. 오후 7시쯤 도시락을 배달해 먹고 또 회의를 계속했다. 자정을 넘겨서까지 계속된 회의는 새벽 1시쯤이 돼서야 끝났다. 참석자들은 녹초가 된 표정이었다.

그래도 나는 회의에서 제기된 문제점들을 직접 살피기 위해 곧바로 당직 반장을 대동하고 호텔 38층부터 지하 3층까지 계단으로 걸어 내려가며 하나하나 점검했다. 계단에서 야간 작업자가 빈 페인트 통에 버린 담배꽁초가 눈에 띄었다. 화재 위험이 있는 일이기에 호되게 나무랐다. 야간 점검을 마치니 새벽 3시였다.

며칠 후에는 공사 중인 호텔 룸에 들어가 천장을 뜯어보라고 지시했다. 겉보기로는 그럴듯하게 마감해 놓았는데, 내부의 전기배선이나 급수관, 배수관은 어떻게 설치되었는지 확인하고 싶었다. 뜯어보니 스프링클러 배관이 연결되지 않은 곳이 발견되었다. 나는 당장 건물 전체의 천장 안쪽 스프링클러 배관을 모두 점검하라고 지시했다. 그렇게 꼼꼼히 챙기다 보니 공사일정은 더 늦어졌다.

부분 개관 거쳐 롯데호텔 전관 개관

1978년이 저물어 갈 무렵이었다. 눈이 내리는 날이었는데, 평소 눈길 걷기를 즐기던 나는 그날도 광화문 앞에서 출발해 롯데호텔 공사장까지 눈을 밟으며 걸었다. 공사 현장에 도착했더니 현장소장이 울상이 된 채 보고했다.

"회장님, 아무래도 개관이 늦어질 수밖에 없겠습니다. 최선을 다했습니다만⋯."

그랬을 것이다. 최선 정도가 아니라 사력死力을 다했을 것이다. 최고의 호텔을 짓는다고 자부심을 내세우던 롯데 임직원들이니 어련하겠는가. 더구나 회장이 직접 나서서 공사현장 이곳저곳을 헤집고 다니는데 게으르게 하지는 않았을 것이다.

하지만 약속 준수와 신용을 철칙으로 삼고 살아온 나로서는 준공 날짜를 맞추지 못한다는 사실이 몹시 치욕적이었다. 그렇다고 공사를 대충 할 수도 없었다.

"그러면 부분 개관이라도 해야지."

나는 그렇게 결론을 내려 주었다.

사실 나는 호텔 공사가 진행되는 동안 해외 관광객이 가득 들어찬 미래의 롯데호텔을 상상했고, 외국인들이 북적거리는 명동을 꿈꿨다. 미래에 대한 투자 가운데 관광분야가 매우 중요하기에 롯데호텔의 역할이 더없이 크다고 생각했다. 하지만 어쩔 수 없이 부분 개관을 선택할 수밖에 없었다.

1978년 12월 22일, 롯데호텔은 건물 일부만을 개관했다. 비록 부분 개관이지만 217실 규모에 로비, 라운지 등이 갖춰져 특급호텔로서의 면모에는 손색이 없었다. 전관 개관은 몇 달 후로 미루어졌지만 그나마 다행이라는 생각이 들었다.

그로부터 석 달 정도가 지난 1979년 3월 10일, 마침내 국내외 귀빈 3천여 명이 참석한 가운데 롯데호텔 개관식이 성대하게 열렸다. 대지 7천여m², 연건축면적 13만 2,500m²에 지하 3층, 지상 38층으로, 당시로서는 국내 최고층의 건축물이었다.

1,020개의 객실을 비롯해 부속 쇼핑센터, 18개의 레스토랑과 바, 실내 수영장, 21개의 대·소 연회장, 한 번에 1,500명을 동시에 수용할 수 있는 국제회의장 등의 부대시설도 문을 열었다. 39층의 스카이 전망

대는 서울 시가지를 한눈에 내려다볼 수 있는 최고의 관광시설이었다.

이처럼 멋진 건물을 짓는 과정에서 건설, 인테리어, 건설기술, 호텔 매니지먼트, 백화점 사업 등 여러 분야가 함께 성장했다. 그것은 국가 차원에서 봤을 때 적지 않은 소득이었다.

개관식이 끝난 뒤 2층 크리스탈 볼룸에서 축하연이 열렸다. 이 자리에서 나는 다음과 같은 인사말을 했다.

"지금까지 저는 하나의 훌륭한 예술작품을 조국에 남기고 싶었던 평소의 간절한 소망과, 서울의 심장부에 세계에 자랑할 만한 명소를 건설해 보겠다는 일념으로 롯데호텔 건설을 주도했습니다. 우리 기술로 건립하여 우리 손으로 경영하는 롯데호텔이 앞으로 우리 국민 모두의 자랑거리가 되고 관광한국의 초석을 다지는 데 한몫하기를 기원합니다."

그렇게 롯데호텔이 탄생했다. 물론 1979년 4월 16일부터 3일간 서울에서 열린 PATA 총회도 성공적으로 치러 냈다. 국제행사까지 마치고 나니 5년 동안의 악전고투가 끝나고 포연砲煙이 자욱한 전장을 빠져나온 듯한 기분이었다.

이제 그 포연이 걷히고 '평화'가 찾아왔나 싶었는데, 청와대 경호실 때문에 또 한 번의 곤욕을 치렀다. 청와대 방향의 고층객실 창문을 가림막으로 덮어서 바깥을 내다보지 못하게 하라는 것이다. 너무 어이가 없어 당황스럽기까지 했다. 외국 손님들이 이 사실을 알면 한국을 얼마나 우습게 볼까 걱정되었다.

마침 김종필 의원이 구경차 호텔을 방문했기에 창문 가림막 건을

롯데호텔 개관식에 참가한 신격호 명예회장과 신동빈 롯데 회장

1979년 3월 10일 롯데호텔 개관식

1978년 5월 재일 거류민단 조직의 발전과 재일 한국인의 지위 향상에
크게 기여한 공로를 인정받아 국민훈장 무궁화장을 수훈한 신격호 회장

하소연했다. 그러자 JP는 어이없어 하면서 또 청와대로 달려갔다. JP는 대통령에게 강력히 건의하여 가림막을 제거하도록 했다. 도쿄에서도 일본 황궁이 내려다보이는 고층 호텔들이 수두룩한데, 설령 롯데호텔에서 청와대를 향해 총이나 포를 쏜다 해도 사정거리가 멀어 소용없다며 설득했다고 한다. JP의 특별한 관심이 고맙기는 했지만, 가림막 하나 때문에 청와대에까지 '민원'을 넣어야 하는 상황이 답답하기도 했다.

개관 초기의 롯데호텔

사라진 오벨리스크 타워

롯데호텔은 단순한 호텔이 아니다. 호텔과 백화점, 오피스 등으로 이루어진 복합공간이다. 나는 이 복합공간을 롯데타운이라 부르면서, 이곳이 쇼핑과 문화, 관광의 명소가 되기를 원했다. 그래서 롯데타운을 추진할 때 나는 여러 건물 사이에 개성 있는 광장을 조성하고자 했다. 이 아이디어를 제시했을 때 건축가 김수근 선생은 쌍수를 들어 호응했다. 그러나 롯데 내부 임원들은 반대했다.

"그 아까운 금싸라기 땅을 빈 공간으로 남긴다고요? 그러느니 건물을 더 크게 짓는 게 낫지 않습니까?"

대단히 경제적인 이야기였다. 기업을 하는 입장에서는 그렇게 판단하는 것이 자연스러울 것이다. 하지만 나는 생각이 달랐다. 딱히 호텔 투숙객이나 백화점 쇼핑객이 아니라도, 지나는 시민들이 편히 쉴 수 있는 공간을 만들어 놓으면 이것 자체가 명소^{名所}가 될 것이라는 게 내 생각이었다. 그곳에서 생기는 활기는 호텔과 백화점에도 긍정적인 효과를 미칠 것이다.

나는 오쿠노 건축가에게 당부했다.

"런던 트라팔가 광장처럼 조성하되 한가운데는 파리 콩코르드 광장의 오벨리스크 같은 조형물을 세워 주시오."

오쿠노 쇼 건축가는 롯데타운 중심부에 이 광장을 멋지게 설계해서 1983년 '오벨리스크 타워'라는 이름으로 완성했다.

가로, 세로가 각각 6.5m인 정사각형의 바탕 위에 높이 38m로 세운 금빛의 오벨리스크는 기대했던 대로 서울 도심의 명물이 되었다. 저녁시간이 되면 오벨리스크 주변 광장에 청춘 남녀들이 몰려들어 낭만을 구가했다. 오벨리스크 내부에는 지구의 자전을 증명하고자 고안된 '푸코의 진자'를 설치해 행인들의 눈길을 끌었다. 흔들리는 진자^{振子}가 24시간 동안 움직이는 궤적이 360도이다.

하지만 당국으로부터 주차장이 부족하다는 지적을 받는 바람에 안타깝게도 이 광장을 없애야 했다. 심혈을 기울여 지은 오벨리스크도 결국 사라지고 말았다. 아쉽고 안타까운 일이었다.

그래도 유서 깊은 옛 반도호텔의 흔적을 일부 보존한 것은 그나마 다행스러운 일이었다. 대표적인 것이 '페닌슐라^{Peninsula}'라는 이름이다. 페닌슐라는 반도호텔의 영어 명칭으로, 역사적 공간인 반도호텔의 그림자라도 남겨 두고 싶다는 내 뜻에 따라 그 이름을 남겨 두었다. 이탈리안 레스토랑과 뷔페를 거쳐 지금은 로비라운지의 이름으로 이

롯데타운 중심에 세워진 오벨리스크 타워

오벨리스크 타워 내부에 설치된 푸코의 진자.
24시간 동안 360도를 자동 회전함으로써 지구의 자전을 증명하도록 고안되었다.

어져 오고 있다. 라운지 앞에는 롯데호텔이 들어서기 전 중국요리점이었던 '아서원' 뒤뜰의 폭포를 재현한 폭포를 만들었다.

―――――

롯데호텔을 찾은 저명인사들

초특급호텔 롯데가 개관함에 따라 국빈 초청행사가 원활해져 국가적으로도 숨통이 트였다. 종전에는 외국에서 국빈이 오면 숙소가 마땅치 않아 나라 체면을 구기기도 했다. 롯데호텔의 로열 스위트룸은 국가원수를 모시기에 손색이 없을 만큼 화려하고 기능적으로도 훌륭하다. 한꺼번에 1천 명 이상을 수용할 수 있는 국제회의장 덕분에 대규모 국제회의도 유치할 수 있게 되었다.

개관 이후 롯데호텔에 처음 투숙한 국빈급 인사는 세네갈의 레오폴 세다르 상고르Léopold Sédar Senghor 전 대통령이었다. 불어권의 저명한 시인이며 아카데미 프랑세즈 정회원으로, "대통령이 되지 않았더라면 노벨문학상을 받았을 분"이라는 평가를 받는 문인이다.

그 이후 롯데호텔에는 세계적인 거물급 인사들의 발길이 끊이지 않았다. 쿠르트 발트하임Kurt Waldheim 전 유엔 사무총장, 헨리 키신저 Henry Kissinger 전 미국 국무장관, 보리스 옐친Boris Yeltsin 전 러시아 대통령, 마거릿 대처Margaret Thatcher 전 영국 총리, 헬무트 콜Helmut Kohl 전 독일 총리 등 20세기 세계사의 주역들이 연이어 롯데호텔의 고객이 되었다. 옐친 대통령은 1992년 11월 19일 내가 직접 영접했다.

1972년에 한국을 찾은 외국인 관광객은 37만여 명이었으나 1978

1992년 11월 보리스 옐친 전 러시아 대통령과 환담 중인 신격호 회장

년에는 그 3배인 107만 명으로 크게 늘었다. 국제무대에서 한국의 위상이 높아진 결과이지만, 고품격의 숙소를 갖추고 있다는 점도 한몫했다.

실질적인 영업 첫해라 할 수 있는 1979년에 롯데호텔은 131억 원의 매출을 올렸다. 서울 시내 13개 특급호텔의 연간 총매출액 가운데 20.5%에 해당하는 수치다. 객실판매율은 다른 특급호텔의 평균 객실판매율 50%보다 훨씬 높은 74%로 나타났다. 사회적 혼란과 2차 오일쇼크가 겹쳐 우리 경제가 처음으로 마이너스 성장을 했던 1980년에도 롯데호텔의 객실판매율은 78%에 달했다.

전국 곳곳에 롯데 체인호텔을

크리스탈호텔 부지 마산의료원에 기증

롯데호텔이 안정적으로 자리를 잡고 나자 나는 전국 곳곳에 롯데호텔을 세우고 싶어졌다. 처음부터 독자적인 브랜드를 추구했던 만큼 장차 롯데호텔을 체인으로 발전시키고 싶었던 것이다.

처음에는 그런 계획을 심중에만 간직하고 있었는데, 어느 날 경남 마산 장군동에 있는 크리스탈호텔을 인수하겠냐는 제의가 들어왔다. 이 호텔은 마산에 수출자유지역이 설치되자 고급 호텔에 대한 수요가 많을 것으로 예상하고 다수의 일본 기업인들이 자금을 모아 1974년 10월 설립한 호텔인데, 내내 적자에 시달리고 있었다. 일본 대주주들은 여러 경로를 통해 롯데가 맡아 주기를 간청했다.

마산이란 말을 듣고 나는 가슴이 울렁거렸다. 내가 코흘리개 때 가끔 아버지께서 하얀 모시 두루마기를 걸쳐 입으시고 "마산 댕겨(다녀) 오꾸마!" 하고 휑하니 집을 나가셨던 기억이 떠올랐기 때문이다. 농업학교를 졸업하고 경남종축장에 근무할 때는 나도 마산에 자주 출장을 갔었다. 그래서인지 마산이 낯설지 않게 느껴지고 관심도 커졌다. 곧바로 마산으로 달려가 호텔을 둘러봤다. 8,113m²의 터에 지하 3층, 지상 10층, 객실 115실과 부대시설을 갖춘 아담한 호텔이었다. 10층 객실에서 내다보니 마산 앞바다의 다도해가 절경이었다. 이런 인프라를 갖고도 적자를 낸다는 게 의아할 정도였다.

1979년 8월 나는 크리스탈호텔을 인수했다. 호텔은 롯데가 인수한 첫해부터 흑자를 기록하는 반전을 이루어 냈다. 뿐만 아니라 1980년대 들어서도 객실이 모자랄 정도로 호황을 누렸다. 그러나 1990년대 들어 수출자유지역 입주기업들이 본국으로 하나둘 철수하고 경남도청이 신흥도시인 창원에 생기면서 마산경제가 급격히 위축되었다. 결국 2001년 6월 호텔을 폐업했고, 건물은 한동안 빈 채로 방치되었다. 안타까운 일이었다.

그런데 형편이 어려운 도민들을 위해 설립한 마산의료원을 확장해야 하는데 부지가 모자란다며 크리스탈호텔 부지를 기증해 달라는 뜻이 전해져 왔다. 이를 들은 나는 지방도시일수록 충분한 의료시설이 필요하다는 생각이 들었다.

나는 오래 고민하지 않고 제안을 받아들였다. 마산 시민들의 의료환경을 개선하는 데 조금이라도 도움이 된 것 같아 뿌듯함을 느꼈다. 얼마 후 마산, 창원의 시민들도 부지를 기증해 준 덕분에 부족한 병상을 해결하게 되었다며 감사의 뜻을 전해 오기도 했다.

부산 서면에 세운 첫 체인호텔

크리스탈호텔이 롯데호텔을 전국적인 체인호텔로 확산하는 데 시금석이 되었다면, 실질적으로 첫 대상이 된 곳은 부산이었다. 내가 스무 살 나이에 청운의 꿈을 안고 집을 나와 부관연락선을 탔던 그곳이다.

나는 내 꿈의 출발지인 부산에서 뭔가 뜻깊은 일을 벌이고 싶었다. 그래서 이런저런 궁리를 하고 있는데, 마침 100년 전통의 부산상고가 이전한다는 소식이 들려왔다. 나는 소식을 듣자마자 '바로 이곳!'이라고 판단했다. 부산 중심부 서면에 위치한 이 학교가 이전한다니 그 유서 깊은 자리에 호텔을 짓고 싶었다. 당시 부산에는 호텔이 20여 개밖에 없었다. 호텔당 객실 수도 평균 132실에 불과했고 국제적인 대형 호텔은 전무했다.

1984년 5월 11일 〈부산롯데호텔(주)〉을 설립하고 지하 2층, 지상 30층 규모의 호텔을 짓기로 결정했다. 그것만으로도 부산 최대의 호텔이 될 터였는데, 1988년 1월 들어 지하 5층, 지상 45층에 객실 1,750실을 갖춘 매머드급 호텔을 건설하는 것으로 수정되었다. 인근에 테마파크도 조성하기로 했다.

그러나 정부와 부산시는 차일피일 미루며 건축허가를 내주지 않았다. "교통영향 평가가 나지 않았다"거나 "서면의 도시계획이 확정되지 않았다"는 등의 이유를 들었다. 그즈음 정부가 호텔 신축을 억제하는 정책을 펼친 것도 한 요인이었다.

그러더니 정부와 부산시는 옥외주차장 확보, 이면도로 확보, 지하보도 설치 등이 포함된 보완책을 추가로 요구했다. 말하자면 도시교통 인프라까지 롯데가 지어야 한다는 요구였다. 그 요구사항을 수용하려면 대략 600억 원의 비용을 추가로 들여야 했다. 부담이 되었지만 나는 대승적 차원에서 이 조건을 받아들이기로 했다. 법인 설립 후 7년이 지난 1991년 12월 26일의 일이었다.

내가 부산에 짓고자 한 것은 호텔, 백화점, 면세점, 스카이프라자 등이 모두 포함된 복합공간이었다. 그래서 이름도 '부산 롯데월드'로 정했다. 호텔 이름은 '롯데호텔 부산'으로 정했는데, 건물 높이가 당시 한강 이남에서 가장 높은 172m에 달했다. 백화점도 국내 최대 규모, 면세점 역시 아시아 최대 규모였다.

나는 서울 롯데호텔을 지을 때처럼 설계, 시공에서 세계 최고 수준의 업체들을 선정했다. 호텔 인테리어 설계는 세계적 호텔의 인테리어를 담당했던 허쉬 베드너 Hirsh Bedner, 백화점 설계는 일본 다카시마야 백화점 설계팀과 국내 13개 업체, 스카이프라자 설계는 미국 디즈니랜드를 설계한 바타글리아 Battaglia 사에 맡겼다.

1997년 2월 마침내 '롯데호텔 부산'이 웅장한 모습으로 탄생했다. 부산의 중심 서면에 객실 888실과 한꺼번에 2,500명을 수용할 수 있는 대연회장 등을 갖춘 43층짜리 매머드 호텔이 모습을 드러낸 것이다. 누가 봐도 부산의 명물이요 랜드마크가 아닐 수 없었다.

1997년 3월 2일 부산롯데월드 개관식

제주와 울산에도 롯데호텔을 심다

'롯데호텔 부산' 개관 이후 롯데호텔의 체인사업은 속도가 빨라졌다. 2000년 3월 25일에는 '롯데호텔 제주'를 개관했고, 2002년 2월 28일에는 '롯데호텔 울산'이 그랜드 오픈했다.

'롯데호텔 제주'는 국내 최초의 본격 리조트호텔이라는 점이 특징이다. 남아프리카공화국의 팰리스 오브 더 로스트 시티Palace of the Lost City 호텔을 벤치마킹해서 지었다. 남아프리카공화국 최대의 도시 요하네스버그와 수도 프리토리아 사이에 있는 이 호텔은 내가 직접 가보고 감명을 받았던 호텔이기도 하다. '잃어버린 도시의 왕궁'이란 호텔 이름이 암시하듯 오래된 전설이 깃들어 있다.

나는 1996년에 이 호텔을 설계한 회사의 대표였던 앨리슨 회장과 수석설계자 에스텔라 루를 초청해 '롯데호텔 제주'의 설계를 의뢰했다. 호텔 부지가 제주 중문이어서 제주 설화에 나오는 자청비自請妃의 이야기가 호텔에 스며들게 해달라고 요청했다. 옥황상제로부터 오곡 종자를 얻어 남편인 문도령과 함께 땅에 내려온 자청비는 사람들에게 씨앗을 나누어 주고 밭도 갈아 주어 제주를 풍요롭게 했다는 곡물신穀物神이다.

'롯데호텔 울산'에도 특별한 의미가 있다. 울산에 호텔을 세운 데는 이곳이 나의 고향이라는 점도 작용하였지만, 더 큰 이유는 많은 인구가 모여 사는 대규모 산업단지인데도 변변한 호텔이 없다는 게 안타까웠기 때문이다.

롯데호텔 제주

때마침 1990년대 후반 울산시가 호텔 설립을 강력히 요청해 왔다. 당시 울산시는 상권의 중심지 중구에 비해 상대적으로 낙후한 남구 일대를 개발하려고 애를 쓰고 있었다. 하지만 특1급 호텔이 들어서기에는 입지가 좋지 않고 외환위기로 인해 경기가 극도로 침체한 상황이라는 이유로 호텔 건립을 반대하는 사람이 많았다. 그런 비관론에도 불구하고 나는 외환위기 이후의 먼 미래를 내다보고 투자를 결심했다.

'롯데호텔 울산'은 남구 삼산동 일대 5만 3천여m² 부지에 연면적 16만 7천여m²로 지어져 2002년 2월 개관했다. 지하 5층, 지상 24층, 객실 211실 규모를 갖췄다. '롯데호텔 울산'도 호텔시설뿐 아니라 백화점, 멀티프라자, 테마파크, 시외버스터미널, 고속버스터미널 등 6개 시설이 함께 어우러진 복합공간으로 건설되었다. 이 호텔에 설치한 정글프라자는 4층 높이의 공간을 트고 야자수를 갖다 놓아 진짜 정글처럼 보이는 매력을 갖고 있다.

나는 '롯데호텔 울산'에 갈 때면 울산 중동에 있는 한글학자 외솔 최현배 선생의 기념관과 외솔 생가에도 들르곤 한다. 선생에 대한 나의 존경심은 세월이 지나도 변함없이 이어지고 있다.

홍역 치른 후
더 건강해진 롯데건설

건설회사 평화건업 인수

대기업이 여러 업종에 진출한 것을 비판할 때 흔히 '문어발'이라는 말을 쓰곤 한다. 왜 전문업종에만 매달리지 않고 여기저기 발을 뻗느냐는 뜻이다. 옳은 말이다. 충분히 공감한다.

하지만 수긍하기 어려운 측면도 있다. 예를 들어, 제과, 식품, 호텔, 유통 분야를 전문으로 하는 롯데가 건설업체를 가졌다면 문어발일까? 수많은 공장과 백화점, 호텔을 지어야 하는데 그룹 내에 건설 기능을 가지고 있으면 더 효율적이지 않을까? 내가 건설업 진출을 결심한 것도 그러한 이유에서였다. 롯데그룹 내부의 건설 수요가 너무 많았던 것이다.

1970년대에만 해도 한국에서는 건설업체가 뇌물을 주고받으며 부실공사를 하는 경우가 많았다고 한다. 나로서는 이런 관행을 도저히 용납할 수 없었다. 또 건설업체를 선정하는 과정과 행정업무를 처리할 때 드는 비용도 많고 절차도 복잡해 비효율적이라 생각했다. 이러한 문제를 해결하고 각종 공사를 효율적으로 신속하게 진행하는 방법을 찾다 보니 자체 건설업체가 필요해졌다.

그때 인수한 회사가 평화건업(주)이다. 1952년에 설립된 평화건업은 한국전쟁으로 폐허가 된 서울의 시가지를 재건하는 관급공사로 재력을 쌓았다. 1970년대 초에는 도급순위 탑 5에 들 만큼 탄탄한 업체로 성장했다. 신탄진에 있는 담배 공장도 지었고, 포항제철 1기 코크스 플랜트 공사에도 참여해 실력을 인정받았다.

1975년 이후 한국 건설업체들이 중동으로 몰려갈 때 평화건업도 사우디아라비아에 진출했다. 61-B 도로공사를 비롯해 주베일 공단 조성, 리야드 공군본부 지하 작전사령부 공사 등을 맡았다. 그러나 터무니없이 낮은 가격으로 수주한 데다 원자재 가격이 뛰는 바람에 완공도 하기 전에 회사가 파산할 지경이 되었다.

롯데는 롯데호텔을 건설할 때부터 평화건업과 인연을 맺었다. 그것이 인연이 되어 1978년 9월 부실에 빠진 평화건업을 인수했다. 은행 부채를 떠맡고 지분 64%를 인수하는 조건이었다. 인수 후에는 회사명을 〈롯데평화건설(주)〉로 바꾸고 기존 공사를 계속했다.

해외 건설사업이 불러온 위기

평화건업을 인수하고 얼마 지나지 않은 1980년에 나는 풍산그룹 류찬우 회장의 추천을 받아 이낙선李洛善 전 건설부장관을 롯데그룹 부회장으로 영입했다. 경북 안동 출신인 그는 5·16 군사정변의 주체세력 중 한 명이었지만, 초대 국세청장에 이어 상공부장관, 건설부장관 등을 역임하여 건설업계 동향에 정통하고 건설산업 전반에 밝은 혜안을 갖고 있었다.

그의 탁월함을 보여 주는 대표적인 사례가 바로 롯데평화건설 해외사업 관련 건이다. 롯데평화건설의 사우디아라비아 건설현장에서 여러 가지 우려의 소리가 들리기 시작할 때였다. 예상보다 부실규모가 크다는 보고도 있었다. 어느 날 나와 둘이서 차를 마시던 중에 이 부회장이 롯데평화건설의 사우디 현장에 관한 충격적인 실상을 전해 주었다.

"부실이 엄청나서 걱정입니다."

"그렇게 심각한 수준인가요?"

"건설회사 하나 도산하는 게 문제가 아닙니다. 자칫 잘못하다간 롯데 전체가 날아갈 우려가 있습니다."

눈앞이 캄캄했다. 그룹 전체가 날아갈지 모른다니⋯. 그의 식견으로 봤을 때 허언虛言이나 과장은 아닐 것이었다. 부랴부랴 점검해 보니 어떤 공사현장은 2천만 달러짜리 공사가 4천만 달러를 들였는데도 끝나지 않았다고 한다. 다른 공사장도 사정은 엇비슷했다. 더욱 답답한 것은 점검 채널마다 수치가 달라 부실 규모가 얼마나 되는지 종잡을 수 없다는 점이었다.

나는 임승남 사장을 불렀다. 임승남 사장은 마산 크리스탈호텔을 적자에서 흑자로 바꾼 주역이어서 믿을 만하다고 생각했다. 나는 평소 습관대로 그를 '임 군'이라 불렀다.

"임 군! 아무래도 임 군이 사우디 현장에 가서 해결해야겠다."

하지만 그는 건설이나 토목에는 경험이 없다며 고사했다. 롯데 공장 지을 때 감독했던 경험을 살려 보자고 간청하다시피 했지만 어지간한 일에는 물불 안 가리는 그도 완강했다. 며칠 후 다시 불러 설득했지만 마찬가지였다. 임 사장조차 이렇게 피하고 싶어 할 정도라면 보통 일이 아니었다. 이러다간 정말로 큰일 나겠다 싶었다. 이제 회장 권한으로 할 수 있는 마지막 수단밖에 남아 있지 않았다.

"임 군, 이건 명령이야! 사우디 현장으로 가게!"

나는 평소 잘 쓰지 않는 '명령'이라는 단어를 꺼내 들었다. 그리고 설득 삼아서, 그리고 조언 삼아서 한마디 덧붙여 주었다.

"임 군! 최고경영자는 전공이 없어. 토목건설 기술자가 아니라고 두려워할 거 없다는 거지. 상식선에서 문제를 파악하고 해결책을 찾는 게 최고경영자의 역할이야."

나의 강권에 따라 사우디아라비아로 날아간 임 사장은 결국 현지로 부임해 공사를 마무리하는 임무를 맡았다. 그렇게 현장을 지휘하던 임 사장은 1983년 일본으로 와서 공사 진척상황을 보고했다.

"사우디에서는 더 이상 수주하지 말아야 합니다. 공사를 할수록 손해이니 현장을 수습하고 철수해야 합니다. 그러려면 정리자금을 투입해야 합니다."

"액수가 얼마나 들 것 같나?"

"4천만 달러 정도 됩니다."

나는 적잖게 놀랐다. 4천만 달러는 너무도 큰 금액이었다.

임 사장에게 그 이유를 꼬치꼬치 물었다. 대여섯 시간이 훌쩍 지나갔다. 나는 집요하게 질문했고 그는 성실하게 답변했다. 이때뿐 아니라 평소에도 나는 중요한 사안이다 싶으면 담당자가 진이 빠지도록 질문을 한다. 답변을 통해 스스로 가장 적절한 해결책을 찾도록 하는 대화방식이다. 내 진의眞意를 모르는 상대방은 아마 내가 골탕을 먹이려고 쓸데없는 질문을 퍼붓는다고 생각했을지도 모르겠다. 압박감을 느낀 임원도 많았을 것이다. 그러나 그들 대부분은 용케 견뎌 냈다. 그 정도 내공이 있으니 경영자가 된 것일 게다.

롯데그룹의 규모가 커지면서 나는 그룹을 경영한다기보다는 '사장을 경영한다'는 표현이 어울릴 정도로 계열사 사장들과 긴밀하게

1980년대 서울 잠원동 롯데건설 본사를 방문한 신격호 회장.

접촉했다. 사장에게 거의 전권을 맡기고 나는 수시로 경영현황을 보고 받는 방식이었는데, '보고를 받는다'고 하지만 사실상 경청하는 편이었다. 사장들은 보고를 위해 회사의 현황과 문제점을 세밀하게 파악하고 해결책도 스스로 찾는 형국이었다.

임 사장 앞에서 나는 4천만 달러를 부담하겠다는 말을 전혀 하지 않았다. 때문에 사우디아라비아로 떠날 때 임 사장의 발걸음은 매우 무거웠을 것이다. 그런데 사우디아라비아에 도착하자마자 그에게서 전화가 왔다. 흥분한 목소리였다.

"회장님! 4천만 달러를 입금하셨군요! 각골난망입니다! 마무리 잘하겠습니다!"

나는 임 사장을 믿고 그의 의견에 따라 4천만 달러를 내주었다.

사업을 하다 보면 항상 이익을 낼 수는 없다. 하지만 평화건업을 인수한 데 따른 대가는 너무나 혹독했다. 평화건업이 수주한 중동공사 가운데 어느 현장에서는 지하에 거대한 암반층이 발견돼 이를 제거하는 데만 엄청난 비용이 들기도 했다. 제대로 지질조사도 하지 않고 성급하게 수주한 탓이었다. 너도나도 중동건설에 뛰어들던 시절이어서 그런 난관을 만나면 도산하는 업체도 적지 않았다. 거액의 공사대금을 떼여 파산한 업체도 수두룩했다.

일본에서 실시한 롯데 공채 1기로 입사한 임승남 사장은 중동에서 돌아온 후 롯데잠실사업본부장, 부산 롯데월드 건설본부장, 롯데건설 사장 등을 역임했다. 학교에서 화학공학을 전공했지만 사우디아라비아에 다녀온 이후 경력은 이렇게 대부분 '건설인'으로 장식되었다.

국내 건설에 집중하며 견실한 성장을

예전에 평화건업이 국내에서 진행하던 공사는 롯데평화건설이 이어받아 대부분 순조롭게 진행했다. 공사현장도 포항제철 코크스공장 제3기 확장공사, 서울시 지하철 3호선 3-2공구 공사, 여천 석유화학단지 공사 등 무려 20여 개나 되었다.

1979년 1월 포항제철 코크스 공장 제3기 확장공사를 마무리할 때쯤에는 현장에서 박태준 회장을 만난 적이 있다. 박 회장은 내가 제철 사업을 준비할 때 만났던 기억을 떠올리며 이렇게 다시 만나게 된 것을 반가워했다. 나 역시 이렇게 제철 현장에서 만나게 된 것도 또 다른 인연이라며 활짝 웃어 주었다.

롯데평화건설이 맡은 대형공사 가운데 삽교천 방조제 공사가 있었다. 정부가 추진하는 사업으로, 방조제가 완성되면 인공 담수호가 생기고 이를 농수로 활용하는 대규모 농지가 조성된다. 바다를 가로막아 만든 방조제 길이만도 3.36km에 달한다.

1979년 10월 26일 오전 11시 충남 당진 현장에서 삽교천 방조제 공사 준공식이 박정희 대통령이 참석한 가운데 열렸다. 이 행사가 끝나고 상경한 박 대통령은 그날 저녁 청와대 부근 안가에서 김재규 중앙정보부장이 쏜 총에 맞아 서거했다. 결과적으로 롯데평화건설이 완성한 삽교천 방조제 공사가 박 대통령 생전의 마지막 행사가 된 셈이다.

1981년 3월 롯데평화건설은 사명社名을 〈롯데건설(주)〉로 바꾸었다. 1984년에는 부실이 가득했던 해외 건설현장에서 철수하고 이때부터 국내 사업에만 집중했다. 광양제철소, 호남정유 공장 등 대형 플랜트 공사를 비롯해 롯데호텔 신관, 잠실 롯데월드, 올림픽타운 등 여러 건설 공사에 참여해 입지를 굳혔다.

그 이후 도급순위도 껑충 뛰었다. 1982년 35위에서 1985년 22위, 1987년 13위, 1988년 9위, 1989년엔 6위에 올라섰다. 창사 40주년을 맞은 1999년에는 아파트 사업에도 본격적으로 뛰어들어 '롯데캐슬'이란 브랜드를 정착시켰다. 그 결과 이제 롯데건설은 우리나라를 대표하는 굴지의 건설사 가운데 하나로 자리를 굳건히 하였다. 그야말로 역경을 딛고 이룬 성장이라 할 수 있다.

1979년 10월 삽교천 방조제(삽교호) 준공식

프로레슬링과
복싱 영웅들 이야기

스모 선수로 출발했다가 프로레슬러로 전향한 역도산은 본명이 김신락金信洛이다. 그는 일본으로 귀화한 데다 스스로 한국인이라 밝힌 적이 없어 대부분의 일본인들은 그가 일본인인 줄 알고 있다.

1953년부터 일본 TV에서 프로레슬링 중계를 시작했는데, 역도산은 잘생긴 외모에 탁월한 경기력으로 최고의 인기를 누렸다. 일본인들은 거구의 서양인 프로레슬러들을 때려눕히는 역도산의 활약에 열광했다. 역도산을 통해 제2차 세계대전에서 미국에 패배한 콤플렉스에서 벗어났다는 말이 나올 정도였다.

역도산은 가끔 나와 만나 맥주를 마시곤 했는데, 서울에 스포츠센터를 짓겠다는 포부를 밝히기도 했다. 그는 굳이 내색하지는 않았지만 한국인 제자들을 많이 아꼈다. 김일金一 선수를 '박치기 왕'으로 키운 사람도 바로 그였다. 김일 선수는 역도산을 스승으로 깍듯이 모시며 그 앞에서는 반주도 마시지 않았다. 나는 김일 선수가 수련생일 때부터 한국 식당에서 그에게 불고기를 자주 대접했다.

1961년 시부야에 스포츠센터를 오픈한 역도산은 야구 시즌이 끝나면 재일동

포 장훈 선수에게 체력단련을 하라며 스포츠센터를 운련상으로 세공했나. 노 복싱의 김기수金基洙 선수가 일본에 왔을 때도 훈련장을 제공했다. 역도산은 함경북도 출신의 김기수 선수를 고향 후배라며 몹시 아꼈다. 장소뿐 아니라 스파링 파트너도 구해 주었다. 그 무렵 나는 가끔 역도산, 김일, 김기수 등 당대 정상급 역사カ士들과 저녁식사를 함께하는 호사를 누리기도 했다. 하지만 안타깝게도 역도산은 1963년 12월 도쿄에서 야쿠자 청년의 칼에 찔려 사망하고 말았다. 그 소식을 들었을 때 나는 몹시 비통한 심정이었다.

내가 즐겨 보는 스포츠 종목은 복싱이다. 나는 특히 프로복서 홍수환洪秀煥 선수의 팬이다. 그의 경기를 모두 챙겨 보기는 어려웠지만 그가 1974년 7월 남아프리카공화국 더반에서 아놀드 테일러Arnold Taylor에게서 밴텀급 챔피언 타이틀을 획득한 경기와, 이 타이틀을 멕시코의 사모라Zamora에게 뺏긴 경기 등 주요 경기는 TV로 시청했다.

1975년 10월에는 사모라에게 도전했다가 다시 패배하는 안타까운 경기가 있었다. 경기를 보고 나니 낙담해 있을 홍 선수를 돕고 싶었다. 그래서 1976~1977년에 그를 후원했다. 그런데 1977년 11월 홍 선수는 신설된 주니어페더급 챔피언 결정전에서 헥토르 카라스키야Hector Carrasquilla와 맞붙어 '4전 5기'의 신화를 이루며 챔피언 벨트를 따는 쾌거를 이루어 냈다. 얼마나 통쾌하던지 녹화비디오를 수십 번 되풀이해서 시청했다. 세컨드 2명이 입은 트레이닝복의 등에 '롯데' 로고가 붙어 있었는데, 나로서는 그것만 봐도 감격스러웠다.

1978년 2월 1일 일본에서 카사하라 유 선수를 상대로 홍 선수의 1차 방어전이 벌어졌다. TV 생중계로 시청했는데 챔피언이 열심히 싸워 15회 판정승했다. 홍 선수가 경기 때 입은 트렁크에 '롯데'라는 한글 로고가 붙어 있어 더욱 반가웠다.

경기 직후 직접 만나 격려해 주고 싶어 집무실에서 그를 만났다. 얼굴이 붓고 피멍이 들어 있어 만나는 게 결례가 될 것 같다며 조심스러워했지만, 그는 유머가 풍부하고 표정이 밝은 복서여서 그를 만나는 내내 즐거웠다. 나는 그의 승리가 너무나 기뻐서, 1978년 2월 각 신문에 홍 선수가 화환을 목에 걸고 환호하는 모습의 사진을 담은 기업이미지 광고를 게재하기도 했다.

나는 장정구 선수의 팬이기도 하다. '짱구'라는 별명으로 불리는 그의 지칠 줄 모르는 파이팅에 매료되었다. 1988년 6월 27일 도쿄 고라쿠엔에서 벌어진 15차 방어전에서 장 선수는 도전자를 무려 7번이나 다운시킨 끝에 8회 TKO로 승리하고 챔피언 타이틀을 지켰다. 나는 이튿날 챔피언을 집무실로 초청해 차를 함께하며 격려했다.

한국
유통산업의
새 지도를
그리다

7

롯데쇼핑,
새로운 유통문화의 시작

백화점 사업 계획의 수립

1970년대 중반까지만 해도 한국의 경제규모는 그다지 크지 않았다. 국민들의 생활수준도 마찬가지였다. 해방 직후나 한국전쟁 직후에 비할 바는 아니지만 여전히 한국은 잘사는 나라가 아니었다.

백화점이 여럿 있기는 했다. 하지만 대부분 규모가 크지 않았고 고객은 일부 고소득층에 한정되었다. 재래시장은 꽤 활발했지만 비가 오면 진흙탕이 될 정도로 시설이 낙후했다. 정육점이나 어물전 같은 상점들의 위생상태도 안심할 수 없었다. 게다가 정찰제가 정착되지 않아 어수룩한 손님은 바가지를 쓰기 일쑤였다.

실제로 나는 서울과 부산의 수산시장에 가보고는 깜짝 놀랐다. 시장바닥에 물이 질퍽질퍽했다. 일본 도쿄의 츠키지 수산시장이나 호주 시드니 수산시장의 경우에는 생선 씻은 물을 흘려보내는 배수구가 따로 있어 손님들이 오가는 통로에는 전혀 물기가 없었다. 저절로 비교가 되었다.

동네 구멍가게에서는 유통기한이 언제인지도 모르는 상품을 버젓이 팔았다. 서울 도심의 어느 구멍가게에 시뻘건 녹이 슨 참치 통조림이 수북이 쌓여 있는 광경을 직접 본 적도 있다. 농산물은 유통단계가 워낙 많아서, 농민은 헐값에 팔고 소비자는 비싼 가격에 사는 비합리가 당연시되었다.

몇 년에 걸쳐 이런 유통환경을 유심히 살펴본 나는 유통사업을 시작하기로 했다. '소비자들이 쾌적한 환경에서 쇼핑하면서 양질의 물건을 적정가격에 사게 하자!'는 게 나의 생각이었다. 유통사업을 결심할 때만 해도 나의 목표는 이렇게 소박했다.

결심이 서자, 1975년 4월 롯데호텔 신축 부지를 사들이면서 부속건물 일부를 백화점으로 활용한다는 구상을 세웠다. '제대로 된' 백화점을 만들어서 유통문화를 획기적으로 바꾸고 싶었다. 선진 시스템을 갖춘 백화점을 개점하면 고객에게 큰 편익을 주고 제조업과 서비스업도 동시에 발전하는 발판을 만들 수 있을 것 같았다.

시간이 나는 대로 미국과 일본의 유수한 백화점들을 샅샅이 살펴보았다. 한 수 배운다는 자세로 백화점 경영진을 찾아가 머리를 숙이기도 했고, 보다 정확한 사업환경을 파악하기 위해 한국과학기술연구소에 시장조사를 의뢰하기도 했다.

1975년 11월 백화점 사업 타당성 조사결과가 나왔다. 결론은 '해볼 만한 사업'이라는 것이었다. 지하 1층부터 지상 10층까지를 백화점으로 하고 외국인 관광객을 대상으로 한 면세점도 설치하면 좋을 것이라는 의견이었다.

나는 이 보고서를 참고하여 사업 추진에 나섰다. 먼저 백화점 사업 전담팀을 꾸려 국내외 유명 백화점 실태를 파악한 후 '백화점 경영 기본전략'을 수립하도록 했다. 1976년 4월에는 백화점이 들어설 부속 건물의 공사를 착공했고, 10월에는 쇼핑센터사업부를 발족하여 본격적인 준비를 시작했다. 1977년에는 쇼핑센터사업부를 쇼핑센터사업 본부로 확대 개편해 사업체제를 갖추었다.

인력 확보도 서둘렀다. 최소 1천 명 이상의 인력이 필요하다고 보고 경력자와 신입사원을 대거 채용했다. 다른 백화점의 정예요원을 경력사원으로 채용하면 편하겠지만, 자칫 상대방을 자극할 수도 있을 것 같아 가능한 한 신입사원 중심으로 인력을 채용했다.

어느 정도 인력을 확보한 다음에는 일본 다카시마야백화점과 업무제휴를 맺고 구매, 운영, 사원교육, 내장설계 등 여러 분야에 대해 도움을 요청했다. 다카시마야백화점 측에서는 전문가들을 한국으로 파견하여 우리 직원들을 지도해 주었다. 우리 직원들을 백화점으로 보내 현장연수를 받도록 조치하기도 했다.

1977년에는 백화점 전문경영인 출신 아키야마 에이치秋山英一 씨를 쇼핑센터사업본부장으로 영입했다. 1978년에도 기획부장 겸 판촉부장, 영업이사 겸 의류담당 지배인, 식품 및 잡화담당 지배인을 일본에서 풍부한 경험을 쌓은 전문가들로 추가 영입했다.

쇼핑센터사업본부가 1979년 초까지 백화점 사업을 위해 충원한 인력은 모두 100여 명이었다. 하지만 그 정도로는 턱없이 부족해 4월과 8월에 각각 211명, 234명을 추가로 채용하고 그 후에도 수시로 인력을 보강했다. 그 결과 개점을 한 달 앞둔 1979년 11월 기준으로 직원 수는 479명으로 늘었다. 교육생 456명과 경비원 21명을 포함하면 956명에 달했다.

1978년 중반부터는 유통업자 독자 브랜드인 PB^{Private Brand} 개발에도 착수했다. 그리하여 신사복, 와이셔츠, 구두 등의 남성용품에 'LOTTE', 숙녀용품에 'Char Lotte', 신사·숙녀용 고급 수제화에 'Etoile'이라는 브랜드를 개발했다. 외국의 명품브랜드 기업들과 기술 제휴하여 생산하는 방안도 고려했지만 터무니없이 높은 로열티를 요구하기에 거절했다. 로열티로 지급될 자금을 기술과 디자인 분야에 투자해서 고유의 브랜드를 개발하고 이를 명품으로 육성하면 되지 않겠느냐는 게 나의 생각이었다.

지하상가 고정관념 바꾼 '롯데 1번가'

1978년 12월 22일 롯데호텔이 부분 개관한 데 맞춰 1층에 '뤼미에르 부티크'라는 소규모 상가를 오픈했다. 백화점 개점에 앞서 워밍업 삼아 오픈한 것이다. 이를 통해 백화점이 갖추어야 할 상품과 서비스, 디스플레이, 가격표, 전표 등 여러 분야를 점검했다.

소규모 상가인 만큼 뤼미에르 부티크의 매출은 그리 많지 않았다. 하지만 홍보효과는 매우 컸다. 또 백화점 영업에 필요한 사전자료를 수집하는 성과도 거둘 수 있었다.

1979년 봄에는 박정희 대통령이 직접 다녀가기도 했다. 어떤 일정이었는지는 알지 못하지만, 롯데호텔에서 가진 어떤 공식일정을 마친 박 대통령이 느닷없이 상가를 구경하고 싶다면서 롯데 관계자에게 안내를 부탁한 것이다. 아키야마 에이치 본부장은 긴급호출을 받고 부랴부랴 매장으로 달려가 약 10분간 박 대통령을 안내했다. 나중에 보고를 받아 보니 대통령이 매장 경영에 관한 세세한 사항까지도 관심을 갖고 질문했다고 한다.

개점 준비가 순조롭게 진행되자 1979년 가을에 '롯데 1번가'를 개점키로 하고 입점 업주를 모집했다. 그러나 "으리으리하게 지었으니 임대료가 엄청나게 비쌀 것"이라는 헛소문이 퍼지면서 점주들을 구하기가 쉽지 않았다. 그때는 아직 임대료를 정하기도 전이었다.

"입주 희망 점주 200명을 롯데 임직원이 일일이 면담하시오. 임대료를 얼마 내면 손익분기점이 될지도 알아보시오."

나는 관계직원들에게 그렇게 지시했다. 처음부터 큰 이익을 내기보다는 점주들과의 상생을 선택한 것이다. 상생의 전통을 만드는 것도 유통문화를 새롭게 만들어 가는 길이라 생각했다.

나의 지시에 따라 점주들이 큰 부담을 갖지 않는 선에서 임대료가 결정되었다. 당초 예상보다 훨씬 낮은 수준이었다. 그러자 점주들은 신바람이 났고, 그 신바람은 고스란히 백화점이 활기를 띠는 에너지가 되었다.

그렇게 준비를 마치고 1979년 10월 26일 '롯데 1번가 아케이드'

1979년 10월 롯데 1번가 개관 테이프커팅

를 개점했다. 롯데 1번가는 소공동 지하상가에서 을지로 롯데호텔까지 약 120m 구간에 조성한 지하상가를 말한다. 그동안 지하상가는 대체로 어둠침침하고 답답한 것이 특징이라면 특징이었다. 하지만 나는 초현대식으로 탈바꿈시켜 쾌적한 환경의 롯데 1번가를 탄생시켰다.

그 과정에서 나는 몇 가지 실험적인 방식을 시도했다. 먼저, 기존 상가에서는 볼 수 없었던 오픈숍(문이 없는 점포)을 만들고 통로 바닥에는 이탈리아산產 고급 대리석을 깔았다. 이 이탈리아 대리석은 언론으로부터 호화판이라고 비판받기도 했다. 소비자단체들도 한국 수준에 맞지 않고 과소비를 조장한다며 눈총을 보냈다.

하지만 내 견해는 달랐다. 우리 소비자들도 이런 호사를 누릴 권리가 있다는 게 내 생각이었다. 우리 국민도 이탈리아산 대리석을 밟고 걸을 수 있어야 하고, 세계의 여러 문화를 더 많이 체험하고 상상할 수 있어야 한다. 그래야 세계적인 명품도 만들고 장차 국제무대에도 당당히 설 수 있다고 본 것이다.

마찬가지 이유에서 롯데 1번가는 새로운 MD Merchandising 계획을 수립하여 우수한 점포를 입주시키고자 애를 썼다. 입주 예정자를 미리 찾아가 판매하려는 품목의 디자인과 품질을 세심히 살폈고, 유명 점포는 직접 찾아가서 입점을 권유하기도 했다. 기존 점포가 없는 입주 예정자에게는 상품 샘플을 요청하여 품질을 확인했다. 그런 과정이 1년 6개월이나 걸렸다.

그렇게 노력을 해서 오픈했으니 롯데 1번가가 화제의 중심에 선 것은 자연스러운 일이었다. 무엇보다도 롯데 1번가의 시설이 최고 수준이라는 평가가 이어졌다. 세련된 인테리어, 계획적인 배치, 포장의 통일성, 정찰제 실시 등 쇼핑객들과 그 주변 사람들 사이에서 화제가 된 아이템은 하나둘이 아니었다. 롯데 1번가 개점 이후 전국 곳곳에서 '1번가'라는 명칭을 단 간판이 수두룩하게 나타난 것도 롯데 1번가의 인기를 짐작케 하는 현상이었다.

마침내 우리나라에도 새로운 쇼핑문화가

롯데가 유통시장에 발을 들여놓으니 기존 업체들의 반발이 거세졌다. 반발의 강도가 예상보다 높아서 곤욕스러웠다. 업계가 주장하는 내용은 대체로 이런 것들이었다.

"롯데의 백화점 매장이 다른 백화점의 2~3배 규모여서 재래시장까지 잠식할 것이다."

"롯데는 외국인 투자기업이므로 외국 자본의 국내 유통업 진출을 막아야 한다."

당시 외국인은 백화점 사업에 투자할 수 없었다. 국내 회사도 서울의 4대문 안에서는 백화점을 신설할 수 없었다. 도심으로의 인구집중을 막기 위한 조치였다. 따라서 호텔 지원시설로 등록된 백화점 건물을 내국인 상대의 백화점으로 사용하려면 정부의 허가를 얻어야 했다.

쇼핑센터사업본부는 '경제발전을 위해서는 유통구조의 혁신이 필수적이며, 유통 및 관광산업의 발전을 위해서는 선진국과 같은 운영기술과 현대적 시설을 갖춘 백화점이 반드시 필요하다'는 논리를 담아 당국에 용도변경원을 제출했다. 이에 1979년 10월 경제기획원은 조건부 허가조치를 내렸다. "외국인 투자법인인 호텔롯데는 국내 유통업을 영위할 수 없으므로 별도의 내국법인을 설립하라"는 조건이었다. 백화점을 하려면 호텔롯데가 하지 말고 별도 법인을 만들라는 얘기였다.

이제 '4대문 안에 백화점을 개점할 수 없다'는 제도적 규제를 어

1979년 12월 17일 롯데쇼핑 개점식

떻게 해결할지가 가장 큰 숙제였다. 고민 끝에 '백화점' 대신에 '쇼핑센터'라는 이름을 사용하기로 하면서 문제를 해결했다.

한편, 정부의 허가조건을 이행하기 위해 호텔롯데는 쇼핑센터사업본부를 분리해 매각했다. 이를 인수한 회사는 그룹의 방계회사로 1970년에 설립된 협우실업(주)이다. 협우실업은 1979년 11월 5일과 15일 주주총회를 열어 상호를 〈롯데쇼핑(주)〉으로 바꾸었다.

그해 12월 롯데쇼핑은 호텔롯데로부터 부속건물의 지하 1층부터

7층까지를 매입했다. 이 부속건물도 사연이 없지 않다. 당초 롯데호텔 부속건물은 25층으로 설계해 백화점과 오피스가 공존하는 빌딩으로 지을 계획이었다. 하지만 중동건설 붐이 거세게 부는 바람에 국내 건설업계는 인력난과 자재난에 시달려야 했고, 따라서 공사도 당초 계획대로 진행하기가 어려워졌다.

이런 난관 속에서도 착공 3년 8개월 만인 1979년 12월 백화점 건물이 완공되었다. 지하 1층부터 지상 7층, 연면적 2만 7,438m², 영업면적 1만 9,835m². 당초 계획했던 25층보다 대폭 축소된 규모이지만, 그것만으로도 기존 백화점들보다 2~3배가량 컸다.

롯데쇼핑은 1979년 12월 17일 정식으로 개점했다. 개막식에서는 박충훈朴忠勳 무역협회 회장, 유창순 롯데제과 회장, 그리고 내가 함께 테이프를 끊었다.

___

롯데쇼핑이 문을 열던 날

개점 당일 롯데쇼핑에 30만 명의 인파가 몰려드는 바람에 소공동 일대는 인산인해를 이루었다. 감당할 수 없을 정도로 손님이 밀려들어 셔터를 3번이나 올리고 내리는 진풍경이 벌어졌다. 시골에서 상경했다는 어느 어르신은 번들번들한 대리석을 보고는 고무신을 벗고 버선발로 매장에 들어오시기도 했다.

당시는 현금으로 물건을 사던 시절이어서 매장마다 현금을 넣어두는 철제 금전등록기가 있었는데, 손님들이 지불한 현금으로 금전등

1979년 오픈한 롯데백화점을 둘러보는 신격호 회장

록기가 금세 꽉 찼다. 어떤 매장에서는 거의 30분마다 금전등록기를 비워야 했다. 영업시간이 끝난 후에도 판매사원들은 현금뭉치를 정리해 100장씩 묶어 돈다발을 만드느라 심야에나 퇴근할 수 있었다. 엄청난 인파 때문에 자리를 비울 수 없어 하루 종일 쫄딱 굶은 판매사원들이 부지기수였다.

그런 분위기는 개점 이후 꽤 오랫동안 지속되었다. 추운 겨울에 마땅히 갈 곳이 없었던 시민들은 롯데쇼핑의 따스한 실내를 산책하듯이 다니기도 했다.

"손님들에게 친절하라! 이것은 백화점 영업의 알파요, 오메가다."

나는 개점 전부터 기회 있을 때마다 임직원들에게 이렇게 강조했다. 다행스럽게도 매장 직원들은 사전에 교육받은 대로 고객에게 품격 높은 서비스를 제공했다. 손님들은 깨끗한 유니폼을 입고 환하게 웃는 판매사원들로부터 '배꼽 인사'를 받으며 '손님은 왕!'이란 구호를 직접 체감했을 것이다.

롯데쇼핑은 개점 100일 만에 입점객 1천만 명 돌파라는 대기록을 세웠다. 100일 동안 하루 평균 10만여 명이 다녀갔다는 뜻이다. 매출도 기대 이상이었다. 영업 첫해인 1980년에 올린 매출이 454억 원이었다. 그때까지 업계 1위였던 신세계백화점을 누르고 단숨에 유통업계 정상에 올라선 것이다. 1982년에는 단일 점포로는 업계 최초로 1천억 원의 매출을 달성하는 기록도 세웠다.

롯데쇼핑에는 수많은 국내외 유명인사들이 방문했다. 그중 특히 기억에 남는 인물로는 영국의 다이애나Diana 황태자비를 꼽을 수 있다. 1992년 11월 롯데쇼핑에서 열린 영국물산전을 참관하러 온 황태자비

1992년 11월 롯데쇼핑 영국물산전에 방문한 고 다이애나 영국 황태자비

는 품격이 느껴지는 아름다운 자태를 갖추고 있어 롯데쇼핑의 분위기와도 잘 어울린다는 생각을 했다.

롯데 유통망의 전국화

'3저 현상' 속에서의 유통산업

1988년 1월 롯데쇼핑은 기존 백화점 건물과 잇닿은 곳에 백화점 신관을 개관했다. 호텔롯데와 공동으로 옛 산업은행 부지를 매입해 새 건물을 짓고 그중 일부 층을 백화점 신관으로 조성한 것이다. 그 결과 롯데쇼핑센터의 영업면적은 기존보다 1.8배나 확장되었다.

초대형 매장으로의 확장을 기념해 대확장 개관식을 가졌다. 테이프 커팅에는 김용래金庸來 서울시장이 참석해 축하를 해주었다. 이날 개관식은 국내 최대 규모의 백화점 본점이 완성된 것을 축하하는 자리라는 점에서 의미 있는 행사였다.

롯데쇼핑이 비약적으로 성장하던 1980년대 후반 무렵 한국경제는 저유가, 저금리, 저환율 등 이른바 '3저低 현상'에 힘입어 유례없는 호황을 누렸다. 경제성장률도 1987년 11.1%, 1988년 10.6%로 2년 연속 두 자릿수를 기록했다. 놀라운 성장세였다. 수출이 호조를 보이고 국제수지도 흑자를 나타냈다. 게다가 1986년 아시안게임과 1988년 서울올림픽을 성공적으로 치러 내면서 국제사회에서의 위상도 높아졌다. 이제 한국은 지구상 최빈국이라는 부끄러운 오명을 벗고 중진국으로 접어들었다.

경제규모가 커지고 국제적인 위상도 달라지면서 경제정책의 패러다임도 점차 바뀌어 갔다. 특히 1990년대 들어서는 정부의 시장개입이 줄어들고 민간의 자율성이 한층 확대되었다. 그러자 유통업계에도 변화가 일어났다. 부도심 개발과 지하철 건설 붐을 타고 상권이 다핵화하면서 유통업은 새로운 유망업종으로 급부상했고, 업계의 경쟁은 그 어느 업종보다도 치열해졌다. 백화점의 경우에는 대형화, 다점포화, 다각화 현상이 두드러졌다.

국내 최초 민자역사

이러한 환경에서 롯데는 철도청(지금의 한국철도공사)과 함께 민자역사民資驛舍 사업이라는 새로운 장르를 개척하며 유통산업을 주도했다. 민자역사 사업은 역사를 중심으로 하되 쇼핑센터, 식당가 등을 아우르는 복합개발 방식이다.

국내 최초의 민자역사인 영등포역사는 1990년에 준공되었다. 연면적 9만 5,944m²에 지하 5층, 지상 8층 규모로 건설되었다. 지하 1층부터 지상 6층까지는 백화점, 7층은 식당가가 들어섰다. 영등포역사

1987년 5월 영등포역사 기공식에 참석한 신격호 회장

사업 이후 1994년 개점한 청량리백화점 사업도 비슷한 방식으로 추진
되었다.

외환위기 속 부실 점포들 인수

그 무렵 한국경제는 흔히 'IMF 사태'라고 부르는 외환위기에 휩
싸여 큰 고통을 겪어야 했다. 1997년 말부터 휘몰아친 외환위기는 수
많은 기업들을 도산하게 만들었다. 실업자가 늘고 소비심리까지 움츠
러들어 유통업계는 엄청난 위기에 직면했다.

특히 백화점 업계가 받은 타격은 더욱 컸다. 1997년 13개, 1998년
8개의 백화점이 도산해 백화점 부도율이 40%에 달했다. 부도가 난
업체는 대부분 중소 규모의 지방 백화점이었지만 뉴코아, 블루힐, 새

로나, 그레이스 등 유명 백화점도 예외가 되지 못했다. 외환위기 직전 108개였던 백화점 수는 2000년 98개, 2001년 91개, 2002년 89개로 매년 줄어들었다. 생존을 위해 대형화, 다점포화, 업태 다각화를 추진하려 해도 대부분 투자 여력이 별로 없었다.

위기상황에서도 재무구조가 탄탄한 롯데쇼핑은 부실해진 백화점과 할인점을 끌어안기로 했다. 롯데의 몸집을 키우려는 이기적인 욕망 때문만은 아니었다. 중소 납품업체들의 연쇄부도를 막고 유통산업이 발전하는 전환점을 만들어야겠다는 생각이었다.

다수의 유통업체들이 하루가 멀다 하고 도미노처럼 무너지면서 M&A(인수합병)시장에는 많은 매물이 쏟아져 나왔다. 롯데쇼핑은 이 유통업체들을 적극적으로 인수했다. 이때 롯데쇼핑 품에 새로 들어온 유통업체는 서울 블루힐백화점, 그랜드백화점, 인천 동아시티백화점, 킴스클럽 서현점 등이었다. 현대백화점과 신세계백화점도 M&A에 나서면서 유통업계는 3사 체제로 빠르게 재편되었다.

1998년에는 명동 입구에 있는 미도파백화점이 법정관리에 들어갔다가 곧바로 M&A시장에 매물로 나왔다. 오랜 전통을 가진 미도파백화점이 매물로 나온 것은 일반시민들에게도 큰 충격으로 받아들여졌다.

미도파백화점 소유주인 박용학^{朴龍學} 대농그룹 회장은 정주영 현대그룹 회장과 동갑으로, 두 분이 절친했다. 나도 재계 선배인 박 회장을 존경해 오던 터였다. 박 회장은 롯데호텔 양식당과 일식당의 단골손님이기도 했다. 나는 낙찰 예상가보다 높은 5,400억 원에 미도파백화점을 인수하기로 했다. 남의 어려움을 빌미로 '후려치기' 가격으로는 사고 싶지 않았다. 그것이 박 회장에 대한 나의 예의라고 생각했다.

───────

건강한 재무구조가 경쟁력의 기반

롯데쇼핑에게 도약의 기회가 되었다고 하지만 나라 전체가 외환위기를 겪은 것은 여러모로 가슴 아픈 일이었다. 기업인으로서 수많은 기업들이 부도를 내고 도산하는 모습을 지켜보는 것은 그 자체가 고통이었다. 심지어 대마불사大馬不死라 호언장담하며 덩치를 키우던 굴지의 그룹회사들조차 줄줄이 해체되는 게 마음이 편치 않았다.

하지만 한편으로는 커다란 자부심을 느끼기도 했다. 차입금에 의존하지 않고 건강한 재무구조를 유지한 것이 옳았다는 것을 확인했기 때문이다. 외환위기로 인해 거의 모든 기업들이 큰 고통을 겪었지만, 평소 건강한 재무구조를 추구했던 롯데는 상대적으로 그 고통이 크지 않았다.

롯데는 부채비율이 매우 낮았기에 정부 지원을 받지 않아도 됐다. 은행 빚이 많은 기업들은 높은 이자를 물고 나면 사실 남는 게 별로 없었지만, 롯데는 이자 지출이 거의 없어 외환위기 상황에서의 고금리에도 거뜬했다. 그래도 나는 1997년 재계 인사로서는 처음으로 1천만 달러의 사재를 출자하고 5억 달러의 외자를 과감하게 투입해 롯데의 재무구조를 더욱 건실하게 만들었다. 롯데를 위해서이기도 하지만 한편으로는, 우리나라가 외환위기를 극복하는 데 힘을 보태고 싶었다.

私財
160
億
회사
헌납

롯데 辛格浩회장 3억~5억달러 日서 차입 투자

◇辛格浩회장

《조선일보》
1998년 1월 17일 자 1면,
"사재 160억 회사 헌납"

또한 외환위기 극복에 조금이라도 도움이 되고자 100억 엔 규모의 엔화 표시 외국환평형기금채권(외평채)을 매입하도록 권유한다는 목표로 1만 명의 재일교포 모국방문단을 구성하는 캠페인을 전개했다. 외평채는 외화자금 수급조절을 위해 정부가 발행하는 채권을 말한다. 나는 당시 고문으로 있던 민단중앙본부를 통해 각 지부에 외평채 구입을 홍보하는 한편, 외평채 매입을 위해 방한하는 재일교포 모국방문단에게는 항공권을 무료로 제공하고 호텔숙박료도 할인해 주는 지원활동을 펼쳤다.

목표 달성을 이루지는 못했지만 이 일로 재계는 큰 충격을 받았다고 한다. 거의 모든 기업이 어려움에 빠져 구조조정으로 몸살을 앓던 시기에 사재를 출연하고 외평채 판매에 앞장선 나의 행동이 특이하게 보인 모양이다. 국내뿐만 아니라 해외 언론에서도 취재 요청이 오곤 했다. 하지만 내가 일군 기업과 모국이 어려움에 처했을 때 가능한 모든 역량을 쏟

한국 유통산업의 새 지도를 그리다　331

아 어려움을 함께해야 한다는 나의 경영철학 안에서는 지극히 당연한 행동이었다.

덕분에 롯데쇼핑은 도산하거나 도산 위기에 몰린 기업을 인수할 여력을 가질 수 있었다. 롯데쇼핑이 다점포화, 경영다각화를 통해 제2의 도약을 이룰 수 있었던 것도 이 때문이다. 이때를 계기로 롯데쇼핑은 할인점, 슈퍼마켓, 전문점, 통신판매 사업 등으로 업태 다각화도 이루어 낼 수 있었다.

유통은 살아 있는 유기체와 같다. 생산자-유통-소비자로 이어지는 과정에서 모든 것이 상호 연관된 체제이다. 인체에서 혈액 흐름에 장애가 생기면 생명이 위태로워지는 것처럼 경제도 유통 흐름이 끊어지면 파국에 직면한다. 롯데가 유통업에 진출한 것은 두고두고 봐도 잘한 결정이라고 생각한다.

롯데리아가 심은
외식 사업의 씨앗

최초의 패스트푸드점 소공동점 개점

호텔, 유통업과 더불어 내가 관심을 가진 또 하나의 분야는 외식 사업이었다. 국민소득이 증가하는 추세를 보면서 나는 머지않아 우리나라에도 가족들이 즐기는 외식 사업이 크게 번성할 것이라고 확신했다.

롯데호텔 건설공사가 마무리돼 가던 1978년경 일본에서는 이미 롯데리아를 비롯해 맥도날드, 모스버거, KFC 등의 외식업체들이 열전을 벌이고 있었다. 목 좋은 곳을 차지하려는 각축전도 치열했다. 그런 경쟁 속에서도 롯데리아는 1978년 150호점, 1979년 8월 245호점을 돌파하며 성장세를 이어갔다. 맥도날드는 다국적기업의 최대 무기라 할 수 있는 자본력을 바탕으로 점포를 확장해 1977년 127호점, 1978년 162호점으로 롯데리아를 앞서 나갔다.

미국계 패스트푸드 기업들이 일본으로 몰려든 이유는 자국의 외식시장이 포화상태에 이르렀기 때문이다. 그러한 때에 일본은 아주 좋은 시장이었을 것이다. 1978년 일본의 1인당 국민소득은 8,500달러로, 외식시장이 폭발적으로 성장할 때였던 것이다.

그들이 일본 다음으로 주목한 곳은 바로 한국이었다. 한국은 그 무렵 급속한 경제성장으로 국민들의 생활수준이 높아져 외식 사업을 펼치기에 좋은 조건이었다.

일본에서 벌어지는 외식업체들의 경쟁을 지켜보던 나는 1978년 가을 한국에서도 외식 사업을 펼칠 준비에 들어갔다. 롯데제과 2층에 사무실을 마련하고 전담팀을 꾸린 다음, 유능한 직원 5명을 일본 롯데리아로 보내 실무교육을 받도록 했다. 당시만 해도 한국에는 서구식 패스트푸드점이 무엇인지 거의 알려지지 않은 때였으므로 기초부터 학습해야 했다.

1979년 3월 롯데호텔이 전관 개관하면서 그룹운영본부가 호텔 26층에 자리를 잡자, 그룹운영본부 산하 기획조정실 경영3팀에서 롯데리아 설립 작업을 맡도록 했다. 그리고 추가로 직원 5명을 일본으로 보내 매뉴얼 작성 등 실무작업을 준비하게 했다. 1979년 5월 1일에는 롯데제과 내에 롯데리아 사업부가 설치되었다.

그 무렵 관련업계와 언론에서도 롯데가 준비하는 외식 사업에 관심을 보이기 시작했다. 당시 한 신문은 이렇게 보도했다.

롯데제과(대표 유창순)는 오는 6월에 국내 최초로 햄버거 체인을 개설하는 한편, 9월 중 법인체인 롯데리아를 설립키로 했다. 6일 업계에 따르면 롯데제과는 오는 6월 첫 번째 체인점을 호텔롯데와 롯데백화점을 연결하는 지하아케이드 내 전문음식점가에 100m² 규모로 개설하는데, 운영방식은 롯데그룹이 일본에서 하고 있는 햄버거 체인과 똑같은 스타일을 채택하기로 했다는 것이다.

동사同社는 프랜차이즈 시스템을 활용, 앞으로 3년 이내에 100개 체인점 개설을 위해 스태프진 5명을 일본에 파견, 작년 가을부터 체인점 개설과 운영에 관해 연수를 끝마친 것으로 알려졌다. 롯데리아 체인망을 구축하는 데는 약 500억 원이 투입될 것으로 알려졌다.

호텔롯데 지하아케이드에 개설될 1호점을 핵 점포로 20개의 직영 체인점을 갖추고 나머지 80개 체인점은 프랜차이즈화하기로 했다.

보도가 나가고 얼마 지나지 않아 의외의 반응이 나타났다. 1979년 5월 22일 어느 언론에 '정부 당국이 롯데그룹에 패스트푸드 사업에 대한 독점권을 부여해서는 안 된다'는 경쟁사의 주장을 보도한 것이다. 패스트푸드에 대한 이해 부족을 그대로 드러낸 기사였다.

프랜차이즈 사업은 체인점 본부가 가맹자들에게 노하우와 물품을 제공하고 로열티를 받는 방식이어서 다른 사업자도 얼마든지 참여할 수 있고 애초에 독점권도 없다. 그런 사업은 처음이다 보니 경쟁사도, 언론도 그 점을 미처 이해하지 못하고 있었던 것이다.

카페테리아도, 아르바이트도 '새로운 문화'

롯데리아는 1979년 9월 2일 남녀 아르바이트생 43명을 선발했다. 아르바이트생을 모집한 것인데, 무려 5천여 명이 응모해 담당자도 깜짝 놀랐다. 1차로 807명을 가리고, 적성검사와 면접으로 최종심사를 진행했다. 면접기간만 꼬박 1주일이 걸렸다.

당시만 해도 대학생들의 아르바이트는 초·중·고교생 과외가 대부분이었다. 때문에 롯데리아 근무는 아르바이트의 새로운 사례가 되었다. 당시 아르바이트생 중 상당수는 나중에 정식 직원으로 채용되었으므로 요즘의 인턴제도와 유사한 성격도 갖고 있었다.

'롯데리아Lotteria'는 '롯데Lotte'와 '카페테리아 cafeteria'를 합성한 이름이다. '카페테리아'는 당시만 해도 낯선 어휘였지만, 유럽에서는 셀

1979년 10월 25일 국내 패스트푸드점 1호 롯데리아 소공동점 개점

프서비스 형태로 자기가 원하는 음식을 골라 돈을 지불하고 직접 가져가서 먹는 음식점을 가리키는 용어로 널리 쓰였다.

10월 25일 제1호점 소공동점이 문을 열었다. 판매가 시작되자 손님들이 한꺼번에 몰려들어 주문을 기다리는 줄이 기다랗게 늘어졌다. 손님들은 남녀노소 다양했는데 대부분 호기심 어린 표정을 숨기지 못했다. 10월 한 달간 햄버거 판매실적은 무려 1천만 개를 돌파했다. 이렇게 사람들이 모여들다 보니 소공점 입구에 있는 지하 분수대 '애천愛泉'은 청춘남녀들의 데이트 장소로 유명해졌다.

최초의 프랜차이즈 사업설명회

1980년 5월 롯데호텔 에메랄드룸에서는 국내 최초로 패스트푸드 프랜차이즈 가맹점 모집을 위한 사업설명회가 열렸다. 이 행사에는 1천여 명의 희망자들이 모여들어 성황을 이뤘다. 소공동점이 성공적으로 운영된 것이 많은 사람들에게 영향을 미친 것이다.

이날을 계기로 롯데리아 가맹점이 빠르게 늘어났다. 사업주 선정을 위한 상담과 시장조사를 거쳐 이동인구가 많은 명동에 2호점을 개설했고, 이어서 용산의 원효로점, 시청 앞 태평로점, 파고다공원 옆의 종로점, 뉴코아백화점 1층의 뉴코아점이 속속 문을 열었다.

가맹점이 늘어남에 따라 롯데리아는 물류센터를 설치하고 국내 외식업계 최초로 연수센터를 개원했다. 연수센터는 7주간에 걸쳐 점장, 매니저 등 관리요원을 양성하는 인재양성의 요람이다. '외식업계의 사관학교'라는 별칭을 얻기도 했다.

1986년 아시안게임과 1988년 서울올림픽 유치가 확정된 이후에
는 국내에서도 여러 기업들이 외식 사업에 진출하고자 준비를 서둘렀
다. 롯데리아의 영업방식을 모방한 업체들도 속속 등장했다.

외국의 글로벌 외식업체들 역시 앞다퉈 한국시장에 발을 들여놓
았다. 1980년 말 버거킹과 빅보이(아메리카나)를 필두로 맥도날드가
뒤를 이었고, 1981년과 1982년에는 미스터도넛, 윈첼도우넛 등 도넛
업체들도 들어왔다. 1982년 처치스텍사스, 1983년 로얄치킨, 1984년
켄터키프라이드치킨KFC 등 프라이드치킨 업체들도 줄줄이 한국시장
에 진출했다. 햄버거 업체로는 1984년에 웬디스가 가세했다.

외국계 유명 패스트푸드 업체들이 속속 상륙함에 따라 국내 외식
시장은 순식간에 글로벌기업들의 각축장이 되었다. 이에 자극받은 국
내의 크고 작은 패스트푸드 업체들도 잇따라 출사표를 던지고 시장에
참여했다. 수많은 업체가 난립하며 경쟁하다 보니 일부 군소 프랜차이
즈 업체들이 도산하는 일이 빈번해졌고 영세 점주들의 피해가 생겨나
사회문제로 부각되기도 했다.

그런 가운데에도 샌드위치, 아이스크림, 한식, 분식 등 다양한 업종
의 프랜차이즈가 계속해서 생겨났다. 뿐만 아니라 서울을 비롯해 어지
간한 도시에는 곳곳에 '먹자골목'이 형성됐고, 김밥, 튀김, 떡볶이 등의
분식을 주 메뉴로 하는 '음식백화점'도 속속 생겨났다. 된장찌개와 김치
찌개로 대변되던 한국인의 식문화에 변혁의 물결이 일어난 것이다.

외식시장 규모는 롯데리아 출범 당시인 1979년만 해도 1조 7천

1991년 5월 롯데백화점 개점식에 참석한 신격호 회장

억 원 정도였으나 1982년에는 2조 6천억 원으로 커졌다. 1인당 국민
소득이 증가하면서 시장은 더더욱 확대되는 추이를 보였다. 특히 생활
수준의 향상에 비례하듯 건강과 보건위생에 대한 관심이 높아져 청결
을 중시하는 서구식 패스트푸드가 급성장했다.

롯데리아는 전국 주요 도시로 점포망을 확대했다. 1982년 대구시
에 2개 점을 개점하면서 지방 점포시대를 열었고, 1983년 3월에는 서
울 위성도시 가운데 최초로 안양점을 오픈했다.

국내 최초로 현대식 매장을 도입한 지 12년 만인 1992년, 롯데리
아는 업계 최초로 100호점을 돌파하고, 최고 히트상품인 불고기버거
를 출시하며 한국형 햄버거 개발을 통한 제품 차별화에 앞장섰다.

글로벌시장으로 보폭 넓혀

독자적인 러시아 진출의 토대를 마련하다

나는 어릴 때부터 세계지도 보는 것을 좋아했다. 안데르센 동화를 보다가도 지도에서 덴마크를 찾아보고, 나폴레옹 전기를 읽고 나서는 프랑스를 찾아봤다. 창업 이후엔 사무실에 지구본을 갖다 놓고 빙빙 돌려 보며 다른 나라에 대한 상상의 날개를 펼치곤 했다.

기업을 확장하는 과정에서 어린 시절의 버릇이 되살아났는지 나는 자연스럽게 글로벌시장에 관심을 가지게 되었다. 특히 인구가 많아 소비시장이 넓은 인도, 인도네시아, 러시아, 베트남 등 신흥 개도국에 관심이 많아졌다.

그중 러시아는 모스크바, 상트페테르부르크 등 대도시에 외국자본이 몰려드는 데 힘입어 연 8%의 고성장을 거듭하고 있었다. 경제 전반에도 활기가 넘쳤다. 1992년 기준으로 250조 원 규모의 소매시장을 갖춘 매력적인 시장이었다.

롯데는 1997년 6월 러시아의 로고바스Logovaz 그룹과 합작하여 현지법인 〈L&L〉을 설립하고, 1999년에 모스크바시와 49년간의 부지 사용권 계약을 체결했다. 얼마 후에는 그룹 차원에서 오피스, 백화점, 호텔 등을 포함하는 대단위 복합개발을 독자적으로 추진하기로 방침을 정했다. 이 방침에 따라 2002년 4월 로고바스의 지분을 전량 인수하여 독자적인 러시아 진출의 토대를 마련했다.

이때부터 L&L은 복합개발 디벨로퍼로 재출발하여 1단계로 백화점과 사무실을 건립했다. 또 2단계로 호텔 공사를 착공하여 2007년

롯데플라자와 롯데호텔 모스크바

1995년 관광진흥 유공을 인정받아 금탑산업훈장을 수훈한 신격호 회장

7월 1단계 공사를 마쳤다. L&L은 2006년에 〈롯데루스^{Lotterus}〉로 법인명을 변경했다.

2010년 9월 러시아에 '롯데호텔 모스크바'를 오픈했다. 이는 국내 호텔 브랜드의 최초 해외 진출이자, 러시아에 입성한 아시아 호텔 체인은 롯데가 처음이었다. 호텔 입지도 붉은 광장, 크렘린 궁전 등 유명 관광지와 세계 각국의 대사관, 다국적기업 등이 밀집한 노브이 아르바트 거리에 위치해 있어 성장 가능성이 매우 높은 지역이었다.

롯데호텔 모스크바는 부지 매입에서부터 설계, 시공, 직원교육, 오픈에 이르기까지 전 과정이 한국 토종 호텔 브랜드의 기술과 노하우로 이루어졌다는 점에서 관심의 대상이 되었다. 특히, 개관 초기부터 최고 품질의 서비스를 추구해 2012년부터 2014년까지 3년 연속 여행전문지 〈콘데 나스트 트래블러Condé Nast Traveler〉가 선정한 러시아 베스트 호텔 1위에 이름을 올렸다. 이 상은 여행업계의 노벨상이라고 불릴 만큼 권위 있는 상이다. 국내에서는 국가브랜드 인지도 제고에 이바지한 공로로 금탑산업훈장을 수상하기도 했다.

———

베트남 하노이에 지은 65층 '롯데센터'

롯데는 베트남 시장에도 진출했다. 사실 베트남은 내가 아주 오래전부터 눈여겨봐 온 시장 가운데 하나였다. 처음 베트남을 방문해서 시장 진출을 타진한 것도 1978년이었다. 그 후 1980년, 1988년에도 나는 베트남에 가서 하노이, 호찌민 등 대도시를 둘러보곤 했다.

당시에도 베트남은 베트남전쟁의 상흔을 딛고 놀라운 속도로 성장하고 있었다. 특히 베트남 국민들의 재빠르고 부지런한 몸놀림이 인상적이었다. 잘살아 보려는 열정이 뜨겁다는 증거로 보였다.

한국이 베트남전쟁에 참가해 적국으로 싸웠는데도 베트남 사람들은 적대감을 보이지 않았다. 이들은 한결같이 "우리는 과거를 돌이켜 볼 만큼 한가하지 않고 더 나은 삶을 위한 미래 준비에 바쁘다"고 말했다.

베트남 진출 계획은 2009년이 돼서야 가시화되었다. 그해 7월 22일, 룩셈부르크의 부동산투자사 코랄리스SA가 개발하던 하노이 바딘Ba Dinh구의 토지사용권 및 사업권 지분 전체를 700억 원에 인수한 것이 그 출발점이었다. 롯데는 '하노이 프로젝트'라는 이름으로 이 부지에 대규모 복합사업을 추진하기로 했다. 해당 부지가 하노이의 중심부에 자리 잡고 있어 입지조건도 매우 좋은 편이었다.

설계는 채일석 건축가가 이끄는 도울건축사무소에 맡겼다. 도울건축사무소는 쌍둥이 모양의 빌딩을 짓고, 그 가운데는 베트남 전통의상인 아오자이의 모습을 본 딴 유리로 두 빌딩을 연결함으로써 마치 하나의 건물처럼 보이게 한 설계안을 제시했다. 30~65층에는 호텔과 레지던스가 들어서도록 했다. 처음부터 호텔이 포함된 것은 아니었는데, 베트남 정부 측에서 호텔 건립을 강력하게 희망하는 바람에 호텔이 포함되었다.

4억 달러가 투자된 '롯데센터 하노이'는 2014년 지상 65층, 높이 267m, 연면적 25만m² 규모로 완공되었다. 롯데는 완공 후 50년간의 운영권을 갖게 되었다.

롯데센터 하노이가 오픈하자 가장 꼭대기 층에 있는 롯데호텔 루프톱 바 '톱 오브 하노이Top of Hanoi'는 젊은이들과 외국인 관광객들로 북적였다. 롯데센터 하노이 개관을 계기로 베트남 곳곳에 전망대와 루프톱이 들어서며 새로운 여가문화가 생겨났고 쇼핑문화에도 변화가 생겼다. 베트남에선 흔치 않은 편집숍들과 유럽 거리를 콘셉트로 한 푸드코트 등은 베트남 사람들의 마음을 사로잡았다. 한국의 기술력과 베트남의 전통문화가 결합된 초고층 복합빌딩 롯데센터 하노이가 하노이의 대표적인 마천루로 자리 잡은 것은 물론, 베트남 국민들의 생활문화를 바꾸는 문화전령사 역할을 톡톡히 하고 있는 셈이다.

롯데마트의 해외진출

백화점, 호텔과 함께 해외진출에 큰 성과를 보인 또 다른 계열사로 롯데마트가 있다. 롯데마트는 할인점 사업을 위해 2005년 12월 베트남 기업인 민반Minh Van과 합작계약을 체결하고, 2006년에 롯데가 80%의 지분을 갖는 합작법인 〈롯데 베트남 쇼핑〉을 설립했다.

롯데마트가 첫 해외시장으로 베트남을 고른 것은 베트남이 연평균 7%의 높은 경제성장률을 기록하는 성장시장이라는 점, 그리고 월마트 등 세계 굴지의 유통업체들이 아직 진출하지 않았다는 점 때문이었다. 또 베트남을 교두보로 삼으면 인근 동남아 시장에도 진출할 수 있을 것이라는 점도 고려했다.

롯데마트는 베트남 최대 도시인 호찌민 위주로 출점을 추진했다. 우선은 호찌민시를 중심으로 기반을 다지고 하노이 등 다른 지역으로 점포를 늘려 가기로 했다. 점장을 현지인으로 채용하고 취급상품도 베트남 상품 위주로 구성했다. 또 베트남 현지기업을 도와 상품 디자인을 개선하고 가공기술을 지도하는 파트너십도 구축했다.

롯데마트 베트남 1호점인 호찌민 남南사이공점은 2008년 12월 18일 개점했다. 할인점 내에 볼링장, 아울렛, 푸드코트, 서점 등 다양한 편의시설을 입점시켜 쇼핑객들의 편의를 높였다. 이는 롯데마트가 소비자들로부터 큰 호응을 얻으며 성공적으로 시장에 안착하는 토대가 되었다.

2008년 10월 7일 롯데마트는 네덜란드계 할인점 마크로Makro를

2008년 12월 18일 오픈한 롯데마트 베트남 1호점 남사이공점

운영하는 PT마크로 인도네시아 사의 지분 100%를 인수해 인도네시아 시장에도 진출했다. 1991년 개업한 마크로는 인도네시아 국내에 19개의 대형마트를 운영 중이었다. 롯데는 인도네시아 정부의 승인을 얻어 〈롯데마트 홀세일〉로 상호를 변경하고 점포 수를 늘려 나갔다.

현재 롯데마트는 한국, 베트남, 인도네시아 등지에 170여 개 점포를 운영 중이다. 3개국에서 하루 평균 60여만 명의 고객이 롯데마트를 찾는다.

롯데인이 공유하는 공통언어

'셔틀경영' 아닌 '시차경영'

나는 1967년에 롯데제과를 한국에 설립한 이후 특별한 경우가 아니면 대체로 홀수 달엔 한국에, 짝수 달엔 일본에 머물렀다. 한·일 양국을 오가며 경영한다 해서 어느 언론에서 '셔틀경영'이란 표현을 쓴 것을 보았다. 물리적인 이동에 초점을 맞춘 표현일 것이다.

하지만 나는 기왕이면 좀 다르게 불러 주면 좋겠다는 생각을 했다. 한·일 양국에서 시차를 두고 동일한 업종의 사업을 펼치는 데 대해 표현하고자 한 것이라면 '시차時差경영'이 더 적절하지 않겠냐는 것이다.

사실 1970년대만 해도 한국과 일본의 기술과 경영기법의 격차는 대체로 15~20년인 것으로 평가되었다. 의도한 것은 아니지만, 나는 일본의 선진기술과 경영기법을 먼저 배워 한국에 적용함으로써 긍정적인 효과를 본 셈이다. 물론 2000년대 이후에는 한·일 간의 이런 격차가 거의 사라졌다. 오히려 여러 분야에서 한국이 일본을 앞서는 경우가 많아 이제 시차경영도 무의미해졌다.

한국에서의 사무실과 거처는 롯데호텔 34층이다. 격의 없이 지내는 지인 중에는 가끔 농담 삼아 내게 다음과 같이 묻는 분이 있었다.

"신 회장은 롯데호텔에 공짜로 투숙하시오?"

아마 그렇게 질문하신 분은 핵심을 찌르는 직설적인 질문을 했다고 재미있어 했을지도 모르겠다. 그럴 때면 나는 당황하기보다는 오히려 반가워했다.

사정은 이렇다. 일본에서 한국으로 떠날 때는 출장비를 청구해서 받아 온다. 한국 돈으로 월 1천만 원 정도이다. 이 돈으로 숙박비를 낸다. 레스토랑, 커피숍 등 부대시설을 이용할 때도 이 돈을 쓴다. 영수증은 꼬박꼬박 챙겨 경리부에 제출한다. 그렇게 쓰고 나면 100만 원쯤 남는다. 그러면 일본으로 떠나기 전에 한국의 임직원에게 격려금 등으로 지급한다. 이 돈은 영수증 없이 집행한다.

일본에서는 5년마다 국세청이 세무조사를 벌이는데, 언젠가 내 출장비가 조사대상이 된 적이 있었다. 격월로 1천만 원씩 지급된 비용 가운데 영수증 없는 금액이 5년간 2천여만 원에 이른다는 점이 지적되었다. 출장비에서 남은 돈을 격려금으로 지급한 게 5년간 누적돼서 그렇게 된 것이다.

일본 국세청의 조사담당 공무원이 퇴근 후에 신문기자인 친구와 가진 술자리에서 이런 상황을 흘렸던 모양이다. 일본의 모 유력 일간지 사회면에 "롯데 회장, 한국에 돈 빼돌렸다"라는 제목의 머리기사가 보도되었다. "정치권으로 간 것인지 의혹"이란 부제副題까지 붙었다. 참 대단한 상상력이다 싶었다.

나는 일본 국세청에 불려가 사실대로 진술했다. 소명이 돼 별다른 제재는 받지 않았다. 그러나 그때부터 국세청은 일본 롯데에 대해 강도 높은 세무조사를 벌였다. 일본 여론도 '롯데는 일본에서 번 돈을 몽땅 한국으로 빼돌린다'는 식으로 꼬집었다.

일본의 롯데제과, 롯데상사 등에서 생긴 이익잉여금을 40여 년간 주로 한국에 투자한 것은 사실이다. 그런데 한국에서 일본으로 보낸 과실果實 송금은 거의 없었다. 일본 국세청은 이런 이유로 나에게 추궁했다. 그래서 2005년부터는 일본 롯데의 투자분에 대해 최소한의 배당금을 지급하겠다고 하고, 일본의 금리 수준인 1%를 배당금으로 책정했다. 롯데호텔의 자본금이 5천억 원일 때 1% 배당이라면 50억 원이다. 이렇게 배당하니 이번엔 한국 언론에서 "롯데, 일본에 거액 배당"이라고 질타했다. 자본금 규모에 비하면 소액의 배당인데도 그랬다.

다행히 일부 언론에서 나의 이야기를 들어 준 적도 있었다. 2014년 기준으로 한 해 동안 롯데의 80개 계열사는 국내에서 총 3조 2천억 원을 벌어들였다. 이 중 98.9%인 3조 1,659억 원이 한국에서 세금 납부와 재투자, 유보금 등으로 활용됐다. 법인세로만 보면 2013년에는 약 8천억 원, 2014년에는 약 7천억 원 수준이었다. 일본 주주에게 최소 배당된 1.1%인 341억 원도 모 주요 그룹의 외국인 배당금보다도 적었다.

또 한국 롯데와 일본 롯데를 비교해 보면, 한국 롯데 계열사들이 압도적으로 많은 경제적 부가가치를 만들어 냈다. 직접고용이 해외법인 포함 18만 명이고 협력업체 임직원 등 간접고용까지 합하면 약 35만 명에 달했다. 이렇게 우리 국민의 생계와 함께하고 같이 성장한 롯데가 일본 기업이라며 배척당할 때는 야속하기도 했다. 롯데가 글로벌 기업으로 한 단계 더 도약하려는 시기인 만큼 냉철하게 기업을 '국적'이 아닌 '역량'으로 봐주길 바라는 마음도 있었지만, 한·일 양국에서 동시에 매를 맞는 것이 나의 숙명이려니 여기면서 살고 있다.

일본보다는 한국에 투자가 많았던 탓에 롯데그룹은 일본 롯데에 비해 비약적으로 성장했다. 일본 롯데 임직원들조차 한국에 출장 오면 롯데그룹의 위상을 실감하고는 눈이 휘둥그레진다. 서울 시내 중심부에 우뚝 솟은 롯데호텔, 롯데백화점과 잠실의 롯데월드가 세계적인 규모이기 때문이다. 주요 도시의 목 좋은 곳마다 롯데백화점, 롯데마트, 롯데하이마트, 롯데시네마 극장이 보인다. 이들은 롯데그룹이 한국의 재계 서열 5위라는 데 놀란다. 일본에서 롯데는 그런 정도까지는 못 되기 때문이다.

특히 나이가 든 장기근속자는 한국의 발전상을 보고 경악한다. 수십 년 전에 한국에 왔을 때는 서울조차도 구닥다리 도시로 보였는데, 이젠 서울뿐 아니라 부산, 대구 등 웬만한 대도시에는 인텔리전스 빌딩들이 빽빽이 들어서 있기 때문이다. 젊은 일본인 직원들도 서울 강남, 잠실에 와보고는 최신식 빌딩이 즐비한 현실에 놀라움을 금치 못한다.

롯데의 심벌마크와 공유가치들

1978년 3월 14일 롯데그룹 12개 회사를 총괄하는 '그룹운영본부'를 구성했다. 대상 회사들은 롯데제과, 호텔롯데, 롯데파이오니어, 롯데산업, 롯데상사, 롯데관광, 롯데칠성음료, 롯데삼강, 롯데주조, 롯데기계, 롯데물산, 롯데건설 등이었다. 그룹운영본부는 각 계열회사로부터 독립된 전문 스태프 기구로, 그룹회장과 사장단을 보좌하는 상설 기구이다.

그룹운영본부를 설립하면서 롯데그룹의 심벌마크를 만들어 서류, 사무용품, 건물, 비품, 포장지, 광고 등에 두루 쓰게 했다. 또 이를 배지로 만들어 모든 임직원이 착용하게 했다. 심벌마크는 영문 'L'이 3개 겹쳐진 형태이다.

1978년 제정된 그룹 심벌과
의미를 소개하는 사보 〈롯데〉 광고

1980년 1월 10일에는 '롯데그룹 1980년 전진대회'를 열었다. 2만여 명에 이르는 롯데 사원을 대표한 700여 명의 2급 이상 간부사원이 참석했다. 이 대회에서 나는 4개 항의 '경영방침'을 밝혔다. 얼핏 보면 상투적인 내용으로 보일 수도 있겠지만, 내 경험에 비추어 기업경영에 꼭 필요한 가치라고 판단하는 내용들이다. 첫째, 책임경영제 정착과 경영의 내실화, 둘째, 판매신장과 이익의 극대화, 셋째, 기술혁신과 생산성 제고, 넷째, 소수정예주의 구현과 복지 향상이 그것이다.

1980년 5월에는 그룹훈訓을 '정직, 봉사, 정열'로 정했다. 내가 살아오면서, 그리고 사업을 하는 동안 소중하게 여긴 덕목들이다. 1983년 6월 26일 자 〈한국경제신문〉의 '일요수상日曜隨想'이란 코너에 그룹훈을 제목으로 한 칼럼을 실었는데, 거기에 나의 경영철학이 고스란히 담겨 있어 옮겨 본다. 내가 고희古稀를 맞은 1990년 11월 20일에 롯데그룹 임직원들이 이 칼럼을 동판에 떠서 내게 선물했다. 나는 서재 책상 위에 이를 놓아두고 가끔씩 다시 읽어 본다.

오늘의 세태를 일컬어 사람들은 난국亂局이라고 부른다. 난국의 의미는 사람에 따라 다소의 차이는 있겠지만, 종전과 같은 안이한 생활 태도를 가지고서는 살아가기가 어렵다는 뜻이 함축되어 있다고도 볼 수 있다.

기업하는 나로서는 이 중에서도 경제적 난국을 가장 심각한 것으로 여기고 있다. 보호무역주의, 인플레 등 아직도 세계경제의 상황은 많은 난제들로 점철되어 있다. 그러나 보기에 따라서 난국이란 더

주관적 문제가 아닌가 하는 생각도 든다. '어렵다, 어렵다' 생각하면 더욱 어렵게 느껴지고, '하면 된다'는 식으로 결의를 굳히면 사람들이 '난국, 난국' 하고 떠드는 어려움도 거뜬히 극복해 낼 수가 있다.

어려움을 당할 때 우리에게 제일 먼저 필요한 것은 그것을 극복해 나가겠다는 굳은 의지일 것이다. 그러나 이 마음가짐은 누구나 가지고자 한다고 해서 쉽사리 가져지지 않는다. 어려움을 당하게 되면 대부분의 사람들은 실의에 빠지고 당황하거나 자신을 잃고 허둥대게 마련이지만, 어떤 사람은 소리 없이 어려움과 대결해 마침내 그것을 딛고 일어서기도 한다.

우리는 이와 같은 본보기가 될 만한 사람들을 이따금 만나게 된다. 그런 사람들 중에도 나는 굽힐 줄 모르는 투지로 기계棋界의 왕좌에 오른 조치훈趙治勳 씨를 그 대표적 인물로 꼽고 있다. 그가 처음 일본 기단에 입문한 이래 지금까지의 발자국은 이미 세인들에게 많이 알려져 있지만, 그의 일거일동을 가까이서 지켜본 나로서는 그가 정상의 큰 고비가 되었던 '명인' 타이틀을 따냈던 그날의 감격을 결코 잊을 수가 없다. 내가 처음 그를 만났을 때부터 나는 그로부터 우리 한국인 특유의 강인한 의지를 엿볼 수 있었다. 그의 작은 눈동자는 예지叡智로 가득했다.

그런데 몇 차례 그와의 만남이 거듭되는 동안 그의 또 다른 면모를 발견할 수 있었다. 그는 말수가 극히 적은 사람이지만, 안으로는 정열이 활활 타고 있음을 알게 되었다. 그의 잠재된 정열은 긴 침묵의 한판 승부에서 필승의 투혼鬪魂으로 승화된다. 대역전극을 연출한 명승부의 한판일수록 그의 정열은 더욱 돋보인다.

나는 우리 사원들에게 정직, 봉사, 그리고 정열을 가진 사람이 되자고 함께 다짐하고 있다. 정직은 바르게 살자는 것이요, 봉사는 의롭게 살자는 뜻에서이며, 정열은 힘차게 살려는 생각에서였다. 정직은 이성의 작용이요, 봉사는 의지의 표현이며, 정열은 감정의 실현이다. 사람은 이 3가지가 잘 조화되어 있어야만 비로소 사람답게 행동할 수 있는 것이다. 사람은 정직한 것으로 참된 것을 행하고, 또한 봉사하는 것으로 착한 것을 나타내며, 또한 정열로 아름다운 것을 보여 준다.

우리는 좀더 인간답게 정열을 가지고 감격을 느끼면서 밝게 살아가야만 하고 그 정열과 감격 속에서 사는 보람을 느끼는 것인데, 현대인의 정열 결핍은 인간 생활을 매우 삭막하고 불행하게 만들고 있다.

정열은 일에 대한 사랑이요 일을 이끄는 원동력이지만, 이 정열을 잘 조화하지 않으면 탈선할 가능성도 있다. 정열은 때로는 맹목적일 수도 있어 물불을 가리지 않아 극단의 경우에는 파괴까지 저지를 위험성도 있다. 정열은 이성과 의지가 잘 조화될 때 창조성을 발휘할 수 있겠지만, 그 정열이 지나쳐서 이성과 의지를 무시하면 큰 불행을 가져온다.

이와 마찬가지로 경영에서도 경영자의 정열과 종업원 모두의 정열이 하나의 총체로서 발현될 때 그 회사는 보다 큰 발전이 기약될 것이다. 정열이 쇠퇴한 기업은 오늘의 난국에서 살아남기 어렵다. 경영도 바둑의 세계처럼 조화와 질서 속에서 절제된 정열이 샘솟아 나올 때 필승이 보장될 수 있겠기에 말이다.

기업이나 국가, 그리고 가정에서도 질서는 그것을 이루는 바탕이 된다. 질서가 설 때 그 국가와 가정과 기업은 원만하게 영위될 수 있다. 질서는 밖으로 향한 것과 안으로 향한 것이 있다. 기업이 건전하면 밖으로는 사회 질서가 바로잡히고, 기업의 내부가 평온하면 기업 내의 질서가 바로잡혀 좋은 성과를 이룰 수 있다.

오늘날 기업은 단순히 이익을 추구하기 위해 존재할 수는 없다. 고객인 국민에게 조금이라도 편리를 주고자 하는 마음에서 기업이 이뤄지고, 그 봉사의 대가로 이익이 생기는 것으로 보아야 할 것이다. 봉사하는 마음에서 정열을 가지고 일을 하면 불량품이 나올 수 없고 불친절이 있을 수 없다. 나는 나와 한배를 타고 있는 모든 사람들이 정직하고 봉사하며 그리고 정열을 가져 주기를 늘 염원하고 있다.

2009년 롯데백화점은 창립 30주년을 맞아 10억 원 규모의 경품 행사를 벌인 적이 있다. 그 가운데 괴테의《젊은 베르테르의 슬픔》에 나오는 샤롯데를 주인공으로 한 스토리텔링 행사가 기억난다.

롯데캐슬에 사는 샤롯데는 아침에 눈을 뜨면 롯데우유를 마시고, 브랑제리 빵을 먹은 다음, 롯데백화점에서 쇼핑을 하고, 롯데호텔 뷔페에서 점심을, T.G.I. 프라이데이에서 저녁밥을 먹고, 롯데시네마에서 남자친구와 영화를 본다는 스토리다.

스토리텔링에서처럼 롯데의 모든 사업영역은 인간의 의식주 공간과 밀접하게 연관돼 있다. 소비자에게 풍요로운 삶을 제공하는 일이 롯데의 존재 가치임을 다시 깨닫게 된다.

롯데 자이언츠 야구단

한국과 일본에서 야구단을 운영한 경험을 밝히려 한다.

야구단 운영의 첫걸음은 1968년에 시작되었다. 어느 날 점심식사 자리에서 일본 영화계의 대부代父로 통하는 나가타 마사이치永田雅一 사장을 만났다. 다이에이영화사 대표인 그는 '도쿄 오리온스 야구단'의 구단주이기도 했다. 그는 1950년에 구로사와 아키라 감독이 메가폰을 잡은 〈라쇼몽羅生門〉이란 불후의 명작을 제작해 세계영화사에 이름을 남겼다. 이 영화는 베네치아영화제에서 황금사자상을 받았다.

식사를 하는 내내 나가타 사장은 뭔가 심경이 불편한 듯 얼음물을 자꾸 마셨다. 그는 결국 참지 못하고 어렵사리 말문을 열었다. '도쿄 오리온스'의 적자가 많아 고전한다며 롯데가 야구단을 맡아 주시면 고맙겠다는 얘기였다.

"제가 야구에 대해 아무것도 모르는데 어떻게…."

"야구단을 광고로 활용하면 될 거 아니오? 미국 리글리 껌 회사도 광고로 성공했다면서요?"

"그래도 야구단을 인수하는 건 무리입니다. 대신 적자를 메우는 정도 금액을 지원하겠습니다."

나는 인수보다는 후원을 택했다. 나가타 사장은 별 말이 없다가 나의 지원약속에 안도의 숨을 쉬는 듯했다.

1969년 시즌에 도쿄 오리온스는 '롯데 오리온스'로 팀 이름을 바꾸었다. 후원을 받고 브랜드를 붙이는 이런 방식을 네이밍 스폰서naming sponsor라 한단다. 1969년, 1970년, 두 해에 걸쳐 네이밍 스폰서로 연간 6억 엔을 야구단에 지원했다. 하지만 야구단 이사진에는 참여하지 않았다. 다만 다이에이영화사의 직영 영화관에서 롯데제과 제품을 팔아 약간의 매출을 올리는 정도였다.

모기업인 다이에이영화사는 사정이 더욱 악화되는 모양이었다. 1970년 시즌이 끝나자 다시 나가타 사장과 모임을 가졌다.

"롯데가 아예 구단을 인수하면 어떻겠소?"

이번에는 2년 전보다 조금 마음이 흔들렸다. 2년간 네이밍 스폰서를 해보니 야구단 운영이 마케팅에 어느 정도 도움이 되는 것을 보았기 때문이다. 그러나 '롯데 오리온스'가 속한 퍼시픽리그는 '요미우리 자이언츠'가 승승장구하는 센트럴리그에 비해 인기가 떨어졌다. 게다가 '롯데 오리온스'는 퍼시픽리그에서도 하위권이어서 별로 주목받지 못했다. 만약 롯데가 인수하여 마케팅에 도움이 되려면 리그 우승 또는 준우승을 해서 성가를 높여야 했다.

결국 1971년 1월 롯데가 구단을 인수해 정식으로 '롯데 오리온스'를 출범시켰다. 전용 구장인 도쿄스타디움은 1962년에 지은 경기장으로, 다른 구장에 비해 외양이 볼품없었다. 이 전용 구장을 1972년까지만 쓰고 1973~1977년엔 전용구장 없이 여러 지역에서 홈경기를 가졌다. 그러자 떠돌이라는 뜻에서 '집시 롯데'라고 불렸다. 물론 나중에는 지바현縣의 전용구장을 빌려서 1992년에는 구단 명칭을 '지바 롯데 마린스'로 바꾸었다.

1973년 시즌이 끝날 무렵, 일본 야구계에서 전설적인 투수로 알려진 가네다 마사이치 선수가 나에게 면담을 요청했다. 한국 이름이 김경홍金慶弘인 그는 재일 교포 2세로, 요미우리 자이언츠의 황금기를 이끈 주인공이자 일본 프로야구에서 전인미답의 400승 기록을 세운 선수였다. 요미우리 자이언츠에서 그의 배번 34번은 영구 결번이다. 경북 출신 부모 아래서 일본에서 태어난 그는 나에게 간곡히 부탁했다.

"롯데 오리온스 감독으로 활동하고 싶습니다. 1류 구단으로 만들겠습니다."

"1류 구단이라! 듣기 좋구만."

'1류 구단'이라는 청사진이 마음에 들어 김경홍을 감독으로 영입했다. 그러자 이 사실만으로도 일본 야구팬들 사이에서 롯데 오리온스가 주목의 대상이 되었다.

나는 감독에게 모든 권한을 위임했다. 경기장에도 거의 나가지 않았다. 스포츠 경기란 이길 때도, 질 때도 있기 마련이다. 승패에 따라 일희일비해서는 안 된다. 그러나 나도 사람인지라 경기장에 간 날에 패배하면 기분이 언짢아진다. 그러면 다른 경영활동에도 심리적으로 나쁜 영향을 미칠까 걱정되었다. 또 내가 경기장에 나타나면 감독이나 선수들이 부담감을 느낄까 봐 걱정되기도 했다. 그래서 경기장에는 가지 않고 중요 경기는 TV 중계로 봤다.

김경홍 감독의 약속대로 '롯데 오리온스'는 1류 구단으로 탈바꿈했다. 1974년 시즌에 퍼시픽리그에서 우승했고 일본시리즈까지 제패한 것이다. 내가 선수로 뛰지는 않았지만 스포츠 승리의 짜릿한 쾌감을 맛봤다. 롯데제과의 매출액도 껑충 뛰었다.

1973년 롯데 오리온스 감독으로 취임한 재일교포 2세 김경홍

효자로도 소문이 자자한 김경홍 감독은 시즌이 끝난 후 어머니를 모시고 한국에 여행을 왔다. 내가 그들 모자母子를 점심식사에 초대했다. 장소는 서강대 옆 거구장이라는 한식당이었는데, 김경홍 감독은 불고기를 정성스레 구워 어머니 밥에 올려 주었다.

'롯데 오리온스' 선수 가운데 가장 인상 깊었던 선수는 한국인 장훈張勳과 백인천白仁天이다. 장훈 선수는 도에이 플라이어스, 요미우리 자이언츠 등에서 활약하다 은퇴 무렵인 1980년 롯데 오리온스에 들어왔다. 일본에서 태어난 그는 어릴 때 오른손에 화상을 입어 넷째 손가락과 새끼손가락이 달라붙었다. 그래서 야구를 할 때는 좌타자가 되었다.

장훈이 요미우리 자이언츠에서 활약할 때 나는 그를 롯데 오리온스로 스카우트하고자 했다. 그때 그는 생애 통산 2,961개의 안타 기록을 갖고 있었다. 3천 개까지는 겨우 39개만이 남아 있었다.

1980년 5월 28일 가와사키구장에서 롯데 오리온스와 한큐 브레이브스의 경기가 열렸다. '안타 제조기' 장훈은 롯데로 이적해 38번째 출장했고, 안타기록은 2,998개였다. 장훈은 첫 타석에서 안타를 날려 2,999개를 기록했다. 2타석, 3타석에서는 범타로 그쳤다. 투수는 광속구를 던진다는 야마구치 다카시. 네 번째 타석에서 1구가 직구로 들어왔다. 장훈은 스트라이크 존에 들어오는 빠른 공을 향해 거침없이 배트를 휘둘렀다. 경쾌한 소리와 함께 공은 오른쪽 관중석으로 날아가더니 관중석 뒤편의 그물에 맞고 좌석으로 떨어졌다. 그물이 없었더라면 장외홈런이 될 뻔했다.

이렇게 3천 번째 안타를 홈런으로 장식한 장훈은 1981년 10월 10일 은퇴경기를 가졌다. 통산 3,085안타라는 위업을 이루었다.

백인천 선수는 한국에서 경동고등학교를 나와 1962년 일본 도에이 플라이어스에 입단했다. 롯데 오리온스에서는 1977~1980년 시즌에 활약했다. 1980년

롯데 오리온스 시절의 백인천 선수

시즌에는 백인천, 장훈 두 선수가 롯데 오리온스에서 함께 맹타를 휘둘렀다. 백인천의 일본 프로야구 기록은 통산 1,969경기 출장에 안타 1,831개, 홈런 209개, 도루 212개였다.

백인천은 한국에 프로야구가 출범하면서 귀국했다. MBC 청룡 팀에서 선수 겸 감독으로 활약한 그는 1982년 원년에 타율 0.412란 초유의 기록을 세웠다. 250 타수 103안타. 4할 타율은 미국 메이저리그에서도 1941년 이후 한 번도 나오지 않았다. '20세기 최후의 4할 타자'로 칭송받는 테드 윌리엄스Ted Williams가 기록한 0.406이 마지막이다. 미국 메이저리그와 한국 프로야구의 수준 차이가 있다고는 하지만, 수치만으로는 백인천의 타율이 20세기 세계 최고의 기록인 셈이다.

일본에서 프로야구단을 운영하던 나는 한국 야구 발전에도 기여하고 싶었다. 그래서 1975년 5월 6일 실업팀으로 '롯데 자이언츠 야구단'을 창단했다. 단장은 나의 동생 신준호, 초대 감독은 '빨간 장갑의 마술사'라는 별명의 김동엽金東燁 감

롯데 오리온스 선수들과 함께한 신격호 회장

독. 선수들 중 일부는 기초체력을 측정하기 위한 공개 테스트를 거쳐 선발했다.

롯데 자이언츠는 1976년 봄에 졸업할 대졸 선수들 가운데 에이스들을 영입하고 재일동포 선수도 4명이 포함돼 있어 출범 때부터 전력이 막강했다. 나는 롯데 자이언츠 선수들을 일본 가고시마에 보내 롯데 오리온스 선수들과 함께 훈련하도록 했다.

창단 후 첫 시즌인 1976년에 롯데 자이언츠는 실업야구 리그에서 우승했다. 당시 실업야구는 한전, 공군, 육군, 철도청 등 4개 팀으로 이뤄진 실업단과 기업은행, 한일은행, 제일은행, 상업은행, 농협 등 5개 은행 팀으로 이뤄진 금융단으로 양분되었다. 실업단, 금융단은 각각의 정예 선수들을 뽑아 올스타전을 벌였다. 금융단 선수들은 은행원 봉급을 받았으며 은퇴 후엔 은행 창구에서 근무했다.

1981년 한국 정부가 프로야구 출범을 공식화했다. 마침 1980년 12월부터 컬러TV 방송이 시작돼 TV에서도 프로야구를 시청할 수 있는 여건이 마련되었다. 정부는 주로 대기업들을 대상으로 프로야구단 창단을 종용했는데, 롯데는 실업야구단이 있었으므로 이를 프로야구단으로 탈바꿈하라는 권고를 받았다.

'롯데 자이언츠' 임원들은 프로야구의 수익성에 대해 비관적이어서 프로야구단 창단을 반대했다. 그러나 나는 야구단 활동으로 얻는 다양한 파급효과를 감안하면 해볼 만하다고 판단했다. 더구나 그해에 새로 입단한 최동원崔東原이라는 투수의 맹활약으로 실업야구에서 우승한 터라 프로야구단으로 전환해도 우승 가능성이 커 보였다.

프로야구 원년인 1982년에 롯데 자이언츠는 프로야구단으로 재창단했다. 원년 사령탑은 박영길朴永吉 감독이 맡았다. 하지만 기대와는 달리 출범 초에 성적은 그리 좋지 못했다. 그래도 나는 야구단 성적에 대해 일언반구도 언급하지 않았다.

롯데는 1984년 시즌에 삼성을 꺾고 첫 우승을 차지했다. 최동원 선수는 한국 시리즈 63이닝 가운데 무려 40이닝을 던지는 괴력을 발휘하며, 7전 4선승제 시리즈에서 4승을 혼자 만들어냈다. 최동원 선수의 배번 11번은 롯데 자이언츠의 영구결번으로 지정됐다.

1992년 시즌에도 롯데는 한국시리즈에서 우승했다. 정규시즌에서는 3위에 그쳤지만 준플레이오프, 플레이오프를 거쳐 최종 우승까지 차지한 것이다. 박동희朴東熙 투수는 한국시리즈에서 2승 1세이브를 기록하며 MVP로 선정되었다. '남두오성南斗五星'이라 불리며 맹타를 휘두른 다섯 강타자는 박정태, 김민호, 김응국, 이종운, 전준호 등이었다. 지금도 나는 그들이 롯데의 우승을 일군 영웅들이라고 자랑스럽게 생각하고 있다.

잠실 벌판에
세운
'평생의 소망'

8

소공동 롯데호텔 신관 개관

서울올림픽과 롯데호텔 신관

1981년 9월 30일, 독일의 온천 휴양도시 바덴바덴^{Baden-Baden}에서 열린 국제올림픽위원회IOC 총회에서 서울이 1988년 하계올림픽 개최지로 선정되었다는 소식이 전해졌다. 후안 안토니오 사마란치^{Juan Antonio Samaranch} IOC 위원장은 또렷한 발음으로 외쳤다.

"쎄울, 꼬레아!"

정주영 서울올림픽 유치위원장의 환호하는 모습을 TV 중계로 보던 나도 환호성을 터뜨렸다. 왠지 대한민국의 국운이 상승하는 계기가 될 것만 같은 쾌거였다. 한때는 너무나 가난해서 외국의 원조에 의존해야 했던 내 조국이 지구촌 최대의 스포츠 행사를 치를 만큼 발전했다는 게 가슴 벅찼다.

한국이 올림픽 유치 의사를 처음 밝힌 것은 박정희 대통령 집권

시절인 1979년 10월 8일이었다. 정상천鄭相千 서울시장이 세종문화회관에서 기자회견을 갖고 올림픽 유치 의사를 공식적으로 밝혔다. 그때만 해도 허황된 계획으로 들렸다. 한국이 그만큼 발전한 걸까 싶기도 하고, 나날이 더해지는 한국사회의 정치적 불안도 올림픽 개최 능력에 의구심을 갖게 했다.

1981년 전두환 대통령이 취임하면서 정주영 전경련 회장이 올림픽유치민간위원장으로 추대되었다. 정주영 회장은 서둘러 올림픽 유치 '7인 위원회'를 구성하고 롯데호텔에서 회의를 열었다. 그 회의 직후 정 회장은 나를 불러 인삼차를 마시면서 개탄했다.

"서울이 올림픽 개최를 하겠다면서 7인위원회 멤버인 서울시장은 얼굴도 내비치지 않았어요. 서울시청 담당국장이 대리참석해서 눈만 껌벅껌벅하더군요. 아무래도 올림픽 유치에 실패할 경우 망신당할 사람으로 나를 뽑은 것 같아요."

"그럴 리가 있나요? 워낙 추진력이 좋으신 분이니 국가 중대사를 맡겼겠지요."

나는 정 회장과 함께 공분하면서 위로하듯 말했지만 서울시가 올림픽 개최의 의지가 있는지는 나도 의구심이 생겼다. 그래도 정주영 위원장은 현대그룹의 국내외 조직망까지 총동원해 가며 뚝심 있게 스포츠 외교전을 펼쳤다. 그때 서울과 경합을 벌인 곳이 일본의 나고야였다. 당시 분위기로는 나고야의 압승이 예상되었다. 나고야 유치위원장인 나카야 요시이카 아이치현 지사와 모토야마 마사오 나고야 시장은 느긋한 표정이었다고 한다.

나중에 IOC 위원들의 투표결과를 확인해 보니 서울 52표, 나고 야 27표였다. 이 낭보를 접하는 순간 나는 환호하면서도 한편으로는 걱정이 되었다. 개국 이래 최대의 국제행사를 치르기 위한 준비가 너무나 미비하다는 점 때문이었다.

올림픽 유치가 확정된 이후에야 정부는 대회를 준비하느라 부산하게 움직이기 시작했다. 하지만 점검할 때마다 곳곳에서 엄청난 미비점이 노출되었다. 가장 큰 문제는 숙박시설이었다. 정부에서 추산한 객실 수요는 3만 8천여 실이었는데, 특급호텔의 객실을 모두 합쳐 봐야 5천 실도 채 되지 않았다. 자칫 잘못하면 대회기간에 숙박대란을 일으켜 국제적 망신을 당할 판이었다.

정부는 86·88 숙박대책위원회까지 운영하면서 동분서주하기 시작했다. 숙박시설 부족 문제는 롯데호텔에도 영향을 미쳤다.

나는 올림픽 개최가 결정되기 훨씬 전, 정확하게는 롯데호텔을 착공하기 전부터 본관 옆의 산업은행 부지를 눈여겨봐 두었다. 단순한 땅 욕심이 아니라 그 부지를 확보하면 대한민국 수도 서울의 중심가에 롯데호텔을 중심으로 문화적 공간을 완성할 수 있겠다는 구상이 들었기 때문이다. 그러던 차에 올림픽 유치가 결정되고 숙박시설 문제가 불거지면서, 롯데호텔 신관 건설을 추진할 계기를 갖게 되었다. 나의 구상이 현실화하게 된 것이다.

올림픽 이전에 준공 목표로

산업은행은 1918년 설립된 조선식산은행朝鮮殖産銀行을 모태로 1954년 설립된 특수은행이다. 그 건물은 오랜 역사를 보여 주듯 낡을 대로 낡고 고색창연했다. 정부는 올림픽에 대비한 숙박시설 확보를 염두에 두고 산업은행 부지를 매각하기로 했다. 1983년 3월 입찰에 참여한 롯데는 이 부지를 305억 5천만 원에 낙찰받았다. 숙박시설을 확보하는 게 시급했기에 매각작업은 빠르게 진행되었다.

롯데는 1983년 4월 호텔건설본부를 구성하고 토다戶田건설과 설계계약을 체결했다. 그리고 올림픽 개막 이전에 완공할 수 있도록 시공에 박차를 가했다. 토다건설과 체결한 설계계약 첫 조항에도 "이 계획의 일정은 1988년에 개최 예정인 서울올림픽에 사용할 것을 전제로 한다"는 문구가 들어가 있었다.

실시설계를 거쳐 1985년 1월 호텔 신관 공사에 착공했다. 바로 옆에 있는 롯데호텔 본관과 오피스빌딩 등 주변 건물에 영향을 미치지 않게 공사하려다 보니 터파기 공사부터 고난도로 진행되었다. 나는 시간이 날 때마다 현장으로 나가 세심한 주의를 당부했다.

"150m 이상의 고층건물이니 주의하지 않으면 한순간에 사고가 날지 모른다! 항상 안전에 유의하라."

현장에 갈 때마다 나의 당부는 늘 똑같았다.

2,200m²의 대지를 40m 깊이로 반듯하게 파내려가는 일은 거의 곡예에 가까웠다. 지진과 풍압도 고려해야 했다. 그나마 다행인 것은,

소공동 롯데호텔·롯데백화점 전경. 롯데호텔 신관과
롯데백화점 신관이 들어섬으로써 소공동 롯데타운이 완성되었다.

본관 건설 때는 중동건설 특수 때문에 인력난과 장비난이 심각했지
만, 신관 건설 때는 롯데건설이 주축이 되었기에 그런 부분은 안심할
수 있었다는 점이다.

정주영 회장은 롯데호텔 신관 공사를 마치 자신의 일인 것처럼
세심하게 챙겼다. 현대그룹 업무도 산적해 있을 텐데 일부러 시간을
내어 틈틈이 공사현장을 찾아 공사 진척상황을 살폈다. 경영에서도 그
러하지만 올림픽유치위원장으로서의 책임감도 본받을 만한 분이라는
생각이 들었다.

1988년 6월 서울올림픽 개막을 2개월여 앞둔 시점에 백화점 신관이 문을 열었고, 곧이어 호텔 신관도 그 모습을 드러냈다. 신관의 규모는 지하 5층, 지상 35층, 옥탑 2층으로, 건물 높이는 139m에 달했다. 본관과 유사한 모양이어서 마치 쌍둥이 빌딩을 방불케 했다. 총투자금은 본관 건설비용과 맞먹는 730억 원. 따라서 소공동 일대의 롯데타운에 소요된 총비용은 1,500억 원이 되었다.

신관 건물이 준공됨에 따라 롯데는 서울올림픽을 치르는 데 일정 부분 기여할 수 있게 되어 매우 기뻤다. 나아가 서울의 중심가가 비로소 세계 어디에 내놓아도 손색없는 국제도시의 면모를 갖추게 된 것도 뿌듯한 일이었다.

잠실 롯데월드의
'전쟁 같은 공사'

아무도 주목하지 않는 허허벌판 잠실에

호텔과 쇼핑센터를 비롯한 여러 분야의 사업을 활발하게 펼쳐 가던 1980년대 초반부터 내 머릿속에서 또 하나의 큰 그림이 그려지고 있었다. '롯데월드'라는 이름을 붙이고 관광, 쇼핑, 문화, 스포츠 등 여러 기능을 갖춘 '도시 속의 도시'를 짓겠다는 구상이었다. 이런 원스톱 one-stop 소도시를 건설해 시민들에게 낭만과 휴식의 공간을 제공하고 싶다는 열망이 내 머리에 가득했다.

내가 '롯데월드의 꿈'을 실현할 부지로 생각한 곳은 한강 이남의 잠실이었다. 당시 잠실은 황량한 모래벌판에 지나지 않았지만 나는 잠실이 최적의 입지라고 판단했다.

현장 확인차 처음 잠실 벌판에 갔을 때 눈에 보이는 것은 사실상 아무것도 없었다. 석촌호수는 볼품없는 물웅덩이로, 폭우가 쏟아져 한

1978년의 석촌호수

강이 범람하면 물이 차는 유수지遊水池에 불과했다. 석촌호수 부근의 일부 토지는 몇몇 기업들이 매입했다가 자금난에 빠져 매물로 내놓은 상태였다. 그 일대에 변변한 문화유산이라고는 봉은사奉恩寺라는 사찰이 전부였다.

역사적으로 잠실은 조선 세종 때 양잠기술을 보급하기 위해 설치한 잠실도회蠶室都會가 있던 곳이다. 잠실도회는 국립 양잠소라 할 수 있는 기관이다. 어려운 말 같지만, 한마디로 뽕밭, 참외밭으로 쓰이던 곳이라는 뜻이다.

잠실은 경기도 양주군 소속이었다가 1949년에 이르러서야 서울에 편입되었을 정도로 서울 중심으로부터 먼 곳이다. 여의도처럼 한강의 토사 퇴적물이 쌓여 만들어진 모래섬이어서 '잠실도蠶室島'라 불리기도 했다.

박정희 대통령은 1969년 9월 김현옥_{金玄玉} 서울시장에게 잠실섬을 개발하라고 지시했다. 이에 김 시장은 한 달 만에 대통령에게 잠실섬 남쪽 물줄기를 메워 잠실을 육지로 만들겠다고 보고하고 대대적으로 남쪽 물막이 공사를 벌였다. 그 결과 1971년 4월 1,452만㎡에 이르는 광대한 토지가 생겼다.

　　서울시는 새로 조성된 잠실 부지 가운데 일부를 관광시설을 조성한다는 단서를 달아 율산그룹에 매각했다. 그러나 율산그룹은 방만한 경영을 추스르지 못해 1979년 4월 부도를 내고 쓰러졌다. 율산그룹으로부터 이 토지를 인수한 한양쇼핑도 얼마 지나지 않아 난감한 상황에 빠졌다. 모기업인 (주)한양이 이란에서 대규모 건설공사를 벌였는데 대금을 받지 못하는 바람에 위기에 빠진 것이다.

　　결국 1981년 한양쇼핑은 잠실 부지를 매각해 달라고 정부에 요청했다. 하지만 인수비용이 너무 큰 데다 관광시설을 조성해야 한다는 정부 안을 받아들일 업체를 찾기가 쉽지 않았다. 고심을 거듭하던 정부 당국자는 롯데에 인수 의향을 타진해 왔다.

　　바로 그 시기에 나는 '명동 이후'를 구상하면서 나의 원대한 꿈을 펼칠 곳을 찾고 있었다. 이 때문에 정부의 제안을 받고는 "이것도 인연"이라 생각하며 잠실 부지를 인수하기로 결심했다.

　　훗날 롯데월드가 완성되고 그 주변이 노른자위 땅으로 변모하자 세간에서는 "롯데의 잠실 땅 인수는 특혜"라고 입방아를 찧었다. 인수 당시에는 전혀 나오지 않던 얘기가 땅값이 급등한 뒤에야 튀어나온 것이다. 잠실 부지는 내가 인수할 때만 해도 아무도 거들떠보지 않아 방치된 땅이었다. 하기야 내가 한국에서 기업을 경영하면서 근거 없이 정경유착 의혹을 받은 적이 어디 한두 번이었던가.

나는 지금도 한국은 기업인의 로비에 의해 정치권력이 이권을 주는 그런 부패한 나라가 아니라고 굳게 믿고 있다.

돌파구는 바로 '실내 테마파크'

1983년, 잠실 개발 방안을 논의하기 위해 임원회의를 열었다. 이 자리에서 나는 잠실 부지에 호텔, 백화점, 마트, 테마파크를 아우르는 거대 복합단지를 꾸밀 생각이라며 자유롭게 의견을 제시해 달라고 말했다.

참석한 대부분의 임원들이 아무 말도 않고 고개를 갸우뚱거렸다. 부정적이라는 얘기였다. 아마도 전망이 밝은 사업이라면 누구도 그런 반응을 보이지 않았을 것이다. 한참이 지나서야 누군가가 용기를 내서 발언했다.

"서울 중심지인 명동과 을지로 일대는 유동인구가 많아 상권이 절로 형성되지만 텅 빈 잠실 벌판은 경우가 다르지 않을까요?"

아마 그 임원만이 아니라 참석자들 대부분이 같은 의견이었을 것이다. 그게 상식적인 판단이기 때문이다. 그 점을 이해하면서도 내 생각을 설명했다.

"이러면 어떻소? 이미 조성된 상권에 의존하는 게 아니라 새로운 상권을 우리가 창출하는 거 말이오. 평창면옥 냉면 한 그릇에 5~6천

원 하는데도 손님들은 그걸 사먹으러 멀리서부터 오는 것과 같은 거지요. 제품과 서비스가 좋으면 손님들이 찾아오지 않겠소? 나는 없는 상권을 이런 식으로 만들 수 있다고 생각하오."

임원들의 의견이 나와 달라도 내가 이길 수밖에 없는 게임이었다. 나는 내 생각을 임원들에게 충분히 설명하고 그들의 협조를 당부했다.

그 후 '잠실 프로젝트 팀'을 구성하고 사업타당성을 조사했다. 예상대로 조사결과는 매우 부정적이었다. '도심으로부터 멀리 떨어진 외곽지역인 데다 아무런 연관시설도 없고 이용객이 적어 성공하기 어렵다'는 의견이었다. 테마파크에 대한 조사결과는 더욱 참담했다. 겨울철 평균온도가 영하 7.4도 이하여서 사계절 내내 운영해야 하는 테마파크로는 입지조건이 부적합하다는 것이다.

겨울철 추위가 걸림돌로 부각되자 나는 이와 유사한 다른 나라 사례들을 수집했다. 그러다가 발견한 것이 캐나다 앨버타주의 주도州都 에드먼턴Edmonton에 있는 실내 복합시설 '웨스트 에드먼턴 몰West Edmonton Mall'이었다. 내 눈으로 직접 확인해 보고 싶어 한겨울에 에드먼턴으로 날아갔다. 에드먼턴은 북위 53도에 위치해 있어 겨울에는 기온이 섭씨 영하 40도까지 떨어지는 혹한의 땅이다. 인구는 인근 마을들을 포함해 93만 명 정도인데, 주말이면 10만여 명의 시민이 에드먼턴 몰에서 쇼핑, 스케이팅, 테마파크 놀이 등을 즐기고 있었다. 거대한 유리천장 아래 아이스링크, 놀이동산이 설치돼 낙원처럼 보였다.

이 광경을 보면서 나는 '잠실 프로젝트'에 자신감을 얻었다. 황량한 잠실이 꿈의 공간으로 변하는 장면, 잠실로 시민들이 구름처럼 몰려 인산인해를 이루는 장면이 롯데쇼핑 개관 당시의 장면과 중첩되어 내 시야에서 어른거렸다. 가슴이 설렜다.

"실내 테마파크! 바로 이것이다!"

올림픽 이전에 준공하되 부실은 없게!

3차례의 수정을 거쳐 개발 계획안을 마련했다. 최종안은 건축면적만 57만 7천m²에 달하는 엄청난 규모였다.

세상 사람들은 단순하게 레저랜드 정도로 짐작했겠지만, 내가 꿈꾸는 '롯데월드'는 복합 생활문화 공간이었다. 호텔, 테마파크, 수영장, 스포츠센터, 백화점 등이 모두 모인 꿈의 공간. 내게 자신감을 심어 준 캐나다 에드먼턴의 복합시설을 훨씬 능가하는 세계 최대·최고의 실내 테마파크를 만들고 싶었다. 내국인은 물론 한국을 찾는 외국인 관광객들 누구나 가보고 싶어 하는 필수 방문코스로 조성하고 싶었다.

1985년에 독자적으로 잠실 개발계획을 수립했다. 백화점 2개, 테마파크, 스포츠센터, 호텔 등을 배치해 종합관광유통단지로 개발한다는 내용이었다. 이는 서울시에서 마련한 잠실종합개발계획과도 일치했다. 서울시는 성남, 분당과 연결되고 강남과도 가까운 잠실을 새로운 경제·문화의 중심지로 발전시키려 했다.

1985년 3월 재무부에서 사업계획 승인이 났다. 일본에서 외자가 도입되어야 하므로 재무부 승인이 우선 요건이었다. 4월에는 측량에 착수했고, 5월에는 지질조사가 시작되었다. 이어 8월에는 일본의 유명한 건축가 구로카와 기쇼黑川紀章가 설립한 건축도시설계사무소와 기본설계 계약을 체결했다. 그야말로 숨 가쁜 일정이었다.

테마파크 설계는 이 분야에서 탁월한 미국 바타그리아Battaglia 사에 맡겼다. 이 회사는 디즈니랜드 설계에 참여했던 리처드 바타그리아Richard Battaglia 씨가 1973년 창업한 벤처기업으로, 당시 종업원이 두세 명밖에 없는 작은 회사였다. 하지만 내가 로스앤젤레스에 가서 바타그리아 사장을 만나 보니 실내 테마파크에 대한 창의적인 아이디어가 무척 많은 사람이었다. 그는 롯데 일을 맡은 후 각 분야의 전문가 30명을 모아 태스크포스를 만드는 기민함을 보였다.

테마파크와 함께 잠실 롯데호텔의 기본 계획을 33층 533실 규모로 확정했다. 서울올림픽에 맞춰 개관한다는 목표로 1985년 8월 토지 굴착 공사를 시작했다. 동시에 잠실건설본부를 출범시켜 시공을 총괄하도록 했다. 사장급 본부장으로 임승남 사장을 임명했다.

몰아치듯 숨 가쁘게 진행했지만 올림픽 이전에 완공하기에는 일정이 너무 빠듯했다. 더욱이 실내에 대단위 위락시설을 건설한 경험이 없어 공사는 난항을 거듭했다. 지반이 약한 점도 골칫거리였다. 산적한 난제들을 해결해 가는 과정은 전쟁을 방불케 했다.

"어떤 난관이 있다 해도 대충 짓지 마시오. 내진耐震 설계를 바탕으로 치밀하게 공사를 진행하시오. 부실공사는 용납하지 않겠소."

나는 목청 높여 강조했다. 하지만, 1988년 8월 이전에 완공하되 부실이 없어야 한다는 것이 가능할지 많은 사람들이 의아해 했다. 나는 가능해야 한다고 단호하게 말했다. 공사장 곳곳에 '100일 작전'이니 '50일 작전'이니 하는 현수막을 걸어 공사를 독려했다.

잠실 롯데월드 건축에는 슬러리 월 Slurry Wall, 커튼 월 등 최첨단 공법이 사용되었다. 지하 연속벽인 슬러리 월은 땅 속에 콘크리트 벽체를 연속으로 설치해 안정액인 슬러리로 이어 붙이는 방식이다. 파일을 박는 전통공법에 비해 공사비는 많이 들지만 공사기간을 줄일 수 있고 지진에 강하다.

이렇게 빠듯한 일정으로 공사를 진행하는데도 도중에 설계변경 허가가 나지 않아 1987년 6월까지 7개월 동안이나 공사를 중단한 적도 있었다. 이 때문에 올림픽 때에 맞춰 개관하기 어려울 것이라는 비관론이 널리 퍼지기도 했다.

천신만고 끝에 올림픽 직전에 개관하다

1987년 11월 20일 롯데월드 상량식을 가졌다. 정주영 회장은 일정이 맞지 않아 아들인 정몽준鄭夢準 현대중공업 회장이 대신 참석했다. 정주영 회장은 평소에도 포스코 박태준 회장 등과 함께 롯데월드 공사현장에 자주 들러 자기 일처럼 관심을 보여 주셨다.

상량식 이후에도 공사일정은 빠듯하게 진행되었다. 힘든 날들이었지만 관계자들 모두가 최선을 다해 주었다. 하지만 올림픽 개막이 한 달 앞으로 다가온 순간까지도 마무리가 되지 않아 속이 탔다. 무엇보다 급한 게 호텔 공사인데, 그때까지도 호텔 정문 앞에는 건설자재가 산더미처럼 쌓여 있었다.

1987년 11월 롯데월드 상량식 후 현장을 둘러보는 신격호 회장

올림픽 기간에 투숙하기로 예약한 미국의 NBC 방송사 중계팀이 사전 답사차 왔다가 이를 발견하고 발끈했다. 이들은 올림픽위원회를 찾아가 거세게 항의하면서 다른 호텔을 배정해 달라고 요구했다. 하지만 다른 호텔에도 빈 방이 없었다. 자칫하면 국제적 망신을 당하고 롯데의 기업이미지에 먹칠할 수 있는 상황이었다.

조마조마한 상황은 한동안 계속되었다. 개관 예정일이 1988년 8월 24일인데, 하루 전날까지도 조경공사, 보도블록공사가 진행 중이어서 사실상 제 날짜에 개관이 불가능했다. 설상가상으로 8월 23일 예약일에 맞춰 NBC 중계팀이 입국했다. 도리 없이 관계자를 공항으로 보내 그들을 공항 인근의 최고급 호텔에 묵게 하고 모든 공사인력을 호텔로 투입해 철야작업을 강행했다. 그렇게 매일 1개 층씩 개관했더니 8월 28일 부분 개관이 가능해졌다. 1985년 8월 27일 발파작업을 시작했으니 딱 3년 만에 이루어진 일이었다.

이후에는 예약 손님들이 정상적으로 투숙했다. 그리고 올림픽 개막을 열흘 앞둔 9월 6일, 마침내 기적처럼 전관 개관이 이루어졌다. 당시의 숨 가쁜 상황은 지금 돌이켜 봐도 손에 진땀이 날 만큼 급박했다.

하지만 아쉽게도 실내 테마파크는 호텔과 함께 개관하지 못했다. 세계 최대 규모의 초대형 복합시설을 국가 중대사 이전에 조기 완성해야 한다는 간절함이 있었기에 그나마 호텔이라도 먼저 완공할 수 있었다.

테마파크 공사에서 가장 어려웠던 점은 거대한 돔dome 형태의 유리천창天窓, top light을 설치하는 일이었다. 지상 30m 높이에서 진행해야 했기에 매우 위험했다. 다행히 천창 설치공사는 별다른 사고 없이 마무리되었다. 그러나 '신밧드의 모험'이라는 놀이기구를 설치할 때 불꽃이 스티로폼에 튀어 설비가 불타는 사고가 났다. 불에 잘 타지 않는 설비를 갖추도록 다시 강조했다.

'모험과 신비의 나라'인 '롯데월드 어드벤처' 실내 테마파크는 1년 늦은 1989년 7월 12일에 개관했으며, 석촌 서호西湖에 세워진 실외 테마파크인 '매직 아일랜드'는 1990년 3월 24일 문을 열었다.

롯데월드는 고속도로와 지하철 등 사통팔달의 교통망과 연결된 도심형 테마파크로 세계 최대 규모가 인정돼 기네스북에 등재되었다. 황량하던 잠실은 롯데월드를 중심으로 서울의 명소로 거듭났고, 서울 강남권 최초의 관광특구로 지정되었다. 내 개인적으로는 내가 오랫동

1989년 7월 롯데월드 어드벤처 개관행사 '마법의 태양 점등식'에서
점등 버튼을 누르는 신격호 회장 내외

안 지녀 왔던 동경憧憬의 핵심, 즉 '샤롯데'에서 출발한 꿈이 롯데월드
로 구현되었다는 사실이 너무나 감격스러웠다.

　복합개발 방식으로 서울 잠실에 세운 롯데월드가 크게 성공을 거
두며 자리 잡자, 나는 이 모델을 세계 주요 도시로 확산한다는 전략을
세우고 뉴욕과 도쿄에서도 복합개발 사업을 펼치기로 했다.

　적당한 후보지를 물색하던 중에 미국에 파견된 주재원이 뉴욕 맨
해튼 중심부의 허드슨 강변을 후보지로 꼽았다. 면적은 3만m²로 롯데

1990년 3월 롯데월드 매직아일랜드 개관 기념 테이프 커팅

한·일 양국 귀빈들과 롯데월드를 둘러보는 신격호 회장

월드를 짓기엔 조금 작았지만 위치가 좋다고 했다. 보고를 받은 즉시 현지로 가서 헬리콥터를 타고 그 주변을 살펴보았다. 아주 좋은 입지였다.

토지를 매입하려고 소유주와 접촉했는데 알고 보니 부동산재벌 도널드 트럼프Donald Trump 회장이었다. 그와 직접 만나 협상을 벌였다. 서로 조건이 맞지 않아 몇 차례 '밀고 당기기'를 했다. 그러나 끝내 양측의 견해 차이가 좁혀지지 않아 결렬되고 말았다. 그가 훗날 미국 대통령이 되리라고는 그때는 상상도 하지 못했다.

롯데월드 매직아일랜드를 둘러싼 석촌호수의 벚꽃길

'문화유산으로 남을 랜드마크' 구상

이집트의 피라미드를 보고

1994년 4월 이집트에 피라미드를 보러 갔다. 단순한 관광이라기보다는 인류사에 빛나는 건축 유산을 공부하러 간 수학여행이었다.

이집트에 도착해서는 카이로 근교에 있는 기제Gizeh로 향했다. 카이로 시내 곳곳에는 흙더미로 만든 움막집이 즐비했는데, 그 속에서 어른거리는 주민들의 행색이 몹시 남루했다. 한국의 현대 포니 자동차가 이곳에서는 아직도 택시로 쓰이고 있었다.

승용차로 30여 분쯤 이동하자 거대한 피라미드가 나타났다. 쿠푸 왕의 피라미드. 원래 높이는 146m인데 지금은 꼭대기 부분이 잘려 137m만 남아 있다고 했다. 밑변은 230m로 한쪽 끝에서 다른 쪽 끝까지 걸어가는 데도 한참 걸렸다. 평균 2.5톤 무게의 돌을 무려 230만 개나 쌓아올렸다고 한다. 헤로도토스의 저서 《역사》에는 이 피라미드

1994년 4월 이집트 시찰에 나선 신격호 회장(왼쪽)과 건축가 오쿠노 쇼(가운데)

를 짓기 위해 10만 명이 20년이나 매달렸다고 기술돼 있다.

입장료를 내고 피라미드 안으로 들어갔다. 도굴꾼들이 내부를 마구 뒤져 별로 볼 것은 없다고 한다. 그러나 정교한 이음매로 연결된 돌덩이들을 손으로 더듬기만 해도 인간의 능력에 대한 경외심이 가슴 한구석에서 솟구쳤다. 또한 컴컴한 피라미드 속을 사다리를 타고 이리저리 헤매는 기분은 신비감 그 자체였다. 컴컴한 현실에 들어섰을 때는 마치 영겁永劫의 시간을 뛰어넘어 온 듯한 적요寂寥가 느껴졌다. 우주 속에 유영遊泳하는 감흥 같기도 했다.

피라미드에 대해서는 여러 논란이 있다. '영생을 추구한 전제군주의 욕망이 노예노동을 통해 구현된 구시대 유물'이라는 비판론부터, '농한기에 정당한 임금을 지급하고 축조한 이집트 문명의 개가凱歌'라는 예찬론까지 다양하다. 하지만 그런 논란과는 상관없이 피라미드 앞에서는 이 거대한 구조물을 만든 인간의 도전정신에 대한 경외심이 느껴졌다. 설계자, 공사감독관, 일꾼 등 오랜 세월 전의 모든 관련자들에게 후세의 한 사람으로서 저절로 고개가 숙여졌다.

'현대판 국보급 문화재'를 만들고자

이집트를 다녀온 후 내 뇌리에서는 오랫동안 피라미드의 잔상이 사라지지 않았다. 그러다 문득 대한민국 수도 서울의 랜드마크는 무엇일까 하는 생각이 들었다. 숭례문, 경복궁 등 여러 건축물이 떠올랐지만 현대판 랜드마크는 얼른 떠오르지 않았다. 뉴욕은 자유의 여신상이

나 엠파이어스테이트 빌딩, 파리는 에펠탑, 런던은 빅벤. 그렇다면 서울에는 무엇이 있을까?

사실 그 이전부터 나에게 필생의 꿈은 관광한국의 랜드마크를 세우는 일이었다. 종종 권력자들은 거대한 조형물을 남겨 자신의 업적을 과시하려 하지만, 내가 구상하는 랜드마크는 그런 것과는 달랐다. 나는 그저 민간의 자본으로 국가와 국민을 위한 문화적, 경제적 가치를 극대화한 랜드마크 건축물을 지으려는 것이었다. 우리 국민 누구나, 그리고 한국을 찾아오는 지구촌 시민 누구나 향유할 수 있는 공유共有의 건축물 말이다. 언제까지 외국 관광객에게 고궁만 보여 줄 수는 없었다. 세계적 명성을 가진 건축물이 있어야만 관심을 끌 수 있다. 사실 이런 현대적인 문화유산을 반드시 남기고 싶다는 집념 때문에 내 노년의 일상엔 편안한 날이 없었다.

삼성 창업주 호암湖巖 이병철 회장은 널리 알려진 대로 대단한 문화재 수집가이다. 이 회장의 수집품을 보면 그저 부러울 따름이다. 언젠가 이 회장은 나에게도 문화재 컬렉션을 권유한 적이 있었다.

"일본에 산재한 우리 문화재를 신 회장이 수집하면 어떻겠소?"

그런 제안을 받았을 때 나는 정말로 그렇게 해볼까 싶은 생각도 들었다. 국가에도 도움이 될 테니 보람도 느껴질 것이다. 하지만 내 스스로 생각해도 안목이 부족해서 엄두를 낼 수 없었다.

물론 나는 문화재에 관심이 많기는 했다. 그래서 '문화재 공부'도 했었다. 그렇지만 문화재에 관한 나의 관심은 교양으로 공부하는 수준까지였다. 문화재를 수집할 만큼의 열의는 없었다. 외람되지만 나는 남이 만든 과거의 문화재보다는 내가 미래에 남길 문화재를 창조하는 일에 더 몰두하고 싶었다. 그 마지막에 있는 것이 바로 '롯데월드타워'이다.

내가 롯데월드타워를 구상하기 시작한 것은 1980년대부터였다. 잠실이 황량한 벌판이었을 때부터 나는 그곳에 꿈과 사랑이 충만한 낙원의 이미지를 그렸다. 이 꿈을 이루는 길이 얼마나 길고 험난한 도정道程인지를 그때는 미처 몰랐다. 막상 시작하고 보니 예상하지 못한 가시밭길이 너무 많았다.

"신 회장님! 뭐 하러 사서 고생을 하십니까? 투자효율로 보면, 아파트를 지어 파는 게 골치 썩지 않고 수익도 엄청날 텐데요."

상당수의 지인들이 나에게 이렇게 충고했다. 그런 이야기를 들을 때마다 나는 소이부답笑而不答했다. 나는 기업인이므로 당연히 수익을 추구해야 하지만, 그래도 이왕이면 공익성이 크고 뭔가 의미 있는 사업을 하고 싶었다. 현대판 국보급 조형물을 만들고 싶었다.

롯데월드타워 부지의 '비업무용' 논란

잠실 롯데월드타워 부지 8만 7천m²를 매입한 것은 1987년 12월 14일이었다. 서울올림픽 주경기장이 완공되고 잠실 개발이 한창이던 때였다. 석촌호수 동호東湖 앞의 이 부지는 당시만 해도 나대지裸垈地 상태였다. 나는 이 부지를 매입해 '시 월드Sea World'라는 일종의 실내 해양공원을 조성하고, 이를 중심으로 지상 33층 규모의 호텔, 백화점, 문화관광홀 등을 건설할 계획이었다.

그런데 그 무렵 북한이 105층 높이의 초고층 유경호텔을 건설한다는 계획이 알려졌다. 서울올림픽에 대응하기 위해 높이 330m인 피라미드 모양의 아시아 최고층 호텔을 지어 1989년 평양 세계청년학생축전에 맞춰 개관하려 한다는 것이다. 북한은 1987년에 본격적인 공사에 착공하며 의욕을 보였다. 그러나 이 계획은 추진과정에서 난항을 겪었다. 당초 계획보다 지연되더니 1992년 들어서는 자금부족으로 공사가 중단되는 바람에 한동안 평양 시내에 거대한 흉물로 방치되기까지 한 것이다.

어찌 되었든 북한의 유경호텔 건설 계획이 나에게는 자극이 된 것 같다. 1990년 4월 나는 애초 계획을 자의 반, 타의 반으로 수정하여 100층 이상 규모로 호텔과 백화점, 면세점 등을 건설키로 했다. 거듭 밝히지만 그것은 단순히 건물 욕심이 아니었다. 부지 매입 이후 수시로 건설책임자로부터 진행상황을 보고받았는데, 그때마다 나는 "경복궁 같은 고궁 외에도 한국을 상징하는 새로운 공간, 사람들을 매료시킬 수 있는 축조물을 만들어 보자"고 역설했다.

하지만 나의 계획도 우여곡절이 많았다. '비업무용 부동산 논란'이 그 시작이었을 것이다. 1990년 5월 8일 노태우 정부는 이른바 '5·8 부동산투기 억제정책'을 발표했다. 이른바 재벌기업들의 비업무용 부동산을 매각하도록 한다는 것이 골자였다. 비업무용 부동산으로 판정되면 6개월 내에 처분해야 하고, 불응하면 은행대출 중단 등의 제재를 가한다고 했다. '토지공개념'이란 말도 나왔다.

그러자 9월 5일 롯데의 주거래은행인 상업은행이 롯데월드타워 부지가 비업무용 부동산이라며 매각을 요구했다. 설계에만 몇 년이 걸릴 사업인데 6개월 이내에 무엇인가를 짓지 않으면 비업무용으로 몰아붙이는 상황이 된 것이다. 아무리 생각해도 상식 밖의 처사였다. 11월 10일 국세청 역시 비업무용 부동산 재심 결과를 발표하면서 롯데월드타워 부지는 비업무용이라고 재확인했다.

그러자 인허가 당국에서도 롯데월드타워 부지에는 건축허가를 내주지 않겠다고 했다. 은행감독원마저 부지를 처분하라고 촉구했고, 서울시는 롯데월드타워 부지에 대해 취득세 128억 원을, 서울 소공세무서는 법인세 50억 7천만 원을 각각 부과했다.

버틸 만큼 버티고 설득할 만큼 설득했지만 소용이 없었다. 워낙 정부의 방침이 강경했기 때문에 다른 도리가 없었다. 결국 1991년 5월 31일 성업공사에 롯데월드타워 부지를 매각하라고 위임했다. 하지만 매각조차도 쉽지 않았다. 수백억 원짜리 대규모 부지를 사겠다는 매수자가 나오지 않았다. 처음부터 매각은 무리수였던 것이다.

결국 우여곡절 끝에 매각을 위임했던 부지를 되찾았다. 이 과정에서 적잖은 시간과 에너지가 소모되었다. 또 매각에 불응했다는 이유로 여론의 질타와 불이익도 받았다. 수백억 원대의 부담금과 세금, 비판적인 여론 때문에 괴로운 나날들이 계속되었다.

하지만 문화유산으로 남을 만큼의 세계적인 명물을 짓겠다는 의지가 강했고 이곳은 업무용 토지라는 확신이 있었기에, 법정 공방을 벌여가면서도 롯데월드타워 추진 의지를 이어갈 수 있었다.

대한민국의 랜드마크,
롯데월드타워

23번을 수정한 마스터플랜

2011년 6월 4일 오전 5시 희미한 여명黎明 속에서 수많은 레미콘 트럭들이 쉴 새 없이 롯데월드타워 공사현장으로 들어갔다. 75만 톤의 롯데월드타워 하중을 견디도록 설계된 가로, 세로 각각 72m의 거대한 매트 기초를 구축하기 위한 작업이었다. 지하 암반에 108개의 파일을 박아 보강하고, 그 위에 5,300대의 레미콘이 32시간 동안 쌓아 올린 두께 6.5m의 기초 매트는 부르즈 할리파(매트 두께 3.7m)보다 1.8배나 두껍고 콘크리트 양도 2.5배 많이 들어가 안전성과 견고함으로는 세계 최고 수준이었다.

1987년에 매입한 땅에 2011년이 돼서야 비로소 주춧돌을 놓았고, 그 주춧돌을 놓기까지 20년이 넘는 세월 동안 23번이나 마스터플랜을 변경했다. 때문에 레미콘 차량 행렬을 보는 내 가슴은 감격과 성취감이 뜨겁게 교차했다.

롯데월드타워는 건물 외관에서부터 다른 초고층 건물과 차별화를 꾀했다. 초기에는 엠파이어스테이트 빌딩이나 새로 짓는 세계무역센터를 참고했다. 2002년에는 에펠탑에서 영감을 얻어 20세기 초 프랑스 파리와 같은 모습을 시뮬레이션하기도 했다. 그러나 한국적인 외관이 좋겠다는 의견이 우세해 전통 문양을 살리는 방향으로 변경했다.

한국의 전통미를 살린다는 목표를 구체화하는 것은 쉽지 않았다. 전통미라는 말이 워낙 추상적이어서 실제 구현하는 과정에 어려움이 많았던 것이다. 당간지주幢竿支柱, 방패연, 삼태극, 대나무, 엽전, 전통문살, 첨성대, 가야금, 도자기, 붓 등 전통적 요소를 모티브로 10여 종의 디자인을 만들었다. 그러다가 이 모두를 아우르는 한국적인 곡선을 추구하기도 했다.

그렇게 고민에 고민을 거듭하여 결정한 최종 디자인은 처마, 저고리, 버선 등에서 나타나는 곡선미를 건물 상층부에 적용하고 새 부리 모양의 전망대를 만들어 곡선이 가진 아름다움을 최대한 부각시키는 형태로 구체화되었다. 얼핏 보면 1980년대에 한때 소공동 롯데타운에 설치되었던 오벨리스크를 확대한 모습 같기도 했다.

정성·기술 어우러진 '복합화' 빌딩

애초에 나는 롯데월드타워를 세계 최고층 건물로 만들고 싶었다. 언젠가는 더 높은 건물이 나타나겠지만, 단 몇 개월만이라도 한국에

무수히 반복된 롯데월드타워 디자인 회의

롯데월드타워 디자인 보고를 받는 신격호 명예회장과 신동빈 롯데 회장

롯데월드타워 디자인변천사

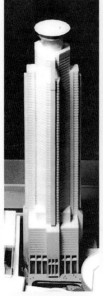

1989

1994

1995

1997

2006

2008

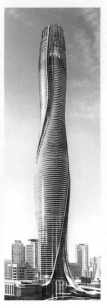

2008

2008

2002

2004

2005

2005

2008

2008

2008

최종안

세계 최고층 건물이 있었다는 기록을 남기고 싶었다.

그런데 인·허가 과정이 길어지면서 그 꿈은 물거품이 되고 말았다. 그 사이에 싱가포르, 말레이시아, 중국, 두바이 등 아시아 각국에 초고층 건물이 속속 세워졌다. 그나마 롯데월드타워 478m에 설치한 유리바닥 전망대(스카이테크)가 세계에서 가장 높은 유리바닥 전망대로 인정받았다는 게 하나의 위안이었다.

초고층 빌딩은 비싼 공사비 때문에 분양가가 높고 분양대상을 찾기가 쉽지 않아 공사 이후에 어려움을 겪는 경우가 많다. 타이베이 101이나 페트로나스 타워와 같은 건물들이 그러한 경우에 해당한다. 롯데월드타워는 이 문제를 복합화라는 방식으로 해결했다. 연면적 80만m²를 오피스, 오피스텔, 호텔, 전망대, 포디움, 아트갤러리, 면세점 등 다양한 용도로 구성한 것이다.

복합화에 따라 건물의 구성이 다양해지면 관리하는 데도 복합적인 요인을 고려해야 한다. 오피스, 오피스텔, 호텔, 면세점 등 각 공간마다 적합한 온도, 습도, 채광을 조절해야 한다는 뜻이다. 이러한 조건은 기존의 초고층 건축에서 시도되지 않았던 것이어서 설계과정에서부터 어려움이 많았다. 설계를 맡은 미국 KPF 사는 뉴욕 세계무역센터, 상하이 금융센터 등을 설계한 초고층 건물 건축의 베테랑 기업이지만, 전례 없는 복합구성의 초고층 건물인 롯데월드타워를 설계하면서 애를 많이 먹었다.

그래도 롯데월드타워의 모든 기록은 역사가 될 것이므로 무엇보다 안전이 중요하다는 데 공감하고, 공간의 효율성보다도 구조적 안

정성에 최우선을 두어 설계했다. 특히 40층마다 대나무의 마디 역할을 하는 구조물을 설치해 진도 9의 강진과 초속 80m의 바람도 견디도록 했다. 이 때문에 '앞으로는 지진이 나면 무조건 롯데월드타워로 대피해야 한다'는 이야기가 나올 정도였다.

시공과정도 어렵기는 마찬가지였다. 다행히 롯데건설의 기술력이 워낙 뛰어나 최첨단 건축공법과 친환경 인테리어 기술이 총동원되었다. 에너지 최적화를 위해 쇼핑몰 옥상에 녹색정원, 태양열 집열판, 풍력 발전기도 설치했다. 중요한 것은, 이 모든 시공 및 건축관리 과정을 국내 기술로 이루었다는 사실이다.

롯데월드타워에 적용된 설계와 핵심 기술들은 이전의 대한민국 건축사에서는 볼 수 없던 것들이 많다. 롯데월드타워 현장은 매 순간이 새로운 시도였고 모든 결과는 대한민국의 신기록이었다. 이러한 기록들은 각 계열사들이 끊임없이 협의하고 조율하는 롯데의 힘이 있었기에 달성 가능했다. 외부의 도움을 최소화하고 '우리의 일은 우리가 한다'는 내 경영 철학이 반영된 결과라고 할 수 있다.

2015년 12월, 상량식 행사를 진행했다. 외부 공사를 마무리하고 내부 공사에 들어가기 전 마지막 대들보를 올리는 의식으로, 공사에 참여한 500만 명의 작업자들과 롯데월드타워를 응원해 준 국민들에게 감사의 마음을 전하는 역사적 순간이었다.

최고最高의 건축물을 짓기 위해 필요한 것은 단순히 기술만은 아니었다. 초고층 건물에 대한 인식을 바꾸고 우려를 희망으로, 질책을 격려로 바꾸기 위해 뼈를 깎는 노력이 뒤따라야 했다. 이러한 노력으

롯데월드타워 건설과정

2015년 12월 롯데월드타워 상량식

로 이루어 낸 롯데월드타워는 현장의 작업자들이 땀 흘려 이룬 값진 성과였다. 그들의 헌신적인 노력과 열정을 오래 기억하기 위해 '롯데 월드타워 건립 기념벽Wall of Fame'을 세웠다. 현장 작업자들의 노고를 기리는 최초의 조형물이기에, 100일 이상 근무한 작업자와 임직원 8천여 명의 명예로운 이름들을 담았다. 나의 이름 '신격호'도 임직원들 사이에서 찾아볼 수 있다. 30m 길이의 나선형 벽 안쪽에는 파노라마처럼 초고층 공사현장의 감동적인 순간과 30년 사업추진 역사도 담았다.

건설 공사가 한창 마무리 단계에 접어들 무렵에는 내 건강이 좋지 않아 외부활동을 많이 할 수 없었다. 하지만 내 필생의 숙원인 롯데월드타워의 완공은 내 손으로 이루어 내고 싶어 한 달에 두세 차례 대면보고도 받아 보았고, 공사현장도 방문했다. 그처럼 많은 애정을 쏟았기에 2017년 2월 준공했을 때 나의 기쁨은 이만저만이 아니었다.

롯데월드타워 건설현장을 방문한 신격호 회장

롯데월드타워 복합단지에는 123층 빌딩을 중심으로 상업시설과 문화시설을 갖춘 복합쇼핑몰이 펼쳐져 있다. 복합쇼핑몰에는 백화점, 판매점, 콘서트홀, 시네마, 식음료 등 다양한 시설이 들어섰다. 단지 안에는 최첨단 IT 기술로 꾸민 젊은이들의 거리, 과거 속으로 여행을 떠날 수 있는 추억의 거리도 조성되었다. 아마도 롯데월드타워 복합단지의 경영이 안정화되면 롯데월드와 함께 연간 방문객이 1억 명을 넘어서는 세계 최대의 관광명소가 될 것이 분명하다.

롯데월드타워 전망대 서울스카이

가족이 함께 하루를 보내는 공간 되길

대한민국 수도 서울은 600여 년 전 조선이 건국하면서 만든 인위
적인 계획도시이다. 북악산, 인왕산, 남산 등과 적절하게 배치된 경복
궁, 창덕궁은 당시의 풍수지리적 도시관을 잘 보여 준다.

세월이 흘러 도시계획이 진행되면서 서울의 풍경도 크게 변했다.
높은 건물들이 즐비해지면서 스카이라인이 달라졌다. 그렇다 해도 롯

2019년 롯데월드타워 불꽃축제

데월드타워 이전까지는 '한강의 기적'이라 불리는 대한민국의 발전상을 상징하는 현대적인 조형물이 없었다. 바꿔 말하면, 롯데월드타워는 한강의 기적을 이룬 우리나라의 발전상을 상징하는 조형물이다. 롯데월드타워가 준공되었을 때 나는 그게 가장 기뻤다.

롯데월드타워 사업을 추진하는 과정은 고난의 연속이었다. 하지만 구도求道하는 심경으로 이를 견뎠다. 나를 잘 아는 지인 중에는 내 몸에는 사리가 꽤 많을 것이라고 농담을 한 사람도 있었다.

롯데월드타워를 짓는 동안 내게 이렇게 묻는 사람들이 꽤 많았다.

"몇 년이 지나면 투자금을 회수할 것이라 보십니까?"

그럴 때마다 나는 간단하게 대답했다.

"회수 불가!"

내 대답을 듣는 사람들은 거의가 당황스러워했다. 이윤창출이 목적이라고 생각하는 관점에서 보면, 내 대답은 기업인으로서의 역할을 포기한 것과 같은 말이기 때문이다.

그러나 나의 셈법은 조금 다르다. 비록 장부상으로는 회수 불가가 맞을지 몰라도 장구한 세월에 걸쳐 얻는 무형의 이익은 어마어마할 것이다. 서울의 품격을 높이고 대한민국의 국격을 높이는 데 일조한다면 그 가치는 돈으로 환산하기도 어렵지 않겠는가? 다시 말해, 이 프로젝트는 사업으로 봐서는 안 되는 일이다. 나는 다만 타지에 가서 번 돈으로 한국에 좋은 건축물, 국제적 명물로 한국이 자랑할 만한 작품을 만들고 싶었다.

사람들을 행복하게 한다는 롯데의 비전을 품고 잠실벌에 우뚝 솟은 롯데월드타워는 이제 21세기 대한민국의 랜드마크가 될 것이다. 전 세계인이 몰려와 세계 최고 높이의 유리바닥 전망대에서 서울의 발전상과 아름다운 풍광을 조망할 것이다. 비범한 높이는 그 높이만큼의 난관을 만들어 냈지만 나와 롯데에게 난관은 언제나 극복의 대상이었지 굴복의 대상이 아니었다. 극복의 열쇠는 역사를 완성하고자 하는 강렬한 열망이었다. 롯데월드타워는 높은 곳을 지향했던 나의 꿈이 구현된 '현대문명 속의 유토피아'이다. 나의 이상理想이 영근 금자탑이다. 이 모든 것을 기꺼이 우리 국민과 고객 모두에게 '가족이 함께 하루를 즐겁게 보낼 수 있는 공간'으로 바친다.

내 가족 이야기

고향 생가가 수몰되면서 거처를 잃은 아버지를 위해 2층 양옥 별장을 지어 드렸다. 2층 창 너머로 옛 삶터를 바라보곤 하시던 아버지는 별장에서 2년여를 지내시다가 1973년 작고하셨다. 야반도주하다시피 일본으로 떠나 오래 소식을 전하지 못한 이 장남의 불효를 애절하게도 이제는 갚아 드릴 방법이 없다.

1972년에 일본에서 아버지를 모시고 1개월 동안 함께 지낼 때의 일화이다. 신주쿠 다카시마야백화점에 가서 아버지께 드릴 겨울용 내복을 고르다가 최고급 베이비 캐시미어 재질의 상품을 발견했다. 가격표를 보니 어마어마하게 비쌌다. 그러나 나는 망설임 없이 샀다. 아버지는 이 내복을 입고 몸에 착 달라붙는 부드러운 감촉과 뼛속 추위까지 막아 주는 보온성에 감탄하셨다.

그때 아버지는 일본 롯데에서 연수를 받던 조카 동인東仁에게 이 내복을 보여 주며 자랑을 하신 모양이다. 이 소문을 들은 어느 직원이 자기도 부모에게 사드리려고 백화점에 갔다고 한다. 그러나 값이 너무 비싸 살 엄두를 못 냈단다.

아버지께서 일본에 체류하실 때 나는 가급적 외부 저녁 약속을 잡지 않고 집

신격호 회장 부친께서 말년에 기거한 울산 숙소

에서 부자父子 겸상으로 저녁밥을 먹었다. 그때 아버지는 복막염을 앓아 많이 드시지 못했다. 산해진미라도 차려 드리고 싶었지만 소화를 잘 못하는 아버지의 건강 때문에 밥상은 늘 소박했다. 가끔은 아버지의 입맛을 돋우려 그 무렵 개관한 고층高層의 게이오플라자호텔에 가서 외식을 하기도 했다.

그렇지만 아버지에 대한 효도를 선물 드리고 음식 드리는 것만으로 할 수는 없는 법이다. 나는 한국에 체류할 때면 별장으로 내려가 며칠간 머물며 아버지의 말벗이 돼 드렸다. 친지들도 초대해 함께 식사하며 옛 이야기를 나누었다.

아버지가 돌아가신 후에는 별장에 부속 숙소를 지어 가까운 혈족들이 모여 함께 지낼 수 있는 공간을 마련했다. 나도 별장에 내려가면 그들과 어울리며 응접실에서 한국 대중가요를 즐겨 듣는다. 내가 좋아하는 노래는 〈돌아와요 부산항에〉, 〈내 사랑 내 곁에〉, 〈내 하나의 사랑은 가고〉, 〈한계령〉, 〈칠갑산〉, 〈만남〉, 〈무시로〉 등이다. 박목월朴木月 시인의 〈사월의 노래〉라는 시에 김순애金順愛 작곡가의 곡으로 만들어진 가곡도 애청곡이다. "목련꽃 그늘 아래서 베르테르의 편질 읽노라"라는 가사가 내 마음을 사로잡았다.

마음이 울적할 땐 불경을 읽거나 《반야심경般若心經》 병풍을 펼쳐 놓고 독경한다.

관자재보살 행심반야바라밀다시 조견 오온개공 도일체고액

(觀自在菩薩 行深般若波羅蜜多時 照見 五蘊皆空 度一切苦厄)

관자재보살이 반야 바라밀다를 깊게 행할 때 오온이 모두 공이라는 것을

비추어 보고 온갖 고통에서 벗어났도다.

일본의 자택에서는 가끔 아내와 바둑을 둔다. 아내가 검은 돌 대여섯 점을 깔아 놓고 두어도 내가 이긴다. 이기고 지는 게 대수가 아니다. 바둑판 위에서 자연의 질서를 깨달으면 져도 얻는 게 더 많다.

20대에 만난 아내와 함께 살아온 지 어느덧 한 갑자甲子, 즉 60년이 훌쩍 넘었다. 아내는 강처럼 속이 깊은 성품이어서 나를 언제나 환한 미소로 대한다. 그런 점이 내조가 되어 나로 하여금 숱한 굴곡의 시간을 견디게 했다. 내가 아내를 처음 만나 선물했던 책이 괴테의 《젊은 베르테르의 슬픔》이었으니 '롯데'는 나의 사업만이 아니라 가정에서도 중요한 화두였다.

아내는 원칙을 매우 중시한다. 아이들이 어릴 때는 장난감을 한 번에 하나씩만 사주었다. 아이들이 더 좋은 장난감을 발견하고 하나 더 사 달라고 아무리 졸라도 하나씩만 사주는 원칙을 어기지 않았다.

신혼 초에 나는 아내에게 "정원에 빨간 기와가 있는 집에서 살게 해주겠다"

고 약속했다. 나중에 집을 지을 때 정원 터를 넓게 잡아 약속을 지켰다. 하지만 내가 사업에 몰두하느라 함께 해외여행을 갈 여유는 없었다. 결혼하고 25년이 지난 뒤에야 나이아가라 폭포로 첫 해외여행을 갔을 정도였다. 한국 속담에 "마누라 자랑하는 남자는 팔불출"이라지만 나는 평생을 올곧게 살며 나를 내조한 품격 있는 아내를 자랑하지 않을 수 없다.

나는 늘 자식들에게 내 사후死後의 묘소는 소박하게 꾸미라고 신신당부했다. 파라오의 무덤인 피라미드를 보면서도 나는 화려한 조형물은 생자生者를 위해 만들어야지 사자死者용이 되어서는 안 된다고 생각했다. 고향 땅의 안온한 품에 안기기만 하면 될 뿐이니 거창한 비석이나 높은 봉분을 세우지 말라고 당부했다.

나는 오래전부터 이런 경구警句의 깊은 의미를 잘 알고 있었다.

공수래 공수거空手來 空手去!

빈 손으로 왔다 빈 손으로 간다!

1921. 11. 3.   경남 울주군 삼동면 둔기리 623번지에서

출생(음력 10.4)

부父 신진수辛鎭洙(1902년생),

모母 김순필金順必(1904년생)

1929. 4.   울주 4년제 삼동공립보통학교 입학

1935. 3.   언양공립보통학교 졸업

1938. 3.   울산농업실수학교 졸업

1939. 4.   경남종축장 근무

1941.   연말 부관연락선 타고 도일渡日, 도쿄에서 고학 시작

1942. 4.   와세다실업학교 야간부 편입

1942. 10. 16.   장녀 영자英子 출생

1943. 4.   와세다고등공학교高等工學校 응용화학과 입학

1946. 3.   와세다고등공학교 졸업

1946. 5.   히카리光특수화학연구소 창업

1947. 봄	추잉껌 생산 개시
1948. 6. 28.	주식회사 롯데 설립(자본금 100만 엔)
1950. 3.	신주쿠新宿 롯데 공장 완공
1950. 9.	다케모리 하츠코竹森初子(1927년생)와 혼인
1952. 12. 12.	모친 김순필 별세
1954. 1. 28.	장남 동주東主 출생
1955. 2. 14.	차남 동빈東彬 출생
1958. 5. 26.	한국에 주식회사 롯데 설립
1962. 4. 20.	도일 후 20년 만에 귀국
1963. 5.	사이타마埼玉현 우라와浦和 제1공장 완공
1966. 11. 4.	동방아루미공업 설립(현 롯데상사, 롯데알미늄)
1967. 4. 3.	한국 롯데제과 설립(자본금 3천만 원)
1969. 2. 11.	롯데제과 영등포 공장 완공
1969. 6.	사이타마현 사야마狹山 공장 완공
1973. 5. 5.	주식회사 호텔롯데 설립
1973. 7. 15.	부친 신진수 별세
1974. 12. 30.	칠성한미음료 인수 후, 롯데칠성음료로 사명 변경
1975. 5. 6.	실업야구단 롯데 자이언츠 창단
1977. 12. 1.	삼강산업 인수(현 롯데푸드)
1978. 5. 17.	국민훈장 무궁화장 수훈(민단지위향상 유공)
1978. 9. 15.	평화건업사 인수(현 롯데건설)
1979. 3. 10.	호텔롯데 전관 개관(현 롯데호텔서울)
1979. 3. 21.	호남석유화학 인수(현 롯데케미칼)
1979. 10. 25.	롯데리아 설립(현 롯데지알에스)

1979. 12. 17.	롯데쇼핑센터 개점(현 롯데백화점 본점)
1980. 1. 21.	롯데면세점, 1호점 소공동 본점 개점
1981. 9. 28.	동탑산업훈장 수훈(관광진흥 유공)
1982. 2. 12.	프로야구단 롯데자이언츠 창단
1982. 4. 8.	대홍기획 설립
1982. 6. 15.	롯데물산 설립
1983. 6. 1.	롯데중앙연구소 개소
1983. 12. 23.	사재 출연, 삼남장학회 설립(현 롯데장학재단)
1984. 10. 9.	롯데 자이언츠, 한국시리즈 우승
1985. 5. 10.	롯데캐논 설립(현 캐논코리아 비즈니스 솔루션)
1985. 8. 27.	잠실 호텔롯데월드 공사 착공
1987. 12. 14.	롯데물산, 사업부지 취득
1988. 1. 28.	롯데쇼핑센터 본점 대확장 개점
1988. 6. 8.	호텔롯데서울 신관 개관
1988. 9. 16.	잠실 호텔롯데월드 개관(현 롯데호텔월드)
1988. 11. 1.	롯데쇼핑센터, 롯데백화점으로 상호 변경
1988. 11. 12.	롯데백화점 잠실점 개관
1989. 7. 12.	롯데월드 어드벤처(실내 테마파크) 개관
1990. 3. 24.	롯데월드 매직아일랜드(실외 테마파크) 개관
1993. 1. 12.	롯데연수원 개원(현 롯데인재개발원)
1994. 8. 29.	롯데복지재단 설립
1995. 9. 27.	금탑산업훈장 수훈(관광진흥 유공)
1995. 12. 8.	롯데백화점 부산본점 개점
1996. 12. 28.	롯데정보통신 설립

1997. 2. 26.	신동빈 부사장, 그룹 부회장으로 선임
1997. 3. 2.	부산호텔롯데 전관 개관(현 부산롯데호텔)
1998. 1. 17.	사재 1천만 달러 그룹에 출자
1998. 5. 19.	롯데물산, 롯데월드타워 건축허가 및 착공(지상 36층)
1999. 9. 9.	롯데시네마 설립
2000. 1. 6.	롯데닷컴 설립(현 롯데쇼핑 이커머스사업부)
2000. 4. 25.	롯데호텔제주 개관
2002. 4. 1.	롯데경제연구실 설립(현 롯데미래전략연구소)
2004. 7. 29.	호남석유화학 케이피케미칼, 케이피켐텍 인수(현 롯데케미칼)
2004. 10. 4.	롯데정책본부 설립, 신동빈 부회장 본부장 취임(현 롯데지주)
2007. 5. 1.	우리홈쇼핑 인수(현 롯데홈쇼핑)
2007. 9. 2.	롯데백화점, 러시아 모스크바점 개점
2009. 2. 26.	롯데 각사에 사재 950억 원 무상증여
2009. 3. 3.	롯데칠성음료, 두산주류BG 인수
2009. 6. 23.	롯데장학재단, 서울대 롯데국제교육관 건립 기증
2009. 12. 4.	롯데삼동복지재단 설립
2010. 9. 13.	해외체인호텔 1호점, 러시아 '롯데호텔 모스크바' 전관 개관
2010. 11. 11.	롯데물산, 롯데월드타워 최종 건축허가 취득(123층)
2011. 2. 10.	총괄회장 취임 및 신동빈 부회장, 회장 취임
2011. 3. 30.	롯데장학재단, 울산과학관 건립 기증
2011. 6. 4.	롯데월드타워 기초 콘크리트MAT 공사 개시

2012. 7. 6.	하이마트 인수(현 롯데하이마트)
2012. 12. 13.	호남석유화학, 케이피케미칼 흡수합병 및
	롯데케미칼로 사명 변경
2014. 10. 30.	롯데월드몰 개관
2015. 5. 29.	미국 더뉴욕팰리스호텔 인수(현 롯데뉴욕팰리스)
2015. 6. 3.	KT렌탈 인수(현 롯데렌탈)
2015. 12. 22.	롯데월드타워 상량식
2016. 4. 27.	롯데액셀러레이터 설립
2016. 4. 29.	롯데케미칼 삼성 화학사(SDI케미칼/삼성정밀화학/
	삼성BP화학) 인수 완료
2016. 6. 14.	롯데케미칼 미국 애탄크래커 합작사업 기공식 개최
2016. 10. 2.	롯데월드타워 외관 완성
2017. 2. 9.	롯데월드타워 준공
2017. 4. 3.	롯데월드타워 그랜드 오프닝
2017. 4. 3.	한국롯데 창립 50주년 기념식 및 뉴 비전 선포
2017. 10. 12.	롯데지주 출범식
2019. 5. 9.	롯데케미칼, 미국 루이지애나주
	레이크찰스 에탄크래커ECC 공장 완공
2020. 1. 19.	서울에서 별세
2020. 1. 22.	울주 삼동면 둔기리 선영에서 영면永眠